재무분석의
이론과 실제

재무분석의 이론과 실제

ⓒ 김종오, 2009

초판 1쇄 찍은날 | 2009. 10. 1.
초판 1쇄 펴낸날 | 2009. 10. 5.

지은이 | 김종오
펴낸이 | 장시원
펴낸곳 | (사)한국방송통신대학교출판부
　　　　출판등록 1982. 6. 7. 제1-491호
　　　　서울특별시 종로구 이화동 57번지(110-500)
　　　　전화 | (02)3672-0123
　　　　팩스 | (02)741-4570
　　　　http://press.knou.ac.kr

편집 · 조판 | 한진인쇄공사
표지 디자인 | toga

ISBN 978-89-20-00212-0 93320
값 24,000원

■ 이 책은 한국방송통신대학교 학술진흥재단의 저작지원금을 받아 집필되었습니다.

재무분석의 이론과 실제

김종오

에피스테메
EPISTEME

머리말

　기업을 둘러싼 경영환경이 급변하고 경쟁이 치열해지면서 기업의 내·외부 이해관계자들 사이에서 기업내용에 대한 관심이 높아지고 있다. 그들은 자신의 이해관계에 따라 기업의 재무상태와 경영성과를 파악하고자 하며, 더 나아가 기업의 미래를 전망하고자 한다. 이와 같이 보다 효율적인 경영의사결정을 위해 재무자료를 처리하여 유용한 정보를 창출하는 제반 경영활동을 재무분석이라고 한다.

　일반적으로 대학에서 재무분야의 커리큘럼상 재무분석에서는 주로 재무비율분석을 위주로 한 재무제표분석에 치중해 왔다. 그런데 재무관리가 최근 경제학적 접근이 강화되면서 높은 학문적 수준에 이르게 되자 전통적으로 재무관리의 주요 주제 중 하나였던 재무분석이 따로 떨어져 나와 실무적인 기법을 중심으로 다루는 분야가 되기도 하고, CAPM, MM이론 등으로 특징지어지는 현대적 재무관리 이전의 전통적 재무관리내용들을 주로 다루는 분야로 자리잡아 가기도 하며, 또한 회계분야의 재무제표분석과 유사한 내용을 다루는 분야가 되기도 하는 등 강의와 교재가 명확하게 정형화되지 않고 있는 실정이다.

　실제로 재무분석이라는 제목으로 출판되고 있는 시중의 책들을 보면, 재무제표분석을 중심으로 지나치게 실무적인 관점을 가진 책들과 더불어, 한편에서는 현대적 재무관리에서 잘 다루지 않는 전통적인 재무관리내용 중심으로 서술된 이론서들이 대부분을 차지하고 있다.

　최근 경영환경의 급격한 변화로 전통적인 재무제표분석만으로는 이해관계자가 원하는 정보를 제공하기 어렵게 되었고, 기업 내외의 환경분석을 포함하는 종합적 분석이 요구되고 있어 '재무분석'은 이러한 방향으로 자리를 잡아 가야 할 필요성이 있다.

이에 지나치게 실무적인 기법만을 다루거나 오래된 이론에만 치중하지 않고 재무와 관련된 종합적인 분석능력과 문제해결능력을 키울 수 있는 재무분석 교재의 필요성을 느껴 집필을 계획하게 되었다.

이 책에서는 기업경영을 종합적으로 분석할 수 있는 여러 가지 재무분석의 개념과 방법을 설명하고 있다. 그리고 가능한 한 실제 데이터를 이용하고 포스코와 현대모비스 등 실제 사례를 이론에 대입하여 연습하는 데 중점을 두었다. 또한 교재의 구성뿐만 아니라 설명방식도 논리적 일관성을 유지하기 위해 전력을 기울였으며, 복잡한 수식의 사용을 가능한 한 줄이면서 경영분석의 내용을 쉽게 소개하려고 노력하였다.

이 책은 총 4편 11장으로 구성되어 있다. 제1편에서는 재무분석의 개요를 설명하면서, 제1장에서는 재무분석의 의의 및 발전과정, 분석방법 등을 살펴보고, 제2장에서는 재무분석을 위한 기초자료에 대한 이해와 원천을 다룬다.

제2편에서는 기업의 재무적 건전성 평가기법을 다루는데, 제3장과 제4장에서는 재무비율분석 및 그 확장과 응용을 소개한다.

제3편에서는 미래 재무성과를 예측하는 방법을 포괄적으로 다룬다. 제5장에서는 영업위험과 재무위험을 고려한 손익분기점분석과 레버리지분석에 대해 살펴보고, 제6장에서는 재무계획과 재무예측에 사용되는 각종 방법과 추정재무제표를 작성하는 절차에 대해 학습하며, 제7장에서는 재무제표자료를 중심으로 분석하는 계량적 방법의 한계에 대한 보완적 방법으로서 질적 재무분석의 중요성과 내용에 대해 고찰한다.

제4편에서는 앞서 설명한 재무분석의 기본개념 및 각종 분석방법을 실제로 활용하는 재무분석의 실천적 이슈들을 다룬다. 제8장에서는 1997년

발생한 외환위기 이후에 관심이 부각된 우리나라의 기업부실화에 대해 제도적 내용과 부실의 사전적 예측방법을 살펴보고, 제9장에서는 신용평가의 의의와 평가방법에 대해 학습한다. 제10장에서는 기업가치평가에 대해 그 개념과 일반적인 절차를 설명한다. 마지막으로 제11장에서는 증권분석에 재무정보가 어떻게 활용될 수 있는지에 대해 살펴보기로 한다.

이 책은 대학의 학부나 MBA 강의의 교재 혹은 부교재로 사용될 수 있을 뿐만 아니라, 기업에서 재무분야를 담당하는 직장인들에게도 실질적인 도움이 될 것이다.

2009년 10월

김 종 오

Contents

재무분석의 이론과 실제 ·····················

제4편 재무분석의 실천적 과제

제1편

재무분석의 개요

제1장

재무분석의 개요

개관

기업환경의 급변과 경쟁 심화에 따라 경영자는 기업경영에 관한 의사결정에 적합한 정보 획득을 요구한다. 또한 기업 외부의 이해관계자들도 기업경영의 내용에 대한 관심이 증대되고 있으며, 이들 이해관계자들은 기업의 재무상태와 경영성과를 파악하고, 더 나아가 기업의 미래를 전망하고자 한다. 재무분석은 기업의 건강상태를 진단하여 과거와 현재의 기업실체를 파악하고 미래를 예측함으로써 경영자 및 이해관계자들의 의사결정목적에 적합한 정보를 제공하는 데 이용된다. 이 장에서는 재무분석의 의의와 영역에 대해 개괄적으로 학습한다. 또한 재무분석의 발전과정을 간략히 살펴보고, 기업의 각 이해관계자들이 재무분석을 하는 목적과 그 방법을 이해하도록 한다.

1.1 ● 재무분석의 이해

1. 재무분석의 의의

기업은 여러 가지 상품을 제조하여 판매하거나 서비스를 제공함으로써 이익을 극대화하는 경영조직체이다. 기업은 자본을 투자하여 생산시설 확보, 원재료 구입, 종업원 고용 등의 영업활동을 수행하여 이익이 발생하면 주주에게 이익의 일부를 배당하고, 나머지는 기업 내에 재투자하는 과정을 반복적으로 수행한다. 이와 같이 기업은 우리가 매일매일 살아가기 위해 필요한 각종 상품과 서비스를 생산·공급하는 한편, 일자리를 제공해 주는 중요한 역할을 담당하고 있기 때문에 기업의 건전한 발전은 기업만의 문제가 아니라 국가경제 전체의 과제가 되고 있다.

재무분석(financial analysis)은 이렇게 현대경제에서 중요한 역할을 수행하고 있는 기업의 건강상태를 진단하는 것에 비유할 수 있다. 즉, 재무분석에서는 현재 기업의 상태가 건강한지, 건강하지 않다면 어떤 질병에 걸렸는지, 또한 그 질병의 원인은 무엇인지 등에 대해 과학적으로 진단하고 합리적인 처방을 강구하는 것이 중심적인 내용이다.

결국 재무분석이란 기업의 이해관계자들이 합리적인 의사결정을 하는 데 도움을 주기 위하여 계량적·비계량적 정보를 활용하여 기업의 경영상태를 종합적으로 평가하는 것이라고 할 수 있다.

재무분석은 크게 두 가지 의미로 구분된다. 좁은 의미의 전통적 재무분석은 손익계산서, 대차대조표, 현금흐름표 등 기업의 재무제표를 활용하여 분석하는 활동으로 재무제표분석(financial statement analysis)이라고 불리기도 한다. 넓은 의미의 현대적 재무분석은 경영자, 투자자, 금융기관, 정부 등 기업의 내·외부 이해관계자가 경제적 의사결정에 필요한 정보를 획득할 목적으로 기업과 관련된 자료를 수집·분석하는 활동을 말한다.

학문적으로 경영학의 출발지라 할 수 있는 미국에서 쓰이는 재무분석이라는 명칭이 일본과 우리나라에서는 '경영분석'이라고 불리는 경향이 있으나, 동일한 학문분야라고 생각해도 무방하다.

2. 전통적 재무분석

전통적 재무분석의 핵심이 되는 재무제표분석은 기업의 과거 경영실적이나 재무상태를 나타내는 손익계산서, 대차대조표 등 재무제표자료를 이용하는 재무비율분석(financial ratio analysis)에 기초를 두고 있다. 그러나 비율분석이라고 하여 과거 자료에만 의존하는 것은 아니다. 예측자료를 이용하여 미래의 경영실적이나 재무상태를 파악할 수도 있다. 이때 이용되는 자료에는 미래의 수익계획과 비용계획을 나타내는 추정손익계산서, 미래 일정 시점의 재무상태를 나타내는 추정대차대조표, 현금의 조달계획과 운용계획을 나타내는 추정현금흐름표, 그리고 미래의 제조원가를 예상하는 추정제조원가명세서 등이 있다.

그러나 이와 같이 재무제표자료분석을 중심으로 하는 전통적 재무분석은 다음과 같은 몇 가지 문제점이 있다.

첫째, 비율분석은 원래 실무적인 경험에 기초하여 발전되었기 때문에 재무비율의 유용성에 대한 올바른 평가와 검증이 없이 행해지는 경우가 많다.

둘째, 재무분석을 수행하는 주체의 목적은 다양하며, 실제로 누가 어떤 목적으로 이용하는가에 따라 분석결과에 대한 해석이 달라질 수 있다. 그러나 전통적 재무분석은 이러한 이용자의 다양한 목적을 충족시키지 못하고 있다.

셋째, 재무분석이 증권시장 관련자료를 비롯한 다양한 자료를 충분히 활용하지 못하기 때문에 기업에 대한 평가가 완전하게 이루어진다고 볼 수 없다.

넷째, 재무제표에 반영되지 않는 질적 정보(qualitative information)에 대한 분석이 부족하다.

이와 같은 전통적 재무분석방법이 지니고 있는 본래의 문제점 외에도 새로운 환경변화, 즉 기업의 국제화 및 다각화, 자본시장의 자유화 등 변화의 물결로 인해 재무분석에도 새로운 방법이 도입되지 않을 수 없게 되어 종래와는 다른 새로운 재무분석을 요구하고 있다. 또한 컴퓨터 통신기술의 발전, 특히 인터넷은 재무분석에 필요한 막대하고 다양한 자료를 신속히 입수·처리할 수 있게 해줌으로써 새로운 재무분석의 활용을 가능하게 하고 있다.

3. 현대적 재무분석

넓은 의미의 현대적 재무분석은 전통적 재무분석에 대한 새로운 접근방식으로 재무제표 외에도 국내외 경제동향, 산업동향, 기업동향과 같은 기업과 관련된 모든 요인들을 고려하여 다양한 자료를 분석함으로써 과거와 현재의 기업실체를 파악하고 미래를 예측하는 분석체계를 의미한다. 전통적 재무분석과 대비되는 현대적 재무분석의 특징은 다음과 같다.

첫째, 단순한 비율분석에 그치지 않고 재무비율이 이용자에 따라 실제 의사결정과정에서 어떻게 활용되고 있는가를 중시한다.

둘째, 재무분석의 실천적 측면이 광범위하게 적용되고 있다. 현대적 재무분석의 적용분야에는 기업부실예측, 채권평가, 신용분석, 기업가치평가 등이 있으며, 앞으로도 계량적 분석기법이 발전하면서 적용분야가 더욱 확대될 전망이다.

셋째, 재무분석에서 기업의 위험과 수익성을 평가할 경우 증권시장자료를 이용하는 경향이 높아지고 있다. 이는 증권시장이 발달하고 효율성이 높아지면서 기업에 관한 각종 정보가 증권가격에 신속하게 반영되기 때문이다.

넷째, 재무제표에는 반영되지 않지만 기업의 재무상태나 경영성과에 중대한 영향을 미치는 질적 정보에 대한 분석의 중요성이 강조되면서 계량적 분석이 병행되고 있다. 예를 들면 경제환경 및 산업동향의 분석, 기업의 제품내용 및 경영자 능력 등에 대한 분석이 이에 해당한다.

1.2 ── 재무분석의 발전과정

재무분석은 상법이나 회계제도의 발전뿐만 아니라 증권시장의 발달과 함께 정착되었다. 특히 재무분석이 본격적으로 이용되기 시작한 시기는 회계제도의 정착에 따라 재무제표가 공식적으로 작성되기 시작한 이후부터이다. 재무분석의 발상지라고 할 수 있는 미국에서 주식회사가 출현하고, 자본의 주요 공급자인 은행, 보험회사 등 금융기관의 역할이 급속하게 증대됨에 따라 기업의 재무자료를 체계적으로 분석할 필요성이 대두되었다. 이 당시 투자자들은 기업의 영업성과의 평가를 목적으로, 금융기관은 지급능력의 평가를 분석목적으로 재무자료를 활용하였다.

1910년대 이후부터는 재무분석에서 이용되는 여러 형태의 분석기법이 빠른 속도로 발전하면서 재무분석에서 재무비율분석이 본격적으로 이용되기 시작하였다. 이 당시에는 신용평가가 재무분석의 주기능이었기 때문에 재무분석의 주체인 금융기관들은 주로 비율분석을 이용하여 기업의 지급능력을 평가하였으며, 지수법, 표준비율법, 추세법 등을 개발하였다.

1920년 이후에는 재무제표분석이 널리 활용되면서 새로운 재무비율들이 개발되고, 종래의 비율분석기법들이 체계적으로 정리되었다. 이 시기에는 외부분석이 주류를 이루었던 초기와는 달리, 경영관리 차원에서 재무분석이 수행되기 시작하였다.

한편, 비율분석을 중심으로 한 재무분석은 다양하게 개발되어 널리 이용되었지만, 회계관행에 따라 작성되는 재무제표의 한계점으로 인하여 재무분석에 대한 이론적인 체계가 정립되지 못하는 정체현상이 1960년대 말까지 지속되었다. 이와 같이 재무분석의 발전이 정체를 보인 이유로는 이해관계자들의 정보에 대한 다양한 욕구를 충족시키지 못한 점, 빠른 속도로 발전한 재무이론에 대해 상대적으로 재무분석이 부응하지 못한 점 등을 들 수 있다.

1970년대 이후에는 전통적인 재무분석에 대한 비판이 확산되면서 비율분석을 중심으로 하는 재무제표분석과 자본시장이론이 통합되어 재무분석의 학문적 체계가 본격적으로 갖추어지기 시작했다. 즉, 이 시기에는 종래의 실무적 관행 위주의 재무분석이 이론적 체계를 갖추게 되어 모형수립 및 실증적 검증을 통한 과학의 범주로 발전하였다고 볼 수 있다.

1990년대에는 전 세계적으로 주식시장 및 금융시장의 개방화 정책에 따라 금융기관경영에 대한 각종 규제가 완화되어 기업의 신용위험평가에서 재무분석의 역할이 더욱 증대되었다. 계량적 분석기법이 증대되면서 신용평가기관과 금융기관에서는 자체 개발한 재무분석시스템으로 기업의 신용도를 평가하여 중요한 투자정보를 제공하고 있다. 또한 1990년대에 발생한 각국의 금융위기는 기업의 재무정책을 변화시키는 데 결정적인 계기가 되었으며, 금융기관들도 금융위기에 대한 경험을 바탕으로 기업부실화에 대한 인식을 제고하여 기업가치평가와 위험관리기법이 발전하였다.

향후 재무분석은 정보기술이 발전함에 따라 각종 기업의 재무자료와 질적
자료가 축적·보급되면서 분석기법의 정교화와 더불어 더욱 발전할 것으로
전망된다.

1.3 ▶ 재무분석의 주체와 목적

재무분석을 수행하는 주체는 기업의 재무상태와 경영성과에 관심을 가지
고 있는 모든 이해관계자들로, 기업의 내부 이해관계자와 외부 이해관계자로
구분할 수 있다. 여기서는 재무분석을 기업 내부 이해관계자인 경영자가 수
행하는 내부분석과, 기업 외부의 이해관계자들이 수행하는 외부분석으로 나
누어 각각의 목적을 살펴보기로 한다.

1. 내부분석

내부분석(internal analysis)은 경영자가 경영관리 차원에서 필요한 정보를 얻
기 위한 목적으로 수행하는 재무분석을 말하며, 각종 의사결정에서 요구되는
정보를 얻는 데 있다. 이러한 내부분석의 특징은 다음과 같다.

첫째, 경영자는 업무계획을 수립하거나 내부통제에 필요한 정보를 얻기 위
하여 재무분석을 실시한다. 경영자는 재무분석을 통해 자기 회사의 강·약점
및 상대적 비교우위를 파악할 수 있다.

둘째, 경영자는 경영전략이나 장기경영계획수립에 필요한 정보를 얻기 위
하여 재무분석을 실시한다. 이같은 목적의 재무분석은 제품의 기술수준, 신
제품 개발능력, 조직효율성, 경쟁력 등에 중점을 두고 수행된다.

셋째, 경영자가 대외적으로 행하는 분석으로서 거래처의 신용분석, 경쟁기
업의 분석, 인수대상기업의 분석 등이 포함된다.

넷째, 경영자가 기업가치를 극대화시킬 목적으로 어떻게 자금을 조달하고,
어느 사업에 투자해야 할 것인가를 결정하는 의사결정에 요구되는 정보를 얻
기 위해서 재무분석을 한다.

2. 외부분석

외부분석(external analysis)은 기업 외부 이해관계자들이 각자의 목적에 따라 수행하는 재무분석으로 주요한 외부 이해관계자들에는 금융기관, 신용평가기관, 투자자, 증권분석기관, 거래처, 행정기관 등이 포함된다.

(1) 금융기관과 신용평가기관

금융기관이나 신용평가기관이 실행하는 재무분석활동을 신용분석(credit analysis)이라고 하는데, 주로 기업의 신용도를 평가하기 위한 목적으로 수행한다. 신용평가기관은 회사채나 기업어음을 발행하고자 하는 기업의 신용등급을 채무불이행의 정도에 따라 평가하여 투자자에게 제공하며, 이러한 신용등급은 채권자 및 증권투자자에게 중요한 정보로 이용된다.

(2) 증권분석기관과 투자자

투자자나 증권분석기관이 수행하는 재무분석을 흔히 증권분석(security analysis)이라고 하며, 채권 및 주식과 같은 유가증권의 내재가치(intrinsic value)를 파악하여 투자자가 유가증권을 매입하고 처분하는 데에 필요한 투자정보를 획득하는 데 그 목적이 있다. 주식을 대상으로 하는 주식평가에서는 주식의 내재가치를 평가하는 데 그 목적을 두고 있다. 내재가치를 평가하는 과정에서 다양한 기업의 내·외적 요인을 분석함으로써 주식의 가치가 적정하게 평가되었는지에 대한 정보를 획득할 수 있으며, 이를 시장가격과 비교하여 주식의 매매를 결정하게 된다.

(3) 거래처

원자재, 중간재, 주요 부품 등을 납품하는 회사의 입장에서는 거래대상기업의 단기채무지급능력 능을 면밀히 분석해야 한다. 거래처가 주체가 되어 수행하는 재무분석은 거래대상기업의 부도 가능성에 대한 정보를 얻기 위하여 다양한 재무자료를 평가한다.

(4) 정부 및 행정기관

정부는 산업에 대한 지원 및 구조조정정책수립, 경제계획수립이나 물가안정을 위한 가격통제 등에 필요한 정보를 획득하고자 정책결정의 유형에 따라 다양한 형태의 재무분석을 수행한다. 또한 세무기관은 기업의 조세부담능력, 적정과세, 세금포탈 등에 대한 정보를 얻기 위한 목적으로 기업에 대한 세무분석을 실시한다. 금융감독기관에서는 투자자 보호와 금융시장의 발전을 위한 행정지도의 차원에서 금융기관을 대상으로 자산구성과 수익성을 평가하는 재무분석을 실시한 후 그 결과를 정책결정에 활용하고 있다.

(5) 기타 분석자

공인회계사는 외부감사와 기업진단을 목적으로 재무분석을 수행하며, 노동조합은 단체교섭의 근거를 마련할 목적으로 수익성 및 생산성 등에 대한 분석을 실시한다. 그 밖의 환경단체, 소비자, 언론기관, 연구기관 등도 나름대로 필요한 정보를 얻기 위하여 기업을 대상으로 한 재무분석을 수행하고 있다.

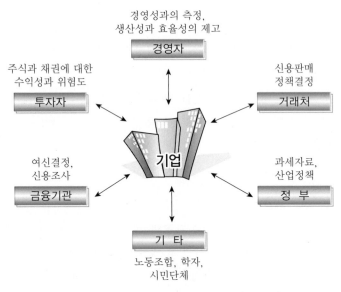

[그림 1-1] 기업의 이해관계자와 재무분석

1.4 ⊶ 재무분석의 방법

재무분석의 내용은 의사결정목적에 따라 달라지며, 재무분석에서 이용되는 분석자료와 분석방법에 따라 크게 계량적 분석(quantitative analysis)과 질적 분석(qualitative analysis)으로 구분할 수 있다. 계량적 분석과 질적 분석은 상호 보완적인 관계에 있으므로 올바른 재무분석을 위해서는 이들 분석을 병행하여야 한다.

1. 계량적 분석

계량적 분석은 재무제표 등 회계자료를 대상으로 하는 분석방법으로, 비율분석이 가장 일반적인 방법이다. 현대 재무분석의 계량적 분석방법에서는 이러한 회계자료를 이용한 통계적 분석방법이 주된 위치를 차지한다. 비율분석은 재무제표의 각 항목을 서로 대비시켜 산출한 비율 또는 지수를 이용하는 방법으로, 표준비율과 비교하여 필요한 정보를 얻는 데 이용된다. 또한 계량적 분석에서는 회계자료 외에도 증권시장에서 발표되는 각종 정보들을 주로 활용한다. 통계적 분석방법에서 가장 보편적으로 활용되는 기법은 회귀분석이며, 그 외에도 판별분석, 로짓분석, 민감도분석, 인공지능모형 등이 활용되고 있다. 최근 컴퓨터 기술과 자료의 접근성이 높아지면서 재무분석의 계량적 방법도 고도화되고 있다.

2. 질적 분석

질적 분석은 재무제표나 계량적 자료에는 나타나지 않지만 기업의 경영성과 및 재무상태에 중대한 영향을 미치는 기업 내외의 질적 요인을 분석하는 것을 말한다. 질적 분석으로는 전체 경제활동의 동향이나 방향을 파악하는 데 이용되는 경제분석과, 산업의 특성이나 산업동향을 파악하는 데 이용되는 산업분석 및 제품구성, 경쟁력, 기술수준 등과 같은 기업의 경영능력을 파악하는 데 이용되는 기업분석 등이 포함된다.

1.5 ● 이 책의 구성

이 책은 모두 4편 11장으로 구성되어 있다.

제1편은 재무분석의 개요를 설명한다. 제1장에서는 재무분석의 의의 및 발전과정, 분석방법 등을 살펴보고, 제2장에서는 재무분석을 위한 기초자료에 대한 설명과 원천에 대해 소개한다.

제2편에서는 기업의 재무적 건전성 평가기법을 다룬다. 제3장에서는 전통적 재무분석 방법인 비율분석의 의의 및 각종 재무비율을 고찰한 다음, 실제 사례 기업으로 포스코(주)를 대상으로 기초적 재무비율분석을 실행해 보기로 한다. 제4장에서는 제3장에서 소개한 기초적 비율분석을 확장하여 보완하는 비율분석인 공통형, 지수형 재무제표분석, 추세분석, 지수법 등에 대해 소개한다.

제3편에서는 미래 재무성과를 예측하는 방법을 포괄적으로 다룬다. 제5장에서는 영업위험과 재무위험을 고려한 손익분기점분석과 레버리지분석에 대해 살펴보도록 하고, 제6장에서는 재무계획과 재무예측에 사용되는 각종 방법과 추정재무제표를 작성하는 절차에 대해 학습하도록 한다. 그리고 제7장에서는 재무제표자료를 중심으로 분석하는 계량적 방법의 한계에 대한 보완적 방법으로 질적 분석의 중요성과 내용에 대해 고찰한다.

제4편에서는 앞서 설명한 재무분석의 기본개념 및 각종 분석방법을 실제로 활용하는 재무분석의 실천적 이슈들을 다룬다. 제8장에서는 1997년 발생한 외환위기 이후에 관심이 부각된 우리나라의 기업부실화에 대해 제도적 내용과 부실의 사전적 예측방법을 살펴보고, 제9장에서는 신용평가의 의의와 평가방법에 대해 학습하도록 한다. 제10장에서는 기업가치평가에 대해 그 개념과 일반적인 절차를 설명하기로 하고, 마지막으로 제11장에서는 증권분석에 재무정보가 어떻게 활용될 수 있는지에 대해 살펴보기로 한다.

1_ 금융기관이나 신용평가기관이 수행하는 재무분석의 목적에 대해 설명하시오.

2_ 외환위기 이후 재무분석이 중요해진 이유와 발전에 대해 설명하시오.

제2장

재무분석의 기초자료

개관

기업의 재무적 건전성을 분석할 때 일차적으로 가장 많이 이용되는 기업 관련자료는 재무제표이다. 재무비율분석을 수행하기 위해 기초적으로 필요한 것이 바로 재무제표이므로 이에 대한 이해가 필수적이라고 할 수 있다. 재무제표 외에도 여러 가지 비회계자료가 필요하다. 여기에는 양적 자료도 포함되지만 주로 비계량적인 질적 자료가 주종을 이룬다. 이 장에서는 재무분석을 위한 기초자료들을 어떻게 얻고, 어떤 정보를 얻을 수 있는지에 초점을 맞추어 학습한다.

2.1 회계자료

재무분석에서 이용되는 주된 회계자료는 재무제표이다. 재무제표(financial statements)란 기업의 경제적 활동의 다양한 측면을 재무정보의 형태로 요약한 회계보고서로, 여기에는 대차대조표, 손익계산서, 현금흐름표 및 이익잉여금 처분계산서 등과 그 부속자료로 제조원가명세서가 있다. 재무제표는 기업의 경영자가 경영전략을 수립하고 의사결정을 하는 데 필수적인 정보이다. 또한 기업경영에 관한 정보는 재무제표를 통해 외부 이해관계자들에게 정기적으로 공급되므로 자본의 수요와 공급을 연결시키는 주요한 역할을 수행한다.

1. 주요 재무제표

(1) 대차대조표

대차대조표(balance sheet ; B/S)란 일정 시점에서의 기업의 재무상태, 즉 자산, 부채 및 자본의 내용을 수록한 표이다. 기업은 자본주가 투자한 돈(자본금)과 금융기관 등으로부터 빌린 돈(부채 또는 타인자본)을 공장과 기계설비와 같은 비유동자산의 구입에 주로 사용하고, 일부는 현금이나 예금 등 유동자산형태로 남겨 운전자금으로 사용한다. 이와 같이 기업의 자금조달과 그 운용상태를 한 표에 나타낸 것이 대차대조표이므로 자본과 부채를 합한 금액(총자본)과 자산총액(총자산)은 일치하도록 작성된다. 이때 자본과 부채는 대차대조표의 오른쪽인 대변에 기록되어 자금의 조달원천을 나타내고, 자산은 대차대조표의 왼쪽인 차변에 기록되어 조달된 자금의 운용상태를 나타낸다.

대차대조표가 의미하는 바를 예를 들어 살펴보기로 하자. 〈표 2-1〉은 가전제품을 생산·판매하는 주식회사 혜화전자의 2009년 12월 31일 시점의 대차대조표이다. 대차대조표의 차변 합계로 표시되는 총자산은 519억 원으로서 대변의 부채 244억 원과 자본 275억 원으로 조달되었음을 보여주고 있다. 자산내역을 보면 유동자산은 현금·예금 등의 당좌자산이 127억 원, 재고자산이 119억 원이며, 비유동자산은 투자유가증권 등의 투자자산이 84억 원, 토지·건물 등의 유형자산이 176억 원, 영업권·개발비 등의 무형자산이 13억 원으로 구성되어 있음을 알 수 있다. 한편 부채는 매입채무와 단기차입금 등 유동부채가 218억 원, 장기차입금 등 비유동부채가 26억 원이며, 자본은 자본주들이 투자한 자본금이 186억 원, 잉여금이 89억 원으로 이루어져 있음을 나타내고 있다.

〈표 2-1〉 대차대조표

주식회사 혜화전자   2009. 12. 31. 현재   (단위 : 억 원)

차 변		대 변	
유동자산	246	유동부채	218
당좌자산	127	매입채무	48
현금과 예금	34	단기차입금	123
매출채권	65	기타 유동부채	47
기타 당좌자산	28	비유동부채	26
재고자산	119	회사채	16
비유동자산	273	장기차입금	8
투자자산	84	부채성충당금	1
유형자산	176	기타 비유동부채	1
토지	56	자본	275
건물구축물	60	자본금	186
기타 유형자산	60	자본잉여금	70
무형자산	13	이익잉여금	19
자산총계	519	부채와 자본총계	519

(2) 손익계산서

손익계산서(income statements ; I/S)는 일정 기간의 기업경영성과를 나타내는 표이다. 재무제표를 작성하는 중요한 목적 중의 하나는 기업이 일정 기간에 얼마나 이익을 남겼는지 또는 얼마나 손해를 보았는지를 정확하게 계산하는 데 있으며, 손익계산서는 정확한 손익금액의 계산과 함께 그 손익이 경영의 어떤 활동에서 발생하였는지를 알아보기 위하여 작성된다. 생산이나 판매 등 기업의 고유한 영업활동의 결과로 발생한 손익은 영업손익이라 하고, 이자의 수입과 지급 등 영업 외적인 활동의 결과로 발생한 손익은 영업외손익으로 각각 구분한다. 그리고 이들 활동과는 관계없이 발생한 손익을 특별손익이라고 한다. 또한 기업이 얻은 모든 수익에서 기업이 지출한 모든 비용을 차감하여 순수하게 기업에 이익으로 남은 몫을 당기순이익이라고 한다.

기업의 손익을 구하는 방법을 〈표 2-2〉를 통하여 보면, 주식회사 혜화전자는 2009년 한 해 동안 420억 원어치의 제품을 만들어 팔고 제품을 만드는 데 332억 원의 비용이 들어 매출총이익은 88억 원이었다. 그런데 주식회사 혜화전자가 제품을 팔기 위해 광고비 및 영업사원임금 등 판매비와 일반관리비로 52억 원을 지급하여 영업이익은 36억 원이었다. 이 영업이익에서 영업과 직접적인 관련이 없는 금융자산운용 등으로부터 얻은 영업외수익 33억 원을 더하고 빌린 돈에 대한 이자 등 영업외비용으로 지출한 37억 원을 빼고 난 후의 법인세차감전순이익은 32억 원이었다. 그리고 법인세비용을 차감한 당기순이익은 29억 원으로 나타났다.

〈표 2-2〉 손익계산서

주식회사 혜화전자	2009. 1. 1.~2009. 12. 31.	(단위 : 억 원)
매　　출　　액		420
매　출　원　가(-)		332
매　출　총　이　익		88
판매비와 일반관리비(-)		52
영　업　이　익		36
영　업　외　수　익(+)		33
영　업　외　비　용(-)		37
법인세비용차감전순이익		32
법　인　세　비　용(-)		3
당　기　순　이　익		29

(3) 이익잉여금처분계산서

이익잉여금처분계산서(statement of appropriation of retained earnings)는 기업의 이월이익잉여금처분사항을 명확히 보고하기 위하여 작성되는 재무보고서이다. 즉, 이익잉여금처분계산서는 한 기간 동안 발생한 이월이익잉여금의 변동사항을 요약하여 보고하는 동태적 보고서이다. 이월이익잉여금은 대차대조표에 속하는 하나의 계정에 불과하다. 그러나 이익잉여금처분계산서를 별도로 제공하는 이유는 이익잉여금의 변동에 관한 정보가 중요할 뿐만 아니라 대차대조표에서 제공하지 못하는 정보, 즉 이월이익잉여금의 처분 및 변동내역에 관한 정보를 제공하여 주는 역할을 하기 때문이다. 〈표 2-3〉을 통해 주식회사 혜화전자의 2009년 중 이익잉여금의 변동에 관한 내용을 살펴보면, 처분전이익잉여금은 기초대차대조표상의 전기이월이익잉여금과 당기순이익을 합한 25억 원에서 전기오류수정손실과 중간배당액을 뺀 10억 원이다. 여기에 적립금 등의 이입액 3억 원을 더하고, 이익준비금 등 이익잉여금처분액 11억 원을 빼면 2억 원이 남아 차기이월되었다.

〈표 2-3〉 이익잉여금처분계산서

주식회사 혜화전자   2009. 1. 1.~2009. 12. 31.   (단위 : 억 원)

과　목	금　액
Ⅰ. 처분전이익잉여금	10
1. 전기이월이익잉여금	3
2. 전기오류수정손실	5
3. 중간배당액	10
4. 당기순이익	22
Ⅱ. 임의적립금 등의 이입액	3
1. 별도적립금	1
2. 배당평균적립금	2
Ⅲ. 이익잉여금처분액	11
1. 이익준비금	2
2. 배당금	5
3. 신축적립금	4
Ⅳ. 차기이월이익잉여금	2

(4) 현금흐름표

현금흐름표(statement of cash flow)는 일정 기간 동안 기업이 조달한 현금내역과 조달된 현금이 어떻게 이용되었는가 하는 운용내역을 영업활동, 투자활동 및 재무활동으로 나누어 정리한 표이다. 즉, 현금흐름표는 일정 기간 동안 기업의 현금유입과 지출내역을 제품의 생산과 상품의 구매 및 판매 등과 같은 영업활동, 현금의 대여와 회수, 유가증권·투자자산·유형자산의 취득과 처분 등과 같은 투자활동, 그리고 현금의 차입 및 상환, 주식발행이나 배당금 지급 등과 같은 재무활동으로 구분하여 나타낸 표이다. 우리나라의 「기업회계기준」에서는 1995년부터 기업들이 현금흐름표를 작성하도록 하고 있다.

현금흐름표 작성의 기준이 되는 현금(cash)의 개념은 나라마다 다소 차이가 있으나 우리나라는 현금(현금통화 및 타인발행수표 등)과 당좌예금, 보통예금, 취득 당시 만기가 3개월 이내인 유동성이 높은 유가증권 및 단기금융상품으로 정의하고 있다. 현금흐름표는 현금의 실제 유입·유출을 기준으로 작성하기 때문에 현금잔액 및 그 증감요인을 파악할 수 있다는 장점을 가지고 있다. 〈표 2-4〉를 통해 주식회사 혜화전자의 2009년 중 현금흐름을 살펴보면, 영업활동으로 인한 현금흐름은 당기순이익과 현금유출이 없는 비용 등으로 86억원의 현금순유입이 발생하였으며, 주식 및 회사채발행과 은행차입 등의 재무활동으로는 32억 원의 현금순유입이 있었다. 한편 건물, 기계장치 구입 등의 투자활동으로 115억 원의 현금순지출이 발생함에 따라 기말의 현금잔액은 기초의 현금잔액 76억 원보다 3억 원이 증가한 79억 원이 되었다.

〈표 2-4〉 현금흐름표

주식회사 혜화전자	2009. 1. 1.~2009. 12. 31.	(단위 : 억 원)
Ⅰ. 영업활동으로 인한 현금흐름		86
1. 당기순이익		22
2. 현금의 유출이 없는 비용 등의 가산		65
3. 현금의 유입이 없는 수익 등의 차감		42
4. 영업활동으로 인한 자산·부채의 변동		41
Ⅱ. 투자활동으로 인한 현금흐름		−115
1. 투자활동으로 인한 현금유입액		271
2. 투자활동으로 인한 현금유출액		386
Ⅲ. 재무활동으로 인한 현금흐름		32
1. 재무활동으로 인한 현금유입액		891
2. 재무활동으로 인한 현금유출액		859
Ⅳ. 현금의 증가(Ⅰ+Ⅱ+Ⅲ)		3
Ⅴ. 기초의 현금		76
Ⅵ. 기말의 현금(Ⅳ+Ⅴ)		79

(5) 자본변동표

자본변동표란 자본의 크기와 그 변동에 관한 정보를 제공하는 재무보고서로 자본을 구성하고 있는 자본금, 자본잉여금, 자본조정, 기타 포괄손익누계액, 이익잉여금(또는 결손금) 등의 변동에 대한 포괄적인 정보를 제공하는 재무제표를 말한다. 이러한 자본변동표에는 소유주의 투자(증자)와 소유주에 대한 분배(배당), 포괄이익(소유주와의 자본거래를 제외한 모든 원천에서 인식된 자본의 변동) 등에 대한 정보가 포함된다. 2006년까지는 자본의 변동과 관련된 재무제표로서 이익잉여금처분계산서만이 기본 재무제표로 사용되어 왔다. 그러나 이익잉여금처분계산서는 자본의 일부인 이익잉여금의 구성항목 중 미처분이익잉여금의 변동내용만을 나타낼 뿐 자본을 구성하는 모든 항목의 변동내용을 포괄적으로 제시하지 못하는 한계가 있었다. 이에 따라 2007년부터 자본구성항목의 모든 변동내용에 대한 포괄적인 정보제공을 위해 자본변동표를 기본 재무제표로 새로 채택하였다. 자본변동표의 서식은 다음과 같다.

〈자본변동표〉

(단위 : 원)

구 분	자본금	자본잉여금	자본조정	기타 포괄손익누계액	이익잉여금	총 계
2009. 1. 1.(기초)	×××	×××	×××	×××	×××	×××
회계정책변경누적효과					(×××)	(×××)
전기오류수정					(×××)	(×××)
수정 후 이익잉여금					×××	×××
연차배당					(×××)	(×××)
처분 후 이익잉여금					×××	×××
중간배당					(×××)	(×××)
유상증자(감자)	×××	×××				×××
당기순이익(손실)					×××	×××
자기주식취득			(×××)			(×××)
해외사업환산손익				(×××)		(×××)
2009. 12. 31.(기말)	×××	×××	×××	×××	×××	×××

2. 재무제표부속명세서와 주석

재무제표부속명세서는 대차대조표, 손익계산서, 이익잉여금처분계산서, 현금흐름표, 자본변동표 등 재무제표의 중요한 항목에 대하여 그 내역명세를 기록한 것이다. 부속명세서 가운데 제조원가명세서는 기업의 수익성과 직결되는 제조원가의 구성내역과 그 추이에 관한 정보를 제공하고 있으므로 매우 중요하다. 제조원가명세서는 일정 기간 동안 물건을 만드는 데 든 비용을 재료비, 노무비, 경비로 나누어 정리한 표로서, 제품을 만드는 데 어느 부문의 원가가 얼마나 소요되는지를 파악함으로써 제조과정의 개선점을 찾아내는 데에 유용하게 쓰인다. 즉, 당기총제조비용에서 차지하는 재료비의 구성비가 같은 업종의 다른 회사보다 높을 경우에는 원재료나 부품의 구매관리를 개선해야 하거나 생산설비의 효율을 제고할 필요가 있음을 알 수 있고, 노무비나 경비의 구성비가 다른 회사보다 높다면 생산직 종업원에 대한 관리나 전기·수도 등 물자소비 면에서 개선할 점이 있는 것이다.

〈표 2-5〉를 예로 설명하면, 주식회사 혜화전자는 1년 동안 제품을 만들기 위해 원재료 108억 원어치를 투입하고 고용한 근로자에게 임금으로 125억 원을 지급하였으며, 기타 전기·수도요금 등 경비로 74억 원을 지출함으로써 당기총제조비용이 307억 원에 달하였다. 여기에 연초 재공품상태로 제조공정에 투입되었던 기초재공품원가 12억 원을 더하고 연말 현재 남은 기말재공품원가 9억 원과 재공품을 자가소비한 부분인 타계정대체액 8억 원을 뺀 결과 당기제품제조원가는 302억 원으로 나타났다.

〈표 2-5〉 제조원가명세서

주식회사 혜화전자	2009. 1. 1.~2009. 12. 31.	(단위 : 억 원)
당 기 총 제 조 비 용		307
재　　　료　　　비		108
노　　　무　　　비		125
경　　　비		74
기초재공품원가(+)		12
기말재공품원가(−)		9
타 계 정 대 체 액(−)		8
당 기 제 품 제 조 원 가		302

한편, 재무제표에 대한 주석(註釋)은 재무제표상의 해당 과목이나 금액에 기호를 붙이고 난외 또는 별지에 그 회계 사실의 내용을 간단하게 기재하는 것을 말한다. 주석을 다는 목적은 재무제표의 이해 가능성과 비교 가능성을 높이는 데 있다. 따라서 주석은 재무제표의 일부로서 이용자에게는 필수적인 정보이므로 주석사항의 공시내용이 계속 확대되고 있는 추세이다.

3. 연결재무제표와 결합재무제표

연결재무제표는 법률적으로 독립적인 회사들이라고 하더라도 실질적으로 지배 또는 종속관계에 있는 회사들을 단일의 경제실체로 간주하여 작성되는 재무제표로, 종속회사를 보유한 지배회사는 추가적으로 연결재무제표를 작성해야 한다. 연결재무제표는 종속회사의 실적이 반영된 지배회사의 경영성과와 재무상태에 대한 정보를 나타내므로 개별기업의 재무제표와 차별적인 유용성을 제공한다.

결합재무제표는 우리나라 기업의 특이한 지배구조 때문에 1999년부터 도입된 재무제표로, 기업집단 전체를 단일한 경제실체로 간주하여 작성되는 재무제표이다. 기업집단의 계열회사들은 상호출자, 순환출자 등으로 인해 지배-종속관계가 명확하지 않으므로 연결재무제표만으로는 기업집단의 경제적 실체를 파악하기 어렵다는 배경하에 도입되었다. 따라서 결합재무제표는 기업집단에 소속된 모든 계열회사들의 재무제표를 결합하여 작성되므로 연결재무제표에서 제외되는 계열회사도 포함된다.

4. 회계자료의 원천

이상과 같은 기업의 재무제표자료에 접근하기 위해서는 인터넷에서 금융감독원(Financial Supervisory Service)의 홈페이지에 연결된 전자공시시스템인 DART(Data Analysis, Retrieval and Transfer System)에 접속하여 해당 기업의 사업보고서를 검색하면 된다. 전자공시시스템에는 기업이 금융감독원에 제출하는 모든 공시사항과 제출서류가 전산화되어 수록되어 있는데, 기업이 기간별로 제출하는 사업보고서에는 각종 재무제표자료가 상세하게 소개되어 있다. 또한 인터넷을 통해 한국거래소(Korea Exchange)의 유가증권시장에서 제공하는 전자공시시스템인 KIND(Korea Investor's Network for Disclosure System)와 코스닥시장의 상세재무서비스를 이용하면 상장기업의 재무제표 및 재무비율에 대한 정보를 얻을 수 있다. [그림 2-1]과 [그림 2-2]는 각각 금융감독원의 전자공시시스템과 한국거래소의 전자공시시스템의 초기 화면을 제시하고 있다.

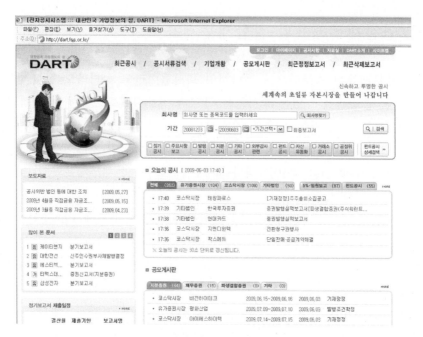

[그림 2-1] 금융감독원의 전자공시시스템(DART)

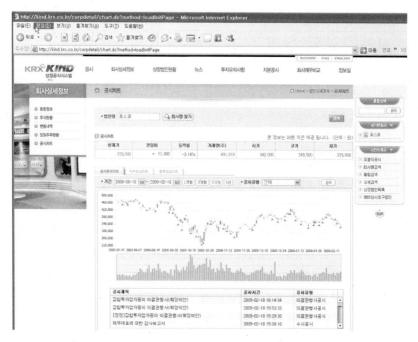

[그림 2-2] 한국거래소의 전자공시시스템(KIND)

한편, 미국 기업의 영업실적을 확인하려면 미국 기업이 증권거래위원회 (SEC)에 제출한 연간 혹은 분기 사업보고서를 참고하면 된다. 이들 자료를 미국 증권거래위원회(www.sec.gov)에 접속하여 EDGAR Database를 검색하면 된다. [그림 2-3]은 미국 SEC의 홈페이지 접속 화면이다.

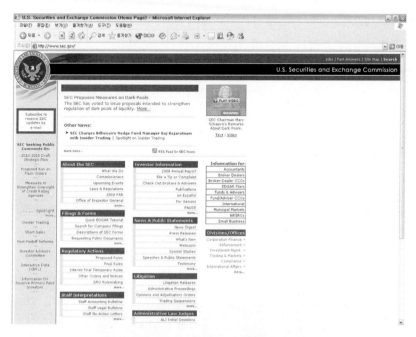

[그림 2-3] 미국 증권거래위원회 홈페이지

2.2 ○ 비회계자료

비회계자료 가운데 재무분석에서 가장 많이 이용되는 것은 증권시장자료 이다. 증권시장자료는 증권시장에서 거래되는 주식과 채권에 관한 자료로서 주가 및 주식거래량, 국·공채와 회사채의 수익률과 기래량, 주가수익비율 (PER), 배당수익률, 주당순이익(EPS), 주가순자산비율(PBR) 등이 포함된다. 재무분석이 투자자의 투자의사결정에 도움을 주기 위해서는 회계자료를 기 초로 한 비율분석과 함께 증권시장자료를 보다 많이 활용할 필요가 있다. 아

울러 분석대상기업 및 산업, 일반경제동향에 관한 질적인 자료에 대한 분석
도 중요하다.

투자자들이 이용할 수 있는 증권일간자료에는 한국거래소가 발행하는 『증
권시장』지와 『코스닥시장』지가 있다. 『증권시장』지와 『코스닥시장』지의 발
행주체는 한국거래소의 유가증권시장과 코스닥시장이며, 한국거래소의 홈페
이지(www.krx.co.kr)에 접속하면 쉽게 내려 받을 수 있다. 『증권시장』지에는
유가증권시장의 주식과 채권의 거래에 관한 모든 자료가 수록되어 있다. 주
식 관련자료로는 매일의 종합주가지수(KOSPI), 종목별 주가와 상장주식수 및
거래량, 그리고 각종 공시사항 등이 수록되어 있고, 채권 관련자료로는 각종
채권의 수익률 동향, 거래량 등이 수록되어 있다. 그 외에도 옵션이나 선물
과 같은 파생금융상품의 종목별 시세와 거래량 등이 제공되어 있다. [그림
2-4]는 『증권시장』지(2009. 2. 17.)의 일부를 제시하고 있다.

한편, 연중 국내외의 증권시장동향과 각종 증권시장의 통계자료를 수록하
고 있는 가장 대표적인 자료는 한국거래소에서 발간하는 『증권통계연보』이
다. 『증권통계연보』에는 상장주식, 채권, 배당수익률, 거래실적 등 증권시장

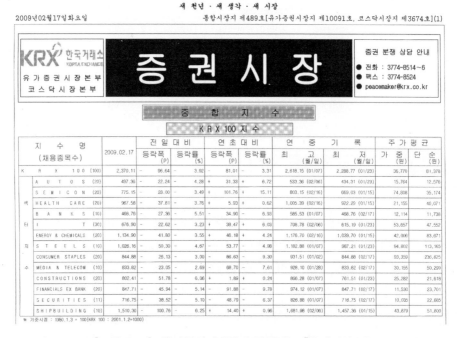

[그림 2-4] 유가증권시장에서 발행하는 『증권시장』지

(2009년 8월)

종 목	코드 code	결산월	상장주식수 No.of Listed Shares (주 share)	시가총액 Market Capitalization (천원 thous.KRW)	월간 Monthly 거래량 Trading Volume (주 share)	월간 Monthly 거래대금 Trading Value (천원 thous.KRW)	연누계 Annual Accumulated Total 거래량 Trading Volume (주 share)	연누계 Annual Accumulated Total 거래대금 Trading Value (천원 thous.KRW)
어업								
동원산업	0604	12	3,363,200	363,225,600	195,453	20,247,961	1,853,937	178,561,689
동원수산	3072	12	2,963,512	17,632,896	1,769,522	9,897,598	9,319,698	49,437,649
사조산업	0716	12	5,000,000	155,000,000	632,634	19,644,288	8,410,156	217,534,496
사조오양	0609	12	4,360,000	43,600,000	1,329,603	13,209,260	13,980,197	151,388,161
신라교역	0497	12	14,909,090	232,581,804	462,018	7,360,842	13,259,668	190,611,588

(August 2009)

월중시세 Monthly Value 시가 Opening (원 KRW)	고가 High (원 KRW)	고가 (일)	저가 Low (원 KRW)	저가 (일)	종가 Closing (원 KRW)	평균 Avg. (원 KRW)	배당수익률 Div. Yield (%)	PER (배 times)	PBR (배 times)	회전율 상장주식 Based on Vol. 월간 Monthly (%)	연누계 Annual (%)	시가총액 Based on Cap. 월간 Monthly (%)	연누계 Annual (%)	Issue
														Fishing
107.00	111.00	6	99,000	20	108.00	104,600	2.3	8.4	1.7	5.81	55.12	5.80	55.40	DongwonInd
5,070	6,710	31	4,900	7	5,950	5,301		36.1	0.7	59.37	314.48	59.31	315.59	DongwonFish
33,600	34,000	5	28,800	25	31,000	31,464		9.5	1.6	12.65	168.20	12.68	168.57	SajoInd
8,710	11,200	25	8,500	7	10,000	9,275		-	3.3	30.50	320.65	30.68	324.28	OYANG
16,400	17,000	5	15,250	26	15,600	15,950	1.0	4.4	1.1	3.10	88.94	3.11	89.89	Silla

[그림 2-5] 종목별 거래실적 및 시세

자료 : 한국거래소, 『증권통계연보(2009)』

과 관련된 다양한 통계자료가 수록되어 있다.

그 밖에 금융감독원이 발간하는 『금융통계정보』에는 경제개황, 자본시장 동향, 주요 증권시장정책 및 제도, 상장법인에 대한 통계자료 등이 수록되어 있으며, 금융감독원의 홈페이지를 통해 금융통계정보시스템에 접속해도 자료를 열람할 수 있다.

또한 국내 기업들의 재무분석통계자료들로는 한국은행의 『기업경영분석』, 한국산업은행의 『재무분석』 등이 있다. 그 외 재무분석에 필요한 자료를 신속하고 저렴하게 수집할 수 있는 방법은 증권회사의 홈트레이딩 시스템(home trading system ; HTS)에 접속하면 기업의 회계자료 및 비회계자료를 검색할 수 있으며, 대부분의 기업 홈페이지에서도 고객이나 투자자들에게 경영성과 및 실적에 대한 정보를 제공하므로 회계자료인 재무제표에 쉽게 접근할 수 있다. 〈표 2-6〉은 재무분석과 관련하여 인터넷을 통해 무료로 제공하는 주요

회계자료와 비회계자료의 내용과 작성기관을 소개한 것이다.

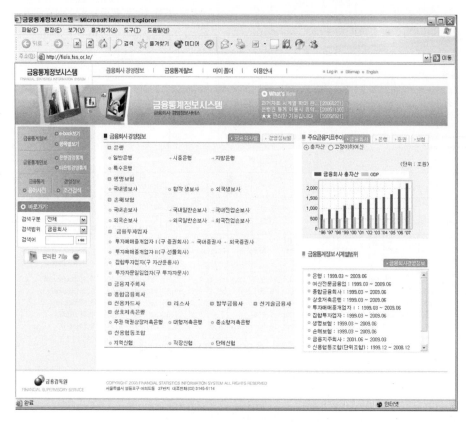

[그림 2-6] 금융통계정보시스템

〈표 2-6〉 재무분석 관련자료 및 제공기관

작성기관	홈페이지	시스템	주요 내용
금융감독원	dart.fss.or.kr	전자공시시스템(DART)	사업보고서, 공시보고서
금융감독원	fisis.fss.or.kr	금융통계정보시스템	금융회사 경영정보, 금융통계월보(e-book)
한국거래소 유가증권시장	kind.krx.co.kr	전자공시시스템(KIND)	기업개요, 공시내용, 재무비율
한국거래소 코스닥시장	xbrl.kosdaq.com	상세재무서비스(XBRL)	기업개요, 공시내용, 재무제표
한국은행	ecos.bok.or.kr	경제통계시스템(XBRL)	경제통계, 재무분석

[그림 2-7]은 증권회사의 기업분석리포트의 예이다.

한국투자 증권

true friend

STX엔진(077970)

조선, 기계 · 2009.3.16

매수(유지)

목표주가(12개월): 25,700원(하향)

Stock Data

- 주가 (3/13) 17,750원
- 액면가 2,500원
- 발행주식수 28.7백만주
- 시가총액 509십억원
- 52주 최고/최저가 59,200원/9,100원
- 평균거래량 (6개월) 1,447,152주
- 외국인지분율 9.3%
- 주요주주 STX 26.6%
  산업은행 6.4%

- **주가상승률** 1개월 6개월 12개월
  절대주가(%) -17.2 -29.6 -56.2
  상대주가(%) -11.7 -5.8 -25.9

- 당사 추정 EPS (09F) 5,006원
- 컨센서스 EPS (09F) 5,892원
- 컨센서스 목표주가 23,667원

- **밸류에이션(12MF)**
  PER 3.5배
  PBR 1.1배
  EPS growth 39%

Stock Price

최근 12개월 상대주가 추이

강영일 02)3276-6158
jerry@truefriend.com
김승희 02)3276-6175
Kimsh9@truefriend.com

수주 취소를 감안해도 너무 싼 가격

투자의견 '매수' 유지, 목표주가 25,700원으로 하향
선주들의 신조선 계약 취소가 잇따르고 있어 선박용 엔진의 수주 취소도 불가피하다. 향후 현 수주잔고의 20%가 취소된다는 가정 하에 목표주가를 28,000원에서 25,700원으로 8.2% 하향한다. 목표주가는 12개월 forward EPS 5,145원에 PER 5배를 적용했다. 적용 PER은 수주여건 악화와 STX그룹 리스크를 감안해 시장 대비 50% 이상 할인했다. 시장에서 우려하는 리스크 요인을 모두 감안해도 현재 주가는 크게 저평가됐다. 상승 여력은 44.8%로 투자의견 '매수'를 유지한다.

2008년 4분기에 이어 2009년에도 실적 호조 전망
4분기 매출액은 4,154억원, 영업이익은 596억원을 기록했다. 영업이익률은 14.3%로 당초 예상했던 12.4%를 1.9%p 상회했다. 선박용 엔진은 높은 수익성을 유지했다. 특히 방산용 엔진은 원재료 가격 상승에 따른 escalation(이미 견적이 나간 품목에 대해 원재료 가격 인상을 반영해 추후 판매 단가를 올리는 것)으로 영업이익률이 크게 상승했다. 2009년에도 환율상승과 원재료 가격하락으로 영업마진은 더욱 확대될 것이다.

수주 부진은 예상보다 심하지 않다
선박용 엔진의 수주 부진은 육상 발전용 엔진과 방산용 엔진이 보완할 수 있을 것이다. 한편, 조선업체들은 중국 업체와 경쟁 관계에 있지만 엔진업체는 품질 우위와 원화약세를 바탕으로 중국 시장에서의 점유율을 확대해 나갈 수 있다.

	2006	2007	2008P	2009F	2010F
매출액 (십억원)	870.0	1,275.0	1,508.0	1,777.2	1,830.9
(매출증가율, %)	21.3	46.5	18.3	17.8	3.0
영업이익 (십억원)	43.7	103.0	206.9	264.6	268.7
세전이익 (십억원)	65.7	115.5	135.0	202.2	230.1
당기순이익 (십억원)	42.6	81.4	96.7	143.6	163.4
EBITDA (십억원)	54.6	116.8	223.1	286.2	291.9
EPS (원)	1,485	2,839	3,374	5,006	5,697
(EPS증가율, %)	858.1	91.2	18.8	48.4	13.8
BPS (원)	7,033	10,232	10,830	15,591	20,917
PER (배)	12.1	18.5	5.3	3.5	3.1
PBR (배)	2.6	5.1	1.6	1.1	0.8
EV/EBITDA (배)	9.2	12.2	2.1	1.5	1.3
영업이익률 (%)	5.0	8.1	13.7	14.9	14.7
EBITDA Margin (%)	6.3	9.2	14.8	16.1	15.9
ROE (%)	22.3	34.0	31.9	37.7	30.8
순차입금 (십억원)	-15	-85	-38	-68	-116
영업이익/이자보상배율 (배)	40.4	520.9	120.6	77.1	78.3
차입금/자본총계비율 (%)	1.7	0.0	9.4	6.6	5.0

[그림 2-7] 기업분석리포트

자료 : 한국투자증권

1_ 우리나라 「기업회계기준」에서 규정하고 있는 재무제표에 관하여 설명하시오.

2_ 비회계적 자료의 중요성을 설명하시오.

3_ 관심 있는 기업의 재무제표자료와 사업보고서 및 기업분석리포트를 찾아보시오.

제2편

재무적 건전성 평가

제3장

재무비율분석

개관

재무제표분석에서는 재무제표자료에 기초하여 재무비율을 계산하고, 이를 이용하여 기업의 재무상태나 경영성과를 파악하는 재무비율분석이 중요한 위치를 차지하고 있다. 재무제표의 여러 항목 중에서 서로 관계있는 항목 간의 비율을 구하면 기업의 이해관계자들에게 유용한 여러 정보를 제공할 수 있다. 이 장에서는 재무분석에서 가장 널리 활용되고 있는 분석기법인 비율분석을 학습하기로 한다. 분석대상기업으로 선정한 사례기업을 소개하고, 각종 재무비율의 의미와 계산방법, 그리고 계산된 재무비율의 해석, 즉 기업의 경제적 실태에 대한 평가를 다룬다.

3.1 ● 재무비율과 비율분석

1. 재무비율의 의의

기업의 재무상태 및 경영성과는 기업이 공표하는 대차대조표, 손익계산서 등의 재무제표에 요약되어 나타난다. 그러나 기업의 재무제표나 그 밖의 회계자료를 구성하는 항목은 대단히 많고 복잡하므로, 재무제표의 이용자가 재무제표를 그대로 관찰해서는 의사결정에 도움이 될 수 있는 정보를 얻기가 어렵다. 그래서 재무제표에 포함된 경제적 정보를 쉽게 파악할 수 있도록 하는 지표의 필요성이 일찍부터 대두되었는데, 이를 위해 제안된 것이 재무비율(financial ratio)이다. 재무비율은 재무제표나 그 밖의 재무자료를 구성하는 수많은 항목 중에서 특정한 두 항목을 대응시켜 계산되므로 생성 가능한 재무비율은 수없이 많을 수 있다. 하지만 유용성 있는 재무비율이 되기 위해서는 경제적 의미가 분명해야 한다.

예를 들어, 매출액과 순이익 사이에는 명확하고 직접적인 경제적 관계가 존재하기 때문에 순이익을 매출액에 대응시킨 재무비율을 계산하여 의미 있는 정보를 얻을 수 있다. 그러나 판매비와 기업이 보유하고 있는 유가증권 사이에는 논리적 또는 경제적인 연관성이 없기 때문에 두 항목을 연결시켜 재무비율을 산출하더라도 의미 있는 정보를 얻을 수 없다. 즉, 경제적으로 의미 있는 정보를 담고 있는 재무비율은 많지 않으므로 실무적으로 유용한 정보를 전달하는 데에는 몇 가지 재무비율만으로도 충분하다.

2. 비율분석의 의의

비율분석(ratio analysis)은 재무제표를 구성하고 있는 두 항목을 대응시켜 재무비율을 계산하고, 작성된 재무비율을 절대적 기준과 비교하거나 산업비율 같은 표준비율과 비교하여 기업의 재무상태나 경영성과를 평가하는 방식으로 행해진다. 또한 비율분석은 재무비율의 역사적 추이를 관찰하여 기업의 재무상태나 경영성과의 변화를 파악하고 그 변화의 방향을 예측하는 방식도 병용하고 있다.

대부분의 재무비율은 재무제표의 한 항목을 다른 항목으로 나누어 구해진다. 재무비율의 분자항에 영향을 미치는 요인이 분모항에도 영향을 미칠 수 있기 때문에 재무비율의 해석에 유의하여야 한다. 예를 들어, 매출원가를 절감시킴으로써 매출액에 대한 순이익의 비율을 개선시킬 수 있다. 그러나 무리한 원가절감으로 인해 매출액이 감소하거나 시장점유율이 하락한다면, 그러한 외견상의 수익성 개선은 기업의 미래에 오히려 좋지 않은 영향을 미칠 수 있다. 따라서 이와 같은 영향을 고려하여 재무비율을 해석해야 할 것이다.

3.2 재무비율의 분류

재무비율은 재무제표 중에서 주로 대차대조표와 손익계산서의 두 항목을 결합하여 구할 수 있다. 대차대조표와 손익계산서는 다수의 항목으로 구성되기 때문에 이 중에서 두 항목으로 조합된 재무비율의 수는 광범위하다. 하지만 서로 논리적으로 관련 있는 항목들이 결합되어 경제적 의미를 가지는 재무비율은 실무적으로 50여 개 이내로 사용된다. 이와 같은 재무비율을 몇 가지 범주로 분류하여 이용하면 분석목적에 보다 적합한 재무비율을 선택할 수 있으므로 대단히 유용하다.

1. 분석자료에 의한 분류

재무비율을 구하는 원천이 되는 재무제표가 무엇이냐에 따라서 재무비율은 다음과 같이 분류된다. 일반적으로 활용되는 재무비율은 대부분 대차대조표와 손익계산서 항목으로 구성되며, 보완적인 재무비율로 현금흐름표의 항목을 사용하기도 한다.

① 대차대조표 비율 : 대차대조표의 항목으로만 구성된 비율
② 손익계산서 비율 : 손익계산서의 항목으로만 구성된 비율
③ 혼합비율 : 대차대조표, 손익계산서, 현금흐름표의 각 항목을 이용하여 산출한 비율

대차대조표는 한 시점을 기준으로 만들어지므로 대차대조표 비율은 정태비율이라고도 하며, 손익계산서는 일정 기간을 중심으로 만들어지므로 손익계산서 비율은 동태비율이라고도 한다. 혼합비율은 일정 기간을 중심으로 작성된 손익계산서 항목 또는 현금흐름표의 항목이 있으므로 동태비율의 성격을 갖는다.

2. 분석방법에 의한 분류

재무비율은 분석방법에 따라 관계비율과 구성비율로 구분된다. 구성비율 (component ratio)은 총자산 또는 매출액에서 각 항목이 차지하는 비중을 비율로 나타낸 것이다. 즉 대차대조표 항목은 총자산을 100%로, 손익계산서 항목은 매출액을 100%로 해서 각 항목이 몇 %를 차지하는가를 분석하는 것이다. 이는 기업 간의 상호 비교에 유용한 방법으로서 구성비율로 나타낸 재무제표를 공통형 재무제표라고 하며, 이는 제4장에서 학습한다.

관계비율(relative ratio)은 재무제표상의 두 항목을 대응시켜 상대적인 관계를 비율로 나타낸 것으로 항목비율이라고도 한다. 협의의 재무비율분석은 관계비율을 이용한 분석을 의미한다.

3. 의사결정자가 필요로 하는 정보에 따른 분류

재무정보는 기업에 관련된 이해관계자의 경제적 의사결정에 도움을 줄 때 가치가 있다. 그러나 이해관계자마다 필요로 하는 정보의 내용에는 차이가 있다. 예를 들어 투자자는 기업의 수익성에 관심이 많고, 채권자는 기업의 장·단기 채무이행능력에 관심을 갖게 되며, 경영자는 기업경영 전반의 효율에 관하여 알고자 한다. 재무비율은 의사결정자가 필요로 하는 정보의 내용에 따라 다음과 같이 분류할 수 있는데, 여기에서도 이를 따르기로 한다.

- 유동성비율(liquidity ratios) : 단기채무의 상환능력을 측정하는 비율이다. 지급능력비율(solvency ratios)이라고도 한다.
- 레버리지비율(leverage ratios) : 타인자본이 기업자본 중에서 차지하는 비

율로서 자본조달의 안정성을 나타낸다. 부채비율(debt ratios), 안정성비율(safety ratios)이라고도 한다.

- 활동성비율(activity ratios) : 기업자산 중 특정 자산의 효율적 이용을 나타내는 비율이다. 효율성비율(efficiency ratios), 회전율비율(turnover ratios)이라고도 한다.
- 수익성비율(profitability ratios) : 투하자본에 대한 경영성과를 나타내는 비율로서 정보이용자의 입장에서는 이익창출능력(ability to earn profits)에 대한 정보가 포함된다.
- 성장성비율(growth ratios) : 기업의 규모나 수익의 정도를 나타내는 비율이다.
- 시장가치비율(valuation ratios) : 주가는 기업의 가치를 평가하는 가장 객관적인 척도이므로 주가를 이용한 비율분석은 종합적이고 객관적이라고 할 수 있다.

3.3 표준비율

1. 표준비율의 의미와 종류

재무비율을 구체적으로 설명하기 전에 표준비율에 대하여 살펴보자. 어느 한 기업의 재무상태와 경영성과를 분석하기 위하여 계산된 재무비율을 평가하기 위해서는 그 재무비율을 비교·평가할 기준이 필요하다. 예를 들어 어느 기업에서 부채비율이 250%라고 할 때, 이 비율로부터 기업의 재무상태가 양호한 수준인지 불량한 수준인지를 평가하기 위해서는 어떠한 판단기준이 필요하다. 이때 그 기준이 되는 비율을 표준비율(standard ratio or benchmarks)이라고 하는데, 비율분석에서 표준으로 삼는 비율은 대체로 다음과 같은 세 가지이다.

(1) 과거비율

비율분석의 대상이 되는 기업의 과거비율은 표준비율로 사용된다. 과거비율을 표준비율로 이용할 때에는 지난해의 비율을 이용하거나, 과거 수년 간

C24. 금속

(종 합)

1. 대차대조표 Balance Sheet

Code No.	내역 Contents	금액(백만원) In million won	구성비 Ratio(%)
111	유 동 자 산	51,163,996	42.90
1111	당 좌 자 산	29,824,553	25.01
11111	현금및현금성자산	6,102,819	5.12
11112	단 기 투 자 자 산	5,480,660	4.60
11113	매 출 채 권	15,754,731	13.21
11114	기 타 당 좌 자 산	2,486,344	2.08
1112	재 고 자 산	21,339,443	17.89
11121	상(제)품 및 반제품	10,125,850	8.49
11122	원 재 료	8,643,802	7.25
11123	기 타 재 고 자 산	2,569,791	2.15
112	비 유 동 자 산	68,094,850	57.10
1121	투 자 자 산	18,107,229	15.18
11211	(장기투자증권)	17,456,356	14.64
1122	유 형 자 산	48,575,043	40.73
11221	토 지	11,957,274	10.03
11222	설 비 자 산	28,343,866	23.77
112221	(건박·구축물)	10,318,072	8.65
112222	(기계장치)	16,926,482	14.19
112223	(선박·차량운반구)	163,771	0.14
112224	(기타설비자산)	935,541	0.78
11223	건 설 중 인 자 산	8,260,371	6.99
11224	기 타 유 형 자 산	13,532	0.01
1123	무 형 자 산	458,127	0.38
11231	(개 발 비)	84,767	0.07
1124	기 타 비 유 동 자 산	954,451	0.80
11	자 산 총 계	119,258,846	100.00
121	유 동 부 채	37,163,662	31.16
12101	매 입 채 무	10,381,240	8.70
12102	단 기 차 입 금	15,463,890	12.97
12103	유 동 성 장 기 부 채	2,883,965	2.42
12104	기 타 유 동 부 채	8,434,568	7.07
122	비 유 동 부 채	18,076,252	15.16
12201	회 사 채	8,844,976	7.42
12202	장 기 차 입 금	6,727,486	5.64
12203	기 타 비 유 동 부 채	2,503,789	2.10
129	자 본	64,018,932	53.68
12901	자 본 금	6,992,165	5.86
12902	자 본 잉 여 금	13,456,645	11.28
12903	자 본 조 정	-3,816,172	-3.20
12904	기타포괄손익누계액	3,270,659	2.74
129041	(자산재평가이익)	2,343,044	1.96
12905	이 익 잉 여 금	44,115,616	36.99
12	부 채 및 자 본 합 계	119,258,846	100.00

3. 제조원가명세서 Statement of Cost of Goods Manufactured

Code No.	내역 Contents	금액(백만원) In million won	구성비 Ratio(%)
31	당 기 총 제 조 비 용	111,569,214	100.00
311	재 료 비	91,058,707	81.62
312	노 무 비	4,365,004	3.91
313	경 비	16,145,503	14.47
31301	복 리 후 생 비	1,126,914	1.01
31302	전 력 비	2,194,505	1.97
31303	가 스 수 도 비	1,036,672	0.93
31304	감 가 상 각 비	4,006,249	3.59
31305	세 금 과 공 과	148,569	0.13
31306	임 차 료	102,727	0.09
31307	보 험 료	96,943	0.09
31308	수 선 비	1,295,548	1.16
31309	외 주 가 공 비	2,303,341	2.06
31310	운반·하역·보관·포장비	753,324	0.68
31311	경 상 개 발 비	421,589	0.38
31312	기 타 경 비	2,657,122	2.38
32	기 초 재 공 품 원 가	3,276,978	2.94
33	기 말 재 공 품 원 가	4,651,690	4.17
34	유형자산(타계정)대체액	431,786	0.39
35	당 기 제 품 제 조 원 가	109,762,716	98.38

주 : 용어의 영문표기는 596~597 「페이지」 참조

2. 손익계산서 Income Statement

Code No.	내역 Contents	금액(백만원) In million won	구성비 Ratio(%)
21	매 출 액	133,226,215	100.00
22	매 출 원 가	112,776,169	84.65
23	매 출 총 손 익	20,450,046	15.35
241	판 매 비 와 관 리 비	6,060,447	4.55
24101	급 여	1,196,807	0.90
24102	퇴 직 급 여	164,107	0.12
24103	복 리 후 생 비	271,331	0.20
24104	수 도 광 열 비	9,929	0.01
24105	세 금 과 공 과	76,882	0.06
24106	임 차 료	78,358	0.06
24107	감 가 상 각 비	113,257	0.09
24108	접 대 비	98,311	0.07
24109	광 고 선 전 비	115,559	0.09
24110	경상개발비·연구비	134,297	0.10
24111	보 험 료	55,397	0.04
24112	운반·하역·보관·포장비	2,472,883	1.86
24113	대 손 상 각 비	183,528	0.14
24114	무 형 자 산 상 각 비	56,677	0.04
241141	(개 발 비 상 각)	7,300	0.01
24115	지 급 수 수 료	461,349	0.35
24116	기타판매비와관리비	571,776	0.43
24	영 업 손 익	14,389,598	10.80
251	영 업 외 수 익	6,458,343	4.85
25101	이 자 수 익	594,315	0.45
25102	배 당 금 수 익	140,609	0.11
25103	외 환 차 익	2,231,225	1.67
25104	외 화 환 산 이 익	457,576	0.34
25105	파생금융상품거래이익	447,190	0.34
25106	파생금융상품평가이익	389,306	0.29
25107	투자·유형자산처분이익	609,785	0.46
25108	지 분 법 평 가 이 익	928,180	0.70
25109	기 타 영 업 외 수 익	660,157	0.50
252	영 업 외 비 용	11,096,951	8.33
25201	이 자 비 용	1,729,079	1.30
25202	외 환 차 손	3,893,755	2.92
25203	외 화 환 산 손 실	2,012,276	1.51
25204	파생금융상품거래손실	603,699	0.45
25205	파생금융상품평가손실	630,890	0.47
25206	투자·유형자산처분손실	407,728	0.31
25207	지 분 법 평 가 손 실	839,865	0.63
25208	자 산 재 평 가 손 실	2,437	0.00
25209	기 타 영 업 외 비 용	977,321	0.73
25	법인세비용차감전순손익	9,750,990	7.32
261	법 인 세 비 용	2,207,296	1.66
26	계 속 사 업 손 익	7,543,695	5.66
27	중 단 사 업 손 익	-3,323	0.00
28	당 기 순 손 익	7,540,372	5.66

4. 이익잉여금처분계산서 Statement of Appropriation of Retained Earnings

단위 : %　　Unit : %

Code No.	내역 Contents	2007	2008
401	처 분 전 이 익 잉 여 금	96.62	97.41
4011	전 기 이 월 이 익 잉 여 금	40.95	39.79
4012	당 기 순 이 익	56.13	58.63
4013	회 계 변 경 의 누 적 효 과	-0.30	-0.01
4014	지분법적용회사잉여금변동	-0.07	-0.09
4015	전 기 오 류 수 정 손 익	-0.09	-0.26
4016	기 타 처 분 전 이 익 잉 여 금	-0.01	-0.66
402	임 의 적 립 금 등 의 이 입 액	3.38	2.59
403	이 익 잉 여 금 처 분 액	52.52	48.44
4031	이 익 준 비 금	0.43	0.33
4032	기 타 법 정 적 립 금	0.60	0.44
4033	배 당 금	9.52	7.69
4034	임 의 적 립 금	41.57	39.17
4035	기 타 이 익 잉 여 금 처 분 액	0.40	0.80
404	차 기 이 월 이 익 잉 여 금	47.48	51.56

[그림 3-1] 산업평균비율(한국은행 『기업경영분석』)

C24. Basic metals products

(All Enterprises)

5. 성장성에 관한 지표 Indicators concerning Growth

단위 : %　　　　　　　　　　　　　　　　Unit : %

Code No.	내　　　　역 Contents	2007	2008
501	총 자 산 증 가 율	14.64	20.94
502	유 형 자 산 증 가 율	6.60	19.52
503	유 동 자 산 증 가 율	18.09	29.13
504	재 고 자 산 증 가 율	18.26	44.33
505	자 기 자 본 증 가 율	11.73	14.95
506	매 출 액 증 가 율	15.78	29.43

6. 손익의 관계비율 Relationship Ratios of Income and Expenses

단위 : %　　　　　　　　　　　　　　　　Unit : %

Code No.	내　　　　역 Contents	2007	2008
601	총 자 산 세 전 순 이 익 률	9.95	8.95
602	총 자 산 순 이 익 률	7.61	6.92
603	기 업 세 전 순 이 익 률	11.43	10.54
604	기 업 순 이 익 률	9.10	8.51
605	자 기 자 본 세 전 순 이 익 률	16.90	16.29
606	자 기 자 본 순 이 익 률	12.93	12.60
607	자 본 금 세 전 순 이 익 률	145.02	141.54
608	자 본 금 순 이 익 률	110.95	109.46
609	매 출 액 세 전 순 이 익 률	8.55	7.32
610	매 출 액 순 이 익 률	6.57	5.66
611	매 출 액 영 업 이 익 률	8.09	10.80
612	매 출 원 가 대 매 출 액	86.88	84.65
613	변 동 비 대 매 출 액	72.67	72.49
614	고 정 비 대 매 출 액	22.18	25.04
615	연 구 개 발 비 대 매 출 액	0.40	0.42
616	인 건 비 대 매 출 액	6.30	5.35
617	인 건 비 대 영 업 총 비 용	7.08	6.06
618	재 료 비 대 매 출 액	66.27	68.35
619	재 료 비 대 영 업 총 비 용	74.40	77.41
620	순 외 환 손 익 대 매 출 액	-0.13	-2.41
621	EBIT 대 매 출 액	9.93	8.62
622	EBITDA 대 매 출 액	13.71	11.75
623	감 가 상 각 비	13.06	12.58
624	금 융 비 용 대 부 채	3.61	3.52
625	차 입 금 평 균 이 자 율	5.95	5.78
626	금 융 비 용 대 총 비 용	1.46	1.33
627	금 융 비 용 대 매 출 액	1.39	1.30
628	순 금 융 비 용 대 매 출 액	0.99	0.85
629	이 자 보 상 비 율	583.15	832.21
630	순 이 자 보 상 비 율	820.63	1,268.07
631	손 익 분 기 점 률	68.73	73.39
632	사 내 유 보 율	90.48	92.31
633	배 당 률	19.67	16.64
634	배 당 성 향	16.95	13.12

1차 철강, 1차 비철금속, 금속 주조업

7. 자산·자본의 관계비율 Relationship Ratios of Assets, Liabilities and Stockholders' Equity

단위 : %　　　　　　　　　　　　　　　　Unit : %

Code No.	내　　　　역 Contents	2007	2008
701	자 기 자 본 비 율	56.48	53.68
702	유 동 비 율	139.99	137.67
703	당 좌 비 율	87.75	80.25
704	현 금 비 율	14.52	16.42
705	비 유 동 비 율	105.91	106.37
706	비 유 동 장 기 적 합 률	83.90	82.95
707	부 채 비 율	77.05	86.29
708	유 동 부 채 비 율	50.82	58.05
709	비 유 동 부 채 비 율	26.23	28.24
710	차 입 금 의 존 도	26.29	28.44
711	차 입 금 대 매 출 액	25.19	25.46
712	매 출 채 권 대 매 입 채 무	168.75	151.76
713	순 운 전 자 본 대 총 자 본	11.48	11.74

8. 자산·자본의 회전율 Turnover Ratios of Assets, Liabilities and Stockholders' Equity

단위 : 회　　　　　　　　　　　　　　　　Unit : times

Code No.	내　　　　역 Contents	2007	2008
801	총 자 산 회 전 율	1.15	1.22
802	자 기 자 본 회 전 율	1.96	2.23
803	자 본 금 회 전 율	16.80	19.34
804	경 영 자 산 회 전 율	1.47	1.56
805	비 유 동 자 산 회 전 율	1.94	2.10
806	유 형 자 산 회 전 율	2.79	2.99
807	재 고 자 산 회 전 율	7.47	7.38
808	상 (제) 품 회 전 율	16.26	16.02
809	매 출 채 권 회 전 율	8.65	9.09
810	매 입 채 무 회 전 율	14.25	14.47

9. 생산성에 관한 지표 Indicators concerning Productivity

단위 : 백만원, %　　　　　　　　　Unit : In million won, %

Code No.	내　　　　역 Contents	2007	2008
901	노 동 장 비 율	261.03	287.16
902	자 본 집 약 도	764.66	808.48
903	종 업 원 1 인 당 부 가 가 치	142.95	193.30
904	종 자 본 투 자 효 율	21.04	23.91
905	설 비 투 자 효 율	57.26	67.31
906	기 계 투 자 효 율	118.11	154.21
907	부 가 가 치 율	19.39	20.08
908	노 동 소 득 분 배 율	43.43	32.84

10. 부가가치의 구성 Composition of Gross Value Added

단위 : %　　　　　　　　　　　　　　　　Unit : %

Code No.	내　　　　역 Contents	2007	2008
1001	영 업 잉 여	36.99	49.32
1002	인 건 비	34.18	27.36
1003	금 융 비 용	7.52	6.64
1004	조 세 공 과	1.09	0.87
1005	감 가 상 각 비	20.21	15.82

Note : Given in English terminology on pp. 596~597

의 비율을 평균하여 이용할 수 있다. 특히 과거비율은 비율의 추세를 분석하는 데 유용하다. 과거비율을 표준비율로 사용하여 재무비율과 비교할 때에는 다음과 같은 점을 주의해야 한다. 즉, 특정한 과거 연도의 재무비율이 과도히 낮거나 높을 경우에는 판단기준이 왜곡될 수 있기 때문에, 이러한 재무비율이 있는 연도에 어떠한 경제적 사건이 있었는지를 조사하여야 한다.

(2) 산업평균비율

산업평균비율은 그 기업과 동일한 산업에 속해 있는 모든 기업들의 재무제표 항목을 합산한 산업재무제표로부터 재무비율을 계산하여 비율분석의 표준으로 하는 것이다. 산업평균비율은 표준비율로 가장 많이 활용되며, 우리나라 각 산업의 평균비율은 매년 출간되는 한국은행의 『기업경영분석』과 산업은행의 『재무분석』에서 찾을 수 있다. [그림 3-1]의 『기업경영분석』에서는 사례대상기업인 포스코(주)가 속한 제1차 금속산업에서 대기업으로 분류된 기업들의 산업재무제표와 산업평균비율을 보여 주고 있다. 『기업경영분석』에 제시된 산업재무제표는 해당 산업에 속한 기업들의 재무제표를 각 항목별로 합산하여 산출된다. 그 외에도 증권선물거래소의 유가증권시장과 코스닥시장에서는 해당 산업별로 재무비율을 발표하고 있으므로, 증권시장에 상장된 기업들에 대해서는 이 비율이 표준비율로 적합하다고 볼 수 있다.

산업평균비율은 가장 보편적으로 활용되는 표준비율이지만 절대적인 기준에서 최선의 비율은 아니므로, 표준비율로 활용 시에는 다음과 같은 몇 가지 점을 유의해야 한다.

첫째, 대부분의 기업이 하나의 제품만을 생산하지 않고 여러 형태의 제품을 생산하고 있기 때문에 특정 산업으로 분류하는 것은 현실적으로 어렵다.

둘째, 산업평균비율은 영업 특성, 영업 규모, 회계처리방법 등이 유사한 기업들을 하나의 산업으로 분류하여 평균비율을 측정해 얻어야 한다. 그러나 현실적으로 영업 특성, 영업 규모, 회계처리방법 등의 유사성을 모두 충족시키는 기업을 찾기는 어렵다.

셋째, 원재료, 생산공정, 최종제품 등에 따라 산업의 분류방법이 다양하므로 분석목적에 따라 적합한 방법으로 산업을 분류해야 한다. 예를 들어, 생산공정의 효율성을 평가하고자 하는 경우에는 생산공정의 유사성에 따라 분

류된 산업의 평균비율이 표준비율로 가장 적합할 것이고, 생산성을 평가하고
자 할 때에는 원재료의 유사성에 따라 산업을 분류하는 것이 바람직할 것이다.

(3) 업계 경쟁기업이나 우량기업의 비율

업계의 경쟁기업은 분석대상기업의 수익성에 직접적인 영향을 미칠 수 있
으므로 경쟁기업이나 산업 내에서 경영성과가 우월한 기업의 재무비율을 활
용하는 것이 분석에 도움이 될 때가 많다. 또한 산업에서 가장 성과가 뛰어
난 기업의 재무비율을 비교기준으로 이용하면 분석대상기업이 가진 강·약점
을 파악할 수 있기 때문에 의미가 있다.

또한 세계적 수준의 기업들과 비교하여 경쟁력을 가진 국내 우량기업들은
동일한 업종에 속한 국내 기업들보다는 해외의 다국적기업을 벤치마킹 대상
으로 하여 재무비율의 차이점을 비교·분석하는 것이 경영전략수립에 보다
유용하다.

3.4 ● 사례기업의 선정

재무비율분석을 위한 사례기업으로 한국의 대표적인 철강 생산 및 판매업
체인 포스코(주)를 선정하였다. 포스코(주)는 1968년 포항종합제철(주)로 설립
하였다. 1970년에는 조강 연생산 103만 톤의 포항제철소 제1기 설비건설에
착공하였고, 총 4단계의 확장공사를 거쳐 1981년 2월 완공되었다. 또한 1985
년에는 조강 연생산 270만 톤의 광양제철소 제1기 설비건설에 착공하여 1987
년 준공되었다. 1988년에는 기업공개가 이루어졌으며, 그 뒤 2000년에는 산
업은행이 보유한 정부의 주식지분을 모두 매각하여 민영화하였다.

1992년 광양제철소 제4기 설비가 준공되어 포스코는 조강능력 2,800만 톤
(포항제철소 1,200만 톤, 광양제철소 1,600만 톤)의 세계적 규모의 철강기업으로
발돋움하게 되었다. 1994년에는 뉴욕 증권시장에 상장되었고, 1995년에는
포스코센터가 문을 열었으며, 같은 해 10월 런던 증권시장에 상장되었다.

2001년 이후 에너지 관련사업을 미래 수익사업으로 집중 육성하고자 액화

천연가스(LNG) 공급사업과 지역난방사업을 추진하고 있다. 2002년에는 광물의 국내외 해상수송 및 가공·판매를 사업목적에 추가하였고, 같은 해 3월 회사 이름을 포스코(주)로 변경하였다.

본사와 포항·광양제철소의 1사2소(一社二所) 체제를 바탕으로 본사는 재무·회계·판매 등 경영업무 전반과 포항·광양 양 제철소의 수주·생산·출하 등에 대한 전반적인 통합조정본부 역할을 맡고 있다.

주요 생산제품은 열연제품, 냉연제품, 후판제품, 선재제품, 전기강판, 스테인리스 스틸제품 등이다. 포항제철소는 거의 모든 종류의 제품을 생산하는 다품종 소량생산체제를 갖추고 있으며, 광양제철소는 소품종 대량생산체제로 일반 수요가 많은 열연·냉연제품을 주로 생산해 상호 보완관계를 유지하고 있다.

포스코(주)는 유럽연합과 러시아·인도·중국·일본·베트남·싱가포르 그리고 중남미 등지에 해외 사무소가 있다. 특히 중국 현지법인인 포스코차이나가 있으며, 일본 도쿄에는 포스코 지점이 있다. 또한 포스코건설, 창원특수강, 포스틸, 포스데이타, 포스코경영연구소, 포스코터미널 등 14개 국내 출자사와 POSCO America Corporation(POSAM), POSCO Australia Pty. Ltd(POSA), POSCO Asia Co. 등 18개 해외 출자사를 거느리고 있다.

이하에서는 금융감독원 전자공시시스템으로부터 구한 포스코(주)의 2006년부터 2008년까지의 재무자료를 가지고 재무비율분석을 해보기로 한다.

〈표 3-1〉 포스코의 요약대차대조표

(단위 : 10억 원)

계정과목	2008. 12. 31.	2007. 12. 31.	2006. 12. 31.
자산			
Ⅰ. 유동자산	13,693	8,768	7,871
(1) 당좌자산	7,278	5,547	5,136
(현금 및 현금성 자산)	942	691	512
(단기금융상품)	1,525	1,443	626
(단기투자증권)	1,256	1,431	2,074
(매출채권)	3,232	1,896	1,806
(2) 재고자산	6,416	3,221	2,735
(제품)	1,195	491	496
(반제품)	1,543	863	687
(원료)	1,645	771	570
Ⅱ. 비유동자산	23,340	21,725	18,492
(1) 투자자산	8,633	8,165	5,658

(장기투자증권)	3,612	3,850	2,548
(지분법적용투자주식)	5,014	4,313	3,111
(2) 유형자산	14,466	13,202	12,466
(토지)	908	860	852
(건물)	3,758	3,646	3,322
(기계장치)	26,125	25,214	22,351
(건설 중인 자산)	2,641	1,242	2,811
(3) 무형자산	170	212	229
(4) 기타 비유동자산	72	146	138
자산총계	37,033	30,493	26,363
부채			
Ⅰ. 유동부채	4,283	2,812	1,747
(매입채무)	1,109	632	520
(단기차입금)	341	81	0
(유동성장기부채)	204	432	10
(미지급금)	690	595	306
Ⅱ. 비유동부채	4,967	3,178	2,824
(사채)	4,586	2,198	2,073
(장기차입금)	52	48	48
부채총계	9,250	5,990	4,571
자본			
Ⅰ. 자본금	482	482	482
Ⅱ. 자본잉여금	4,291	4,129	3,937
(주식발행초과금)	464	464	464
(재평가적립금)	3,173	3,173	3,173
Ⅲ. 자본조정	−2,502	−2,716	−1,671
Ⅳ. 기타 포괄손익누계액	52	840	299
Ⅴ. 이익잉여금(결손금)	25,460	21,768	18,744
자본총계	27,784	24,503	21,792
부채와 자본총계	37,033	30,493	26,363

〈표 3-2〉 포스코의 요약손익계산서

(단위 : 10억 원)

계정과목	2008. 1. 1.~ 2008. 12. 31.	2007. 1. 1.~ 2007. 12. 31.	2006. 1. 1.~ 2006. 12. 31.
Ⅰ. 매출액	30,642	22,207	20,043
Ⅱ. 매출원가(−)	22,707	16,606	15,033
Ⅲ. 매출총이익	7,935	5,601	5,010

Ⅳ. 판매비와 관리비(-)	1,395	1,292	1,118
1. 급여	90	84	75
2. 퇴직급여	32	23	13
3. 복리후생비	101	72	68
4. 여비교통비	15	14	12
9. 감가상각비	30	31	28
10. 임차료	22	23	30
11. 수선비	10	9	11
12. 보험료	9	5	4
13. 접대비	5	4	3
14. 광고선전비	81	84	74
15. 경상연구개발비	60	28	39
16. 지급수수료	139	129	121
23. 교육훈련비	17	15	14
28. 운반 및 보관료	680	543	481
30. 판매수수료	48	40	39
기타	57	188	106
Ⅴ. 영업이익	6,540	4,308	3,892
Ⅵ. 영업외수익(+)	1,880	1,049	811
1. 이자수익	191	126	82
2. 배당금수익	95	59	61
4. 단기매매증권처분이익	53	55	60
5. 단기매매증권평가이익	16	9	16
6. 외환차익	827	80	115
7. 외화환산이익	71	4	74
8. 지분법이익	399	606	328
기타	226	109	75
Ⅶ. 영업외비용(-)	2,590	565	585
1. 이자비용	143	103	79
3. 외환차손	987	90	·113
4. 외화환산손실	694	59	1
5. 기부금	113	151	135
6. 지분법손실	423	33	17
9. 유형자산처분손실	67	59	73
기타	163	70	166
Ⅷ. 법인세비용차감전순이익	5,830	4,792	4,118
Ⅸ. 법인세비용(-)	1,383	1,113	912
Ⅹ. 당기순이익	4,447	3,679	3,207
Ⅺ. 주당손익(원)	58,905	48,444	40,748

〈표 3-3〉 포스코의 이익잉여금처분계산서(결손금처리계산서)

(단위 : 10억 원)

계정과목	2008	2007	2006
Ⅰ. 미처분이익잉여금(미처리결손금)	4,489	3,651	3,274
1. 전기이월미처분이익잉여금(미처리결손금)	231	161	223
2. 중간배당액	−188	−190	−156
3. 당기순이익(손실)	4,447	3,679	3,207
Ⅱ. 임의적립금 등의 이입액	352	373	338
Ⅲ. 합계	4,841	4,024	3,613
Ⅳ. 이익잉여금처분액	4,603	3,793	3,452
1. 기타 법정적립금	0	0	400
2. 배당금	574	567	466
3. 임의적립금	4,029	3,227	2,586
Ⅴ. 차기이월미처분이익잉여금(미처리결손금)	238	231	161

〈표 3-4〉 포스코의 현금흐름표

(단위 : 10억 원)

계정과목	2008	2007	2006
Ⅰ. 영업활동으로 인한 현금흐름	3,613	5,073	4,025
1. 당기순이익(손실)	4,447	3,679	3,207
2. 현금의 유출이 없는 비용 등의 가산	3,515	2,247	2,040
3. 현금의 유입이 없는 수익 등의 차감	−668	−712	−497
4. 영업활동으로 인한 자산·부채의 변동	−3,680	−143	−725
Ⅱ. 투자활동으로 인한 현금흐름	−4,669	−3,847	−3,097
1. 투자활동으로 인한 현금유입액	11,870	10,387	12,047
2. 투자활동으로 인한 현금유출액	−16,539	−14,234	−15,144
Ⅲ. 재무활동으로 인한 현금흐름	1,306	−1,047	−665
1. 재무활동으로 인한 현금유입액	3,104	1,222	2,205
2. 재무활동으로 인한 현금유출액	−1,798	−2,269	−2,870
Ⅳ. 현금의 증가(감소)	251	179	263
Ⅴ. 기초의 현금	691	512	250
Ⅵ. 기말의 현금	942	691	512

〈표 3-5〉 포스코의 자본변동표

(단위 : 10억 원)

계정과목	자본금	자본 잉여금	자본조정	기타 포괄 손익누계액	이익잉여금 (결손금)	총계
2008. 01. 01.(제41기초)	482	4,129	−2,716	840	21,768	24,503
1. 회계정책변경효과						0
2. 연차배당					−567	−567
3. 당기순이익					4,447	4,447
4. 중간배당					−188	−188
5. 지분법자본잉여금		41				41
6. 자기주식취득			−37			−37
7. 자기주식처분		122	251			373
8. 매도가능증권평가손익				−1,141		−1,141
9. 지분법자본변동				353		359
2008. 12. 31.(제41기말)	482	4,291	−2,502	52	25,460	27,784
2007. 01. 01.(제40기초)	482	3,935	−1,671	301	18,744	21,792
1. 회계정책변경효과		2		−2		0
2. 연차배당					−466	−466
3. 당기순이익					3,679	3,679
4. 중간배당					−190	−190
5. 지분법자본잉여금		17				17
6. 자기주식취득			−1,291			−1,291
7. 자기주식처분		175	246			421
8. 매도가능증권평가손익				382		382
9. 지분법자본변동				159		159
2007. 12. 31.(제40기말)	482	4,129	−2,716	840	21,768	24,503

〈표 3-6〉 포스코의 주식 관련자료

구 분	2008. 12. 30.	2007. 12. 28.	2006. 12. 28.
주가(원)	380,000	575,000	309,000
상장주식수(주)	87,186,835	87,186,835	87,186,835
거래량(주)	295,116	219,906	161,886
액면가(원)	5,000	5,000	5,000
일별베타	1.18	1.11	0.81
외국인지분비율	43%	49%	62%

이 절에서는 〈표 3-1〉에서 〈표 3-5〉까지 제시된 포스코(주)의 재무제표와 〈표 3-6〉의 주식 관련자료를 이용하여 의사결정자가 필요로 하는 정보에 따라 분류된 주요 재무비율의 경제적 의미, 계산방식, 그리고 표준비율과 비교한 평가방법에 대해서 설명하고자 한다.

1. 유동성비율

비율분석에서 유동성(liquidity)은 보통 기업이 단기부채를 상환할 수 있는 능력으로 정의된다. 엄밀히 말하면 유동성이란 기업이 현금을 동원할 수 있는 능력이라고 할 수 있다.

이러한 유동성을 보여 주는 비율들을 유동성비율이라고 하는데, 이는 기업에 자금을 대출한 금융기관과 채권자들이 가장 중요시하는 비율이다. 대표적인 유동성비율로는 유동비율과 당좌비율이 있다.

(1) 유동비율

유동비율(current ratio)은 대차대조표상에 있는 유동자산을 유동부채로 나눈 것이다. 유동자산에는 현금, 시장성이 있는 유가증권, 매출채권과 재고자산 등이 포함되며, 유동부채에는 장기부채 중 1년 이내에 만기가 되는 부채와 매입채무 등의 단기부채, 그 밖에 미지급비용(accrued expenses) 등이 포함된다.

유동비율은 기업의 유동성을 측정하는 데 가장 많이 사용되는 비율로서 은행가비율(banker's ratio)이라고도 한다. 이 비율은 비율분석에서 가장 중요시되며, 재무분석의 시발점으로 간주되고 있다. 포스코의 2008년도 유동비율은 유동자신 13조 6,930억 원을 유동부채 4조 2,830억 원으로 나눈 비율로서 319.70%이다.

$$유동비율 = \frac{유동자산}{유동부채} \times 100 = \frac{13,693}{4,283} \times 100 = 319.70\%$$

(산업평균＝165.05%)

2008년도 포스코의 유동비율은 [그림 3-1]에 제시된 제1차 금속산업에 속한 대기업집단의 산업평균비율 165.05%보다 상당히 높다. 포스코가 속한 산업평균비율은 [그림 3-1]의 자산·자본의 관계비율에서 유동비율을 찾으면 된다. 유동비율이 높다는 것은 어떤 의미를 가지고 있는 것일까? 이것은 동일한 산업의 다른 기업들보다 포스코가 가진 단기부채의 지급능력이 높다는 것을 뜻하며, 포스코에 단기부채를 제공한 채권자의 입장에서는 매우 바람직한 것이다.

그러나 기업경영자의 입장에서는 다른 결론을 내릴 수 있다. 유동자산은 높은 수익을 가져오는 자산이 아니기 때문에 다른 기업에 비하여 유동자산이 많을 경우 수익성이 낮아질 염려가 있다. 즉, 기업은 위험이 높은 투자를 기피하거나 적절한 투자기회를 찾지 못할 경우 불필요한 현금이 내부에 누적될 수도 있다. 다시 말하면, 유동자산 중의 하나인 현금을 너무 많이 가지고 있다는 것은 현금을 다른 곳에 투자하여 수익을 올릴 기회를 상실하고 있다는 것이다. 그러므로 유동비율이 높다 낮다는 판단은 어느 기업에나 모두 좋거나 나쁜 것이 아니라, 그 비율을 분석하는 기업의 경영자 입장에 따라 달라질 수 있다는 것에 유의해야 한다.

(2) 당좌비율

당좌비율(quick ratio)은 산성시험비율(acid test ratio)이라고도 하는데, 이는 유동자산 중에서 재고자산을 제외한 자산인 당좌자산을 유동부채로 나눈 것이다. 유동자산 중에서 재고자산은 유동성이 가장 낮은 항목일 뿐만 아니라 처분할 때에도 손실을 입을 위험이 높다. 그러므로 기업이 재고자산을 처분하지 않고서도 단기부채를 상환할 수 있는가가 중요하다. 당좌자산은 판매과정을 거치지 않고 즉시 현금화될 수 있는 자산으로, 다른 자산의 취득 또는 유동부채의 지급에 충당할 수 있는 자산이다. 이런 의미에서 당좌비율은 유동비율보다 더 엄격히 유동성을 측정하는 비율이다. 2008년도 포스코의 당좌비율은 당좌자산 7조 2,780억 원을 유동부채 4조 2,830억 원으로 나눈 비율인 169.93%이다.

$$당좌비율 = \frac{유동자산-재고자산}{유동부채} \times 100 = \frac{13,693-6,416}{4,283} \times 100 = 169.93\%$$

(산업평균=93.60%)

[그림 3-1]의 제1차 금속산업에 속한 대기업집단의 당좌비율은 93.60%로, 포스코는 당좌비율에서도 산업평균비율에 비하여 매우 높은 편이다. 따라서 포스코는 재고자산을 제외하더라도 유동성에서는 여전히 산업 내 다른 기업보다 우월하다고 할 수 있다. 만일 산업평균보다 유동비율은 높으나 당좌비율이 낮은 경우라면 해당 기업의 재고자산이 너무 많다는 것을 나타낸다.

2. 레버리지비율

레버리지비율(leverage ratio)은 부채성비율이라고도 하며, 기업이 타인자본에 의존하고 있는 정도를 나타낸다. 레버리지비율은 특히 장기부채의 상환능력을 측정하는 데 이용된다. 이와 관련된 비율에는 여러 가지가 있으나, 여기서는 크게 두 가지 비율에 대해 학습하도록 한다. 하나는 대차대조표상에서 볼 수 있는 비율로, 자기자본에 비해 타인자본의 규모가 어느 정도인지를 측정하는 정적 개념의 성격을 지닌다. 다른 하나는 손익계산서의 항목을 이용하는 비율로, 기업의 영업이익(operating income)이 부채로 인한 금융비용의 지출을 어느 정도 감당할 능력이 있는지를 측정하는 동적 개념의 성격을 지닌다. 이 두 종류의 레버리지비율은 서로 보완적이므로 재무분석을 할 때에는 두 비율을 모두 살펴보는 것이 바람직하다.

(1) 부채비율

부채비율(debt to equity ratio)은 기업의 자본구조의 안정성을 나타내는 가장 대표적인 비율이다. 부채비율은 총자본을 구성하고 있는 자기자본과 타인자본의 비율로 타인자본은 대차대조표에서 부채에 해당하며, 자기자본은 자본에 해당한다. 기업이 타인자본에 과도하게 의존할 경우에는 파산이나 부도를 초래하는 지급불능위험이 증가하므로 장기자금을 제공하는 채권자의 입장에서는 중요한 비율이다. 타인자본은 유동부채, 장기차입금, 사채 등을 포함하며, 자기자본은 자본금, 자본잉여금, 이익잉여금 등을 포함한다. 부채비율이 낮은 기업일수록 도산이나 파산 위험이 낮다는 것을 의미한다.

$$부채비율 = \frac{타인자본(부채총계)}{자기자본(자본총계)} \times 100 = \frac{9,250}{27,784} \times 100 = 33.29\%$$

(산업평균=68.39%)

포스코의 2008년도 부채비율은 33.29%로 산업평균비율인 68.39%에 비해 훨씬 낮다. 채권자의 입장에서는 부채비율이 낮은 기업은 파산하거나 청산할 가능성이 낮으므로 선호한다. 그러나 주주의 입장에서는 높은 부채비율이 항상 나쁜 것만은 아니다. 예를 들어, 미래의 경기전망이 좋아서 부채 사용에 따른 비용보다 수익이 클 것으로 예상되는 경우 부채비율이 높은 기업에서는 주주에게 돌아가는 이익이 높다. 또한 기업이 신규 사업에 필요한 자금조달을 하려고 주식을 발행할 경우 기존 주주들의 기업지배권이 약화될 우려가 있기 때문에 자기자본 대신에 타인자본을 선호하게 되고, 이는 결과적으로 부채비율을 높이게 된다.

(2) 자기자본비율

부채비율과 더불어 기업의 재무구조를 측정하는 가장 중요한 지표로 활용되고 있는 것이 자기자본비율(stockholder's equity to total assets)이다. 자기자본비율은 타인자본과 자기자본을 합한 총자본에서 자기자본이 차지하는 비중을 나타내는 비율을 의미한다. 타인자본과 자기자본의 합계인 총자본은 대차대조표에서는 자산의 금액과 동일하다. 자기자본비율과 부채비율은 역의 관계를 가지므로 자기자본비율이 높을수록 그 기업의 재무구조는 양호하다고 판단할 수 있다.

$$자기자본비율 = \frac{자기자본}{총자본} \times 100 = \frac{27,784}{37,033} \times 100 = 75.02\%$$

(산업평균＝59.39%)

포스코의 자기자본비율을 계산한 결과 산업평균비율인 59.39%보다 높은 75.02%로 기업의 재무 안정성이 높은 편이다.

한편, 금융기관의 경우에는 일반제조업과 다른 영업 특성을 가지므로 금융기관의 안정성을 측정하는 비율로 자기자본비율을 수정한, 국제결제은행(BIS)에서 규정한 자기자본비율인 BIS비율을 사용한다. 금융기관의 BIS비율은 자기자본 등을 위험가중자산으로 나누어 다음과 같이 계산된다.

$$BIS비율 = \frac{자기자본 + 보완자본}{위험가중자산} \times 100$$

위 식에서 보완자본은 대손충당금, 후순위채무 등을 의미한다. 그리고 자산별로 거래상대방의 신용도, 담보, 보증의 유무 등 위험도를 고려하여 가중치가 부여되고, 그 위험가중치에 의해 가중평균된 자산이 위험가중자산이다. 예를 들어 현금의 경우 위험이 전혀 없으므로 0%, 공공기관에 대한 채권에는 10%, OECD 국가의 은행에 대한 채권에는 20%, 주거용 주택에 대한 저당권이 설정된 채권에는 50%, 기타 민간부문에 대한 채권이나 주식에는 100% 등의 위험가중치를 부여하게 된다.

국제결제은행은 국제금융시장에서 활동하는 은행들에 대하여 최소한 8%의 BIS비율을 준수하도록 규정하고 있다. 이에 따라 BIS비율이 8%에 미치지 못하는 은행 등은 해외차입이 곤란하거나 차입을 하더라도 높은 자금조달비용을 부담해야 한다. 특히 외환위기 이후 우리나라 금융기관의 경우 BIS비율을 8%로 적용함에 따라 이 비율의 중요성이 매우 높아졌다. 이는 BIS비율 8%가 금융기관 구조조정의 기준이 되고 있기 때문이다. 금융감독원에 따르면 2008년 9월 말 현재 국내 은행의 BIS비율은 10.86%로 자본적정성에서 양호한 수준이다.

(3) 비유동비율과 비유동장기적합률

비유동비율(noncurrent ratio)은 기업이 보유한 자산의 비유동화 위험을 측정하는 대표적인 비율로, 비유동자산을 자기자본으로 나눈 비율이다. 비유동비율은 자기자본이 비유동자산에 어느 정도 투입되어 운용되고 있는가를 나타내는 지표로, 일반적으로 비유동비율이 낮을수록 기업의 장기적 재무안정성이 양호한 것으로 평가된다. 그 이유는 비유동자산은 기업에서 장기적으로 사용되는 자산이므로, 상환부담이 없는 자기자본으로 투자하는 것이 재무안정성 측면에서 바람직하다고 판단되기 때문이다. 일반적으로 비유동비율이 100% 이하이면 양호한 것으로 본다.

비유동비율은 산업의 특성에 따라 큰 차이를 보인다. 예를 들어, 비유동자산보다는 유동자산의 비중이 높은 유통업의 경우에는 비유동비율이 낮은 반면, 거액의 시설투자를 필요로 하는 자본집약적 산업에서는 비유동자산의 비중이 매우 크므로 비유동비율은 일정 수준 이상으로 높다. 특히 자본집약적 산업에서는 필요 자금을 자기자본만으로 조달할 수 없으므로 자금의 일부를 타인자본으로 조달하게 되며, 재무적 안정성을 유지하기 위해서는 상환기간이 장기인 비유동부채로 조달하는 것이 바람직하다. 이 경우에는 비유동비율의 보완비율인 비유동장기적합률을 사용할 수 있다.

비유동장기적합률(noncurrent assets to stockholder's equity and long-term liabilities)은 자기자본 및 비유동부채가 비유동자산에 어느 정도 투입되어 운용되고 있는가를 나타내는 지표로, 비유동자산을 자기자본과 비유동부채의 합으로 나눈 비율이다. 비유동비율과 마찬가지로 비유동장기적합률도 낮을수록 재무안정성 측면에서 해당 기업이 양호하다는 것을 의미한다. 사례기업인 포스코의 2008년도 비유동비율은 84.00%로, 비유동자산은 자기자본의 규모 내에서 투입되고 있는 것으로 나타났다. 이는 산업평균비율인 100.19%에 비해 상당히 양호한 수준이다. 포스코의 비유동장기적합률 또한 71.27%로, 산업평균비율인 78.85%보다 낮은 수준을 유지하고 있다.

$$\text{비유동비율} = \frac{\text{비유동자산}}{\text{자기자본}} \times 100 = \frac{23,340}{27,784} \times 100 = 84.00\%$$

(산업평균＝100.19%)

$$비유동장기적합률 = \frac{비유동자산}{자기자본+비유동부채} \times 100$$

$$= \frac{23,340}{27,784+4,967} \times 100 = 71.27\%$$

(산업평균=78.85%)

(4) 이자보상비율과 금융비용부담률

이자보상비율(times interest earned 또는 interest coverage ratio)은 기업 본연의 활동으로 발생한 영업이익이 매년 지급해야 할 이자비용의 몇 배에 해당하는가를 나타내는 비율이다. 즉, 타인자본의 사용으로 발생하는 금융비용인 이자가 기업에 어느 정도의 압박을 가져오는가를 판단하기 위한 지표가 바로 이자보상비율이다. 이자보상비율이 높을수록 그 기업은 금융비용을 부담할 수 있는 능력이 높으며, 재무적 안정성이 높다는 것을 의미한다. 금융비용부담률은 매출액에 대비한 이자비용의 비율로 표시되며 낮을수록 양호하다. 한국은행의 『기업경영분석』에서는 금융비용부담률을 금융비용 대 매출액으로 제시하고 있다.

이자보상비율은 추후에 설명할 수익성비율의 하나인 매출액영업이익률과 금융비용부담률로 분해하여 순수한 금융비용부담능력과 수익성의 측면에서 파악할 수 있다. 2008년도 포스코의 이자보상비율과 금융비용부담률은 다음과 같이 계산된다. 〈표 3-2〉의 요약손익계산서에는 생략되어 있지만 영업외비용에서 이자비용은 1,430억 원이다.

$$이자보상비율 = \frac{영업이익(EBIT)}{이자비용} \times 100 = \frac{6,540}{143} \times 100 = 4,573.43\%$$

(산업평균=1,430.44%)

$$금융비용부담률 = \frac{이자비용}{매출액} \times 100 = \frac{143}{30,642} \times 100 = 0.47\%$$

(산업평균=0.97%)

[그림 3-1]에 제시된 『기업경영분석』에서 이자보상비율은 1,430.44%이므

로, 포스코의 이자비용에 대한 부담능력은 산업평균비율에 비해 월등히 앞선다고 할 수 있다. 또한 포스코의 금융비용부담률은 0.47%로, 산업평균 금융비용부담률인 0.97%보다 낮은 수준이다.

3. 활동성비율

활동성비율(activity ratio)이란 기업이 소유하고 있는 자산들을 얼마나 효과적으로 이용하고 있는가를 측정하는 비율이다. 이와 같은 비율들은 매출액에 대한 각 중요 자산의 회전율로 표시되는 것이 보통이다. 여기서 회전율이란 자산의 물리적 효율성(physical efficiency)을 말하는 것으로, 자산의 효율적 이용으로 인한 화폐적 성과와는 다르다. 활동성비율에서는 재고자산회전율, 매출채권회전율, 비유동자산회전율, 총자산회전율 등이 중요하다. 기업의 경영성과와 관련된 효율성은 뒤에서 설명하게 될 수익성비율로 측정한다.

(1) 재고자산회전율과 재고자산평균보유기간

재고자산회전율(inventory turnover)은 매출액을 연도 말 시점 또는 연평균재고자산으로 나눈 값으로, 재고자산이 한 사업연도 동안에 몇 번이나 당좌자산(현금 또는 매출채권)으로 전환되었는가를 측정하는 것이다. 재고자산회전율이 낮다는 것은 매출액에 비하여 과다한 재고자산을 보유하고 있다는 것이며, 높다는 것은 적은 재고자산으로 생산과 판매활동을 효율적으로 수행하고 있다는 뜻이다. 기초시점과 기말시점의 연평균재고자산을 적용한 포스코의 2008년도 재고자산회전율은 6.36회로, 산업평균비율인 6.92회보다 높다.

$$재고자산회전율 = \frac{매출액}{연평균재고자산} = \frac{30,642}{(3,222+6,416)/2} = 6.36회$$

(산업평균 = 6.92회)

재고자산평균보유기간(days in inventory)은 재고자산회전율의 역수에 365를 곱한 값으로, 재고자산회전율을 기간형태로 표시한 것이다. 재고자산평균보유기간은 재고자산이 판매되기까지 평균적으로 소요된 일수를 측정하므로,

이 값이 낮을수록 매출이 원활하다고 볼 수 있다. 포스코의 재고자산평균보유기간은 57.39일로, 재고상태에서 매출이 이루어지기까지는 평균적으로 약 2개월의 기간이 소요된다는 것을 알 수 있다.

$$재고자산평균보유기간 = \frac{365}{재고자산회전율} = \frac{365}{6.36} = 57.39일$$

재고자산회전율을 계산하여 분석할 때에는 다음의 두 가지 점에 유의하여야 한다.

첫째, 매출액은 시장가치(market value)로 계산되는 반면, 재고자산은 역사적 원가(historical cost)에 의하여 기록된다는 점이다. 따라서 양쪽의 항목을 원가 또는 시가로 통일시키는 것이 바람직하다. 예를 들어, 분자를 매출액 대신 매출원가로 대체하면 분모와 분자가 원가를 기준으로 통일될 수 있을 것이다.

둘째, 매출활동은 영업기간 동안 계속 발생하는 반면, 재고자산은 특정 시점의 규모이므로 기말대차대조표의 재고자산보다 연평균의 재고자산을 적용하는 것이 더욱 이상적일 것이다. 손익계산서의 계정과목들은 사업기간 동안에 발생한 흐름을 측정하는 반면, 대차대조표의 계정과목들은 특정 시점에서 관측된 값이다. 따라서 재고자산회전율과 같이 재무비율이 손익계산서 항목과 대차대조표 항목으로 구성될 경우 손익계산서 항목에 대응하는 대차대조표의 항목은 연평균화하는 것이 타당하다. 특히 매출액이나 재고수준의 계절적 변동이 심한 산업에 속하는 기업에서는 이와 같은 조정이 꼭 필요하다.

(2) 매출채권회전율과 매출채권평균회수기간

매출채권회전율(receivables turnover)은 매출액을 매출채권으로 나눈 값으로, 매출채권이 신속히 매출액으로 전환되는 정도를 나타낸다. 같은 매출액에 비하여 매출채권이 적을수록 매출채권관리를 잘 하고 있다고 볼 수 있으므로 매출채권회전율은 높을수록 좋다. 재고자산과 마찬가지로 영업기간 동안 매출활동과 더불어 매출채권도 계속 발생하기 때문에 대차대조표의 특정 시점의 매출채권보다는 기초매출채권과 기말매출채권의 평균값을 사용하는 것이 이상적일 것이다. 역시 〈표 3-1〉의 요약대차대조표에는 나타나 있지 않지만 2007년도 포스코의 매출채권은 1조 8,960억 원이며, 2008년도 매출채권은 3조 2,320억 원이다.

$$매출채권회전율 = \frac{매출액}{연평균매출채권} = \frac{30,642}{(1,896+3,232)/2} = 11.95회$$

(산업평균＝10.44회)

포스코의 2008년도 매출채권회전율은 11.95회로, 산업평균비율인 10.44회보다 높으므로 매출채권의 현금화 속도가 빨라 효율적 관리가 되고 있다는 것을 알 수 있다. 매출채권회전율도 기간형태로 표시할 수 있는데, 재고자산평균보유기간과 같이 매출채권회전율의 역수에 365를 곱하면 매출채권평균회수기간(days in accounts receivable)이 된다. 매출채권평균회수기간은 매출채권이 발생된 후 현금으로 회수되기까지 소요되는 평균일수를 측정하며, 포스코의 매출채권평균회수기간은 30.54일로 약 1개월 정도이다.

$$매출채권평균회수기간 = \frac{365}{매출채권회전율} = \frac{365}{11.95} = 30.54일$$

(3) 비유동자산회전율

비유동자산회전율(noncurrent asset turnover)은 매출액을 비유동자산으로 나눈 값이다. 비유동자산은 다른 자산에 비해 매출에 높은 기여를 하는 자산이므로, 동일한 비유동자산 규모에 비해 매출액이 높을수록 자산의 효율성이 높다고 판단한다. 기초비유동자산과 기말비유동자산의 연평균비유동자산으로 측정한 포스코의 비유동자산회전율은 1.36회로, 산업평균비율인 1.80회보다는 낮다.

$$비유동자산회전율 = \frac{매출액}{연평균비유동자산} = \frac{30,642}{(21,725+23,340)/2} = 1.36회$$

(산업평균＝1.80회)

(4) 총자산회전율

총자산회전율(total assets turnover)은 매출액을 총자산으로 나눈 것이다. 총자본은 총자산과 동일하며 자기자본과 타인자본을 포괄하는 전체 자본의 의미이므로 총자산회전율을 총자본회전율이라고도 한다. 이 비율은 기업의 총자산(또는 총자본)이 1년에 몇 번이나 회전하였는가를 나타내므로, 기업이 사용한 총자산의 효율적인 이용도를 종합적으로 표시하는 것이다. 포스코의 2008년도 총자산회전율은 0.91회로, 산업평균비율인 1.10회보다 낮다.

$$총자산회전율 = \frac{매출액}{연평균총자산} = \frac{30,642}{(30,493+37,033)/2} = 0.91회$$

(산업평균 = 1.10회)

총자산회전율이 높으면 유동자산 · 비유동자산 등이 효율적으로 이용되고 있다는 것을 뜻하며, 이 회전율이 낮으면 상대적으로 과잉투자와 같은 비효율적인 투자를 하고 있다는 것을 의미한다.

4. 수익성비율

기업의 수익성은 기업의 여러 가지 정책과 의사결정의 종합적 결과로 나타나는 것이다. 앞서 설명한 비율들은 기업이 어떻게 운영되고 있는가를 부분적으로 반영하지만, 수익성비율(profitability ratio)은 기업의 모든 활동을 종합적으로 반영하는 경영성과의 지표이다.

(1) 총자산이익률

총자산이익률(profit to total assets)은 이익과 총자산(총자본)의 관계를 나타내며, 기업의 수익성을 대표하는 비율로서 총사산순이익률과 총자산영업이익률로 구분된다. 총자산순이익률(return on assets ; ROA)은 총자산 1원당 순이익의 비율로, 총자본순이익률 또는 투자이익률(return on investment ; ROI)이라고도 한다. 2008년도 포스코의 총자산순이익률은 13.17%이다. 총자산순이익률에서 분자인 당기순이익에는 타인자본 사용에 대한 비용인 이자비용이 차감된 반면, 총자산에는 타인자본과 자기자본이 포함되기 때문에 분모와 분자의 비교에 관한 일관성이 결여된다. 따라서 이같은 문제를 해결하기 위해서는 당기순이익 대신에 이자비용이 포함되기 전 단계의 이익인 영업이익을 활용한 총자산영업이익률을 사용할 수 있다. 연중에 총자본이 증가한 경우에는 자본 사용으로 인해 이익이 증가할 것이므로, 이를 반영하기 위해서는 기초총자산과 기말총자산의 평균치를 사용하는 것이 바람직하다. 2008년도 포스코의 총자산순이익률과 총자산영업이익률은 다음과 같이 계산된다.

$$총자산순이익률 = \frac{당기순이익}{연평균총자산} \times 100$$

$$= \frac{4,447}{(30,493+37,033)/2} \times 100 = 13.17\%$$

(산업평균＝8.82%)

$$총자산영업이익률 = \frac{영업이익}{연평균총자산} \times 100$$

$$= \frac{6,540}{(30,493+37,033)/2} \times 100 = 19.37\%$$

(산업평균＝11.28%)

산업의 총자산순이익률은 8.82%이고, 총자산영업이익률은 11.28%인 데 비해, 포스코의 총자산순이익률과 총자산영업이익률은 13.17%와 19.37%로 산업평균비율에 비해 상당히 양호한 성과를 보이고 있다.

(2) 자기자본순이익률

자기자본순이익률(return on equity ; ROE)은 순이익을 자기자본으로 나눈 것으로, 1원의 자기자본으로 순이익을 얼마만큼 발생시켰는가를 나타낸다. 자기자본순이익률은 총자산순이익률과 마찬가지로 기업의 수익성을 대표하는 비율이다. 자기자본순이익률은 주주들이 요구하는 투자수익률을 의미하며, 자기자본순이익률이 높다는 것은 자기자본이 매우 효율적으로 운용되고 있음을 의미한다. 자기자본순이익률이 주주들의 기대에 미치지 못하는 경우 주주들은 자금을 더 이상 기업에 투자하지 않을 것이기 때문에, 기업의 경영활동이 위축되어 주가를 하락시키는 원인으로 작용하게 된다. 그러므로 자기자본순이익률은 기업이나 주주 모두의 입장에서 수익성을 측정하는 중요한 지표라고 할 수 있다. 2008년도 포스코의 자기자본순이익률은 다음과 같다.

$$자기자본순이익률 = \frac{당기순이익}{연평균자기자본} \times 100$$

$$= \frac{4,447}{(24,503+27,784)/2} \times 100 = 17.01\%$$

(산업평균=14.37%)

2008년도 산업평균비율은 14.37%로, 포스코가 이를 상회하는 높은 자기자본순이익률을 갖는다는 것은 자기자본으로 효과적인 기업운영을 하고 있음을 의미한다.

(3) 매출액이익률

매출액이익률은 기업의 영업활동의 성과를 총괄적으로 파악하는 비율이라고 할 수 있으며, 매출액순이익률과 매출액영업이익률이 주요한 지표이다. 매출액순이익률(net profit to sales)은 순이익을 매출액으로 나눈 것으로, 매출액 1원에 대한 순이익이 얼마인가를 나타내며 보통 매출마진(margin on sales)이라고도 한다. 이 비율은 기업의 영업활동의 성과를 총괄적으로 파악하는 비율이라고 할 수 있으며, 경쟁기업의 매출액순이익률과 비교·분석함으로써 그 기업의 경영합리화에서 무엇이 문제가 되는지를 검토하고 발견할 수 있다.

한편 매출액영업이익률은 영업이익을 매출액으로 나눈 것으로, 기업활동에서 비경상적·비반복적으로 발생하는 부분인 특별손익과 영업외손익을 제외한 기업의 주된 영업활동의 성과를 나타내는 지표가 된다. 특별손익과 영업외손익은 기업경영에서 우발적이고 일시적으로 발생하는 항목이므로, 이익의 질(quality of earning)에서 볼 때 이를 제외한 영업이익이 당기순이익에 비해 재무비율을 이용하는 정보이용자의 입장에서는 더욱 유용할 수 있다.

2008년도 포스코의 매출액순이익률과 매출액영업이익률은 각각 14.51%와 21.34%이다. 이 비율은 산업평균비율인 8.00%와 13.85%를 모두 상회하므로 영업성과가 상당히 양호한 것으로 판단된다.

$$매출액순이익률 = \frac{당기순이익}{매출액} \times 100 = \frac{4,447}{30,642} \times 100 = 14.51\%$$

(산업평균=8.00%)

$$매출액영업이익률 = \frac{영업이익}{매출액} \times 100 = \frac{6,540}{30,642} \times 100 = 21.34\%$$

(산업평균=13.85%)

5. 성장성비율

성장성비율(growth ratio)은 일정 기간 중에 기업의 경영 규모 및 경영성과가 얼마나 증대되었는가를 나타내는 비율로, 일반적으로 재무제표 각 항목에 대한 일정 기간 동안의 증가율로 측정한다. 성장성비율은 여러 정보이용자에게 다양한 의미를 지닌다. 어느 기업의 이익성장률이 높다면 투자자에게는 기업의 미래 수익발생능력이 상대적으로 증대하여 일정 수준 이상의 이익을 실현하리라는 가능성이 높아지고, 주가의 시세차익(capital gain)을 기대할 수 있다. 또한 특정 산업의 성장률이 경제 전체의 평균성장률보다 높으면 고성장산업으로 간주될 수 있고, 어떤 기업이 당해 산업 내의 경쟁기업보다 성장률이 높으면 시장에서의 경쟁력 지위를 상대적으로 빨리 확보한 것으로 평가할 수 있다. 성장률의 변화는 시장에서의 상대적 지위의 변화를 뜻하므로 기업의 장기간에 걸친 동태적 변화를 보는 데 적합한 지표가 된다.

(1) 매출액증가율

매출액증가율은 당기매출액증가분을 전기매출액으로 나눈 증가율로, 기업의 외형적인 신장세를 나타내는 대표적인 지표이다. 매출액 증가는 판매단가의 인상에 기인할 수도 있고, 판매량의 증가에 기인할 수도 있으므로 어느 쪽에 기인하는지에 대한 원인을 분석한다면 유용한 정보가 될 것이다. 경쟁 기업보다 매출액증가율이 높다면, 이는 결국 시장점유율의 증가를 의미하므로 경쟁력 변화를 가늠하는 하나의 방법이 된다. 포스코의 경우 2008년 매출액은 전년대비 37.98% 증가하여 산업평균비율인 31.77%보다 높은 증가율을 나타내고 있다.

$$\text{매출액증가율} = \frac{\text{당기매출액} - \text{전기매출액}}{\text{전기매출액}} \times 100$$

$$= \frac{30,642 - 22,207}{22,207} \times 100 = 37.98\%$$

(산업평균=31.77%)

(2) 이익증가율

이익의 증가율은 경영성과의 변동을 나타내는 중요한 재무비율로, 어떤 이익측정치를 사용하느냐에 따라 여러 형태의 증가율로 측정된다. 대표적인 이익증가율로는 영업이익증가율과 순이익증가율이 있다. 이익증가율을 측정할 때 당기이익이나 전기이익이 음수인 경우에는 의미가 없으므로 주의해야 한다. 예를 들어, 전년도 순이익은 적자이지만 당기순이익이 흑자로 전환된 경우 순이익증가율은 음수로 측정되는 등 왜곡된 수치를 가져오므로 '흑자 전환'으로 표기해야 한다. 반면에 이익이 전년도에 이어 당기에도 연속적으로 적자인 경우에는 '적자 지속', 전년도에는 흑자였지만 당기에는 적자인 경우에는 '적자 전환' 등으로 나타낸다.

포스코의 2008년도 영업이익증가율과 순이익증가율은 각각 51.81%와 20.88%로, 전년에 비해 이익이 대폭적으로 성장하였다. 영업이익증가율과 순이익증가율의 산업평균비율은 74.85%와 19.90%이다. 산업평균비율은 [그림 3-1]에 나와 있지 않으므로 전년도 산업재무제표의 영업이익과 순이익을 이용해서 구해야 한다.

$$영업이익증가율 = \frac{당기영업이익 - 전기영업이익}{전기영업이익} \times 100$$

$$= \frac{6,540 - 4,308}{4,308} \times 100 = 51.81\%$$

(산업평균=74.85%)

$$순이익증가율 = \frac{당기순이익 - 전기순이익}{전기순이익} \times 100$$

$$= \frac{4,447 - 3,679}{3,679} \times 100 = 20.88\%$$

(산업평균=19.90%)

산업평균대비 영업이익증가율은 낮은 반면, 순이익증가율은 낮게 나온 것에 대한 해석은 포스코의 영업외비용이 상대적으로 크다는 사실을 암시한다. 따라서 2008년과 2007년의 산업평균 재무제표와 포스코의 재무제표를 구체적으로 들여다보면, 글로벌 금융위기로 인한 환율상승 때문에 영업외비용에 해당하는 외환차손이 철강산업 전체적으로 상당히 컸지만 포스코는 그에 비해 상대적으로 작았다는 것을 알 수 있다.

(3) 총자산증가율

총자산증가율은 일정 기간 동안의 총자산증가분을 기초의 총자산으로 나눈 비율로, 기업의 외형적 규모의 성장을 나타낸다. 총자산증가율은 매출액증가율과는 달리 일정 시점을 기준으로 작성된 대차대조표를 이용하고, 자산재평가 실시 여부와 시기에 따라 장부상 자산가액이 실제보다 과소계상되는 경향이 있으므로 여러 기업을 상호 비교·분석할 때에는 주의할 필요가 있다. 포스코의 2008년도 총자산증가율은 21.45%로, 산업평균비율인 21.82%와 거의 비슷한 수준이다.

$$\text{총자산증가율} = \frac{\text{당기말총자산} - \text{전기말총자산}}{\text{전기말총자산}} \times 100$$

$$= \frac{37,033 - 30,493}{30,493} \times 100 = 21.45\%$$

(산업평균=21.82%)

(4) 자기자본증가율

자기자본증가율은 일정 기간 중 내부유보 또는 유상증자 등을 통해 자기자본이 얼마나 증가했는가를 나타낸다. 이 비율이 높을수록 기업의 재무적 안정성과 주가의 상승 가능성이 높다고 판단한다. 부도나 파산에 직면한 부실기업 중에서 부채가 총자산을 초과하여 자기자본이 음수인 '자본잠식' 상태에 있는 경우에는 자기자본증가율은 측정할 수 없다. 포스코의 2008년도 자기자본증가율은 13.39%로, 산업평균비율인 13.35%와 거의 비슷한 수준을 유지하고 있다.

$$\text{자기자본증가율} = \frac{\text{당기말자기자본} - \text{전기말자기자본}}{\text{전기말자기자본}} \times 100$$

$$= \frac{27,784 - 24,503}{24,503} \times 100 = 13.39\%$$

(산업평균=13.35%)

6. 시장가치비율

지금까지 설명한 유동성, 레버리지, 활동성, 수익성, 성장성 등 재무제표상에 나타나는 비율들의 평가도 중요하지만, 주식과 관계된 여러 가지 비율도 기업을 분석하는 데 있어서 매우 중요하다. 자본시장에서 주식시장의 위치가 중요해지고, 주식시장과 관련된 많은 재무이론이 각광을 받게 됨에 따라 주식시장과 관련된 여러 가지 시장가치비율이 관심을 끌고 있다.

시장가치비율(market value ratio)은 투자자가 기업의 과거 성과와 미래 전망에 대해 어떻게 생각하고 있는지를 알 수 있게 하는 지표로서 주식투자에 활용된다. 단, 시장가치비율은 일반적으로 주식시장에 상장되어 주가가 형성되어 있는 기업들을 대상으로 적용할 수 있다.

여기에서는 실무적으로 자주 활용되는 주요한 몇 가지 시장가치비율을 설명하기로 한다. 시장가치란 주가와 같은 용어로, 시장가치비율은 주가와 관련된 비율을 의미한다. 이 비율들의 산업평균비율은 산업은행의 『재무분석』이나 한국은행의 『기업경영분석』에는 수록되어 있지 않고, 증권선물거래소에서 발행하는 『증권시장』이나 『코스닥시장』에서 찾아볼 수 있다. 또한 각 증권회사에서도 이에 관계되는 자료를 수시로 발표하고 있다.

(1) 주당순이익과 주당배당

주당순이익(earnings per share ; EPS)은 주식을 평가할 때 가장 기본이 되는 자료로, 발행주식 1주당 순이익이 얼마인가를 보여 주는 수치이다. 주당순이익은 당기순이익을 보통주의 발행주식수로 나누어 계산한다. 연도 중에 증자나 주식소각이 발생할 경우에는 기말발행주식수가 변동하므로 이를 고려하여 기초발행주식수와 기말발행주식수의 평균을 사용한다. EPS가 높을수록 그 기업의 주식가격은 높은 것이 보통이다. 〈표 3-6〉에 의하면 포스코의 2008년 말 보통주의 발행주식수는 87,186,835주이므로 2008년 말 주당순이익은 다음과 같이 계산된다.

$$\text{주당순이익(EPS)} = \frac{\text{순이익}}{\text{연평균발행주식수}} = \frac{4조\ 4,470억\ 원}{87,186,835} = 51,005원$$

이와 같은 방법으로 주당배당(dividend per share ; DPS)을 계산하기도 하는데, 이는 1주당 지급한 배당금을 말한다. 포스코의 2008년도 이익잉여금처분계산서에서 배당금은 5,740억 원이므로 주당배당금은 6,584원이 된다.

$$\text{주당배당(DPS)} = \frac{\text{배당금}}{\text{연평균발행주식수}} = \frac{5,740억\ 원}{87,186,835} = 6,584원$$

(2) 주가수익비율

주가수익비율(price-earnings ratio ; PER)은 보통주의 주가를 주당순이익으로 나눈 것으로, P/E비율 또는 PER이라고 하며 그 단위는 배가 된다. 이것은 주가가 주당순이익의 몇 배로 형성되는가를 보여 준다. 수익성에서 높은 성장이 기대되는 기업은 이 비율이 높게 나타나며, 성장이 낮을 것이라고 생각되는 기업은 이 비율이 낮다. 한편, 이 비율은 주가를 예측하는 투자전략에도 활용된다. 주당순이익이 높은데도 주가수익비율이 낮은 기업은 현재 주가가 저평가상태에 있기 때문에 향후 시장에서 적정한 평가가 되면 잠재적으로 주가가 상승할 것으로 예상되는 기업으로 간주할 수 있다. 이와 반대로 낮은 주당순이익에 비해 상대적으로 주가수익비율이 높은 기업의 주가는 향후 하락할 것으로 투자자들은 판단할 수 있다. 2008년 12월 말 포스코의 주가는 380,000원이므로 주당순이익을 적용하면 PER은 7.45이다. 산업평균 PER은 산업에 속한 모든 기업들의 주가에 발행주식수를 곱하여 합산한 값을 주당순이익에 발행주식수를 곱하여 합산한 값으로 나누면 된다. 즉, 산업평균 PER은 산업의 총시장가치를 산업의 전체 순이익으로 나눈 값이다. 포스코가 상장된 유가증권시장의 금속 및 철강산업의 2008년 말 PER 역시 7.45이다.

$$주가수익비율(PER) = \frac{주가}{주당순이익} = \frac{380,000}{51,005} = 7.45$$

(3) 주가순자산비율

주가순자산비율(price-to-book value ratio ; PBR)은 주가를 1주당 자기자본의 장부가치로 나눈 수치로, 주가 대 장부가치비율이라고도 한다. PBR은 시장가치가 자기자본의 몇 배인가를 나타내므로 PER과 마찬가지로 주가의 상대적 수준을 나타낸다. 하지만 PER은 기업의 수익성 측면에서 주가를 판단하는 지표이고, PBR은 재무상태로 주가를 판단하는 지표이다. 성장성이 높은 기업일수록 주가가 장부가치보다 높게 형성되므로 PBR은 높다. 한편, 성장성이 높은 기업이라고 하더라도 자기자본 규모에 비해 PBR이 낮은 기업일수록 장부가치에 비해 주가가 저평가되었다고 해석할 수 있다. PER과 마찬가지로 이러한 기업은 시장에서 적정한 평가를 받으면 주가가 상승할 것으로 예상할 수 있다. 주당 자기자본의 장부가치는 대차대조표의 자기자본을 보통주 발행주식수로 나누면 된다. 자기자본은 연도 말에 측정되므로 주당순이익을 산출할 때처럼 별도로 연평균발행주식수를 구할 필요 없이 기말발행주식수를 적용하면 된다. 포스코의 2008년 말 주당장부가치는 318,672원이다.

$$\text{주당장부가치} = \frac{\text{자기자본}}{\text{발생주식수}} = \frac{27\text{조 } 7,840\text{억 원}}{87,186,835} = 318,672\text{원}$$

2008년 12월 말 포스코의 주가는 380,000원이므로 앞서 구한 주당장부가치를 적용하면 PBR은 1.19이다. 산업평균 PBR은 산업의 총시장가치를 산업의 전체 자기자본으로 나누면 된다. 포스코가 상장된 유가증권시장의 금속 및 철강산업의 PBR은 0.92이다.

$$\text{주가순자산비율(PBR)} = \frac{\text{주가}}{\text{주당장부가치}} = \frac{380,000}{318,672} = 1.19\text{배}$$

이와 유사한 개념으로 시장가치 대 장부가치비율(market to book ratio ; MBR)이 있다. PBR이 1주당 장부가치에 대한 시장가치의 비율인 데 비해, MBR은 전체 소유주지분의 장부가치에 대한 시장가치의 비율이다. 따라서 MBR은 PBR의 분자와 분모에 각각 발행주식수를 곱하므로 PBR의 값과 동일하다.

(4) 주가 대 매출액비율

주가 대 매출액비율(price-to-sale ratio ; PSR)은 주식가격을 주당매출액으로 나눈 수치이다. 순이익이나 자기자본이 음수일 경우에는 PER이나 PBR이 음수이므로 비율로서 의미가 없는 데 비해, PSR은 항상 양수이다. 따라서 PSR은 PER과 PBR을 측정하기 어려운 기업에 대해 사용할 수 있는 이점을 가지고 있다. 특히 창업 초기 단계에서 대규모 투자로 인해 손실을 기록하는 기업이나 부실로 인해 자본잠식에 처한 기업의 주가수준을 비교하는 데 PSR을

활용할 수 있다. 주당매출액을 산출할 때에는 주당순이익과 마찬가지로 연평
균발행주식수를 구하여 매출액을 나누면 된다.

$$주당매출액 = \frac{매출액}{연평균발행주식수} = \frac{30조\,6,420억\,원}{87,186,385} = 351,462원$$

2008년 12월 말 포스코의 주가는 380,000원이므로 주당매출액을 적용하면
PSR은 1.08배로, 포스코가 상장된 유가증권시장의 금속 및 철강산업의 PSR
인 0.53배보다 높다.

$$주가\,대\,매출액비율(PSR) = \frac{주가}{주당매출액} = \frac{380,000}{351,462} = 1.08배$$

(5) q비율

q비율(Tobin's q)이란 기업이 보유하는 부채와 지분의 시장가치를 기업이
보유하는 자산의 대체원가(replacement cost)로 나눈 비율을 말한다.

$$q비율 = \frac{자산의\,시장가치}{추정된\,대체원가}$$

q비율의 분모는 현금·예금, 유가증권, 매출채권, 재고자산, 토지, 특허권
등 기업이 보유하는 모든 자산을 취득원가가 아닌 대체원가로 계산한다. 인
플레이션이 진행될 경우에는 대체원가가 자산의 장부가치를 초과하게 되며,
이 경우 대체원가를 추정하는 것이 중요하게 된다. 그러면 q비율은 어떤 의
미를 가지는지 살펴보자. 기업은 q비율이 1을 초과할 때 투자를 할 유인을 갖
게 되고, q비율이 1이 될 때 투자를 중단한다고 투빈은 주장한 바 있다. 물론
보유하고 있는 자산의 가치가 대체원가를 상회하고 있는데도 수익성 있는 투
자기회를 발견하지 못하는 경우도 있다. 그러나 자산에 대하여 높은 시장가
치가 부여된다는 것은 그 기업이 좋은 투자기회를 가지고 있음을 투자자들이

믿고 있다는 증거가 된다. 또한 강력한 경쟁우위를 가지는 기업일수록 q비율이 높을 것으로 기대된다. 높은 q비율을 갖는 기업은 앞으로 성장 가능한 기업임을 의미하고, 낮은 q비율을 갖는 기업은 경쟁이 심한 산업이나 사양산업에 속하는 경우가 많다.

참고자료

2008년 한국은행 기업경영분석 결과

2008년 중 우리나라 기업의 매출 및 자산 등 경영 규모는 전년보다 크게 확대되었으나 수익성과 재무구조는 외환손실과 차입의 증가 등으로 인해 악화되었다.

먼저 성장성지표를 보면, 2008년 중 매출액은 원유 등 국제원자재가격 및 환율상승에 따른 제품판매가격 인상과 수출 호조 등으로 2007년보다 186% 증가하여 1995년(212%) 이후 가장 높은 신장세를 시현하였고, 총자산은 토지자산 재평가 및 재고자산 증가 등으로 지난해보다 162% 증가하였다.

수익성을 보면 2008년 중 매출액영업이익률이 원자재가격 상승에 따른 원가부담 증대로 2007년(54%)보다 4%p 하락한 50%를 기록하였고, 매출액세전순이익률(29%)은 외환차손 등 영업외비용이 크게 증가해 영업외수지가 적자로 전환되면서 2007년(56%)보다 27%p 하락하였다.

한편, 재무구조는 2008년 말 현재 부채비율이 1,298%로, 2007년 말(1,149%)보다 149%p 상승하였다. 이는 기업들이 토지를 중심으로 연말에 자산재평가를 실시하였음에도 불구하고 순이익이 급감하고 외화부채를 포함한 차입금 및 회사채가 크게 증가한 데 기인한 것이다. 차입금의존도는 283%로, 2007년 말(263%)보다 20%p 상승하였다.

제조업의 경영성과를 기업 규모별 및 수출비중별로 보면, 대기업과 수출기업의 경영성과가 중소기업 및 내수기업보다 전반적으로 양호하였으나, 수익성과 재무구조의 악화 정도는 대기업 및 수출기업이 상대적으로 더 크게 나타났다.

3.6 ● 비율분석의 유용성과 한계

1. 비율분석의 유용성

비율분석은 일반기업은 물론 은행, 보험회사, 증권회사 등에서도 많이 이용하고 있다. 물론 이용자에 따라 다른 재무분석의 방법들도 병행하고 있으며, 분석목적에 따라서 사용하는 비율도 서로 다를 수 있다. 그러면 기업에서 재무분석을 할 때 비율분석을 많이 이용하는 이유는 무엇일까? 다른 분석방법도 많이 개발되어 있지만 비율분석을 사용하는 이유는 다음과 같다.

첫째, 간단하며 이해가 쉬워 경영학이나 재무관리를 공부하지 않은 사람도 쉽게 사용할 수 있기 때문이다.

둘째, 의사결정을 위한 자료수집이 거의 필요 없기 때문이다. 즉, 이미 작성된 재무제표를 사용함으로써 많은 시간과 비용을 절약할 수 있다.

셋째, 구체적이고 복잡한 기업분석을 하기 이전의 예비분석으로서의 가치가 있기 때문이다.

재무분석의 기초단계에서 비율분석을 수행하면 기업운영의 문제점을 쉽게 발견할 수 있으며, 그 문제점을 정밀하게 분석·평가할 때는 좀더 고차원적인 분석방법을 적용하여 효과적이고 능률적인 분석을 할 수 있다. 특히 1960년대 이후부터는 재무비율이 기업부실예측, 채권등급예측, 유가증권투자 등의 의사결정에 효과적으로 이용될 수 있다는 사실이 실증적으로 확인되면서 오늘날에도 비율분석은 그 적용범위가 여러 영역으로 확대되어 가는 추세에 있다.

2. 비율분석의 한계점

비율분석은 실무적으로 적용하기에 쉽고 간단하다는 장점을 가지고 있지만, 여기에 지나치게 의존하는 태도는 매우 위험하다. 그 이유로는 여러 가지를 들 수 있는데, 그 하나하나의 이유가 비율분석의 결정적인 한계점과 관련된다.

첫째, 재무분석의 근본목적은 기업이 앞으로의 의사결정을 하는 데 필요한 정보를 획득하기 위한 것인데, 비율분석은 과거의 회계정보에 의존하고 있다. 경제상황과 생산구조가 급변하여 새로운 경영기법들이 신속히 개발되는 상황에서 과거 자료를 기준으로 미래를 예측한다는 것은 많은 한계가 있다.

둘째, 비율분석은 재무제표를 중심으로 계산되어 평가되는데, 재무제표는 일정한 시점과 회계기간을 기준으로 작성되므로 회계기간 동안의 계절적인 변화를 나타내지 못한다. 예를 들어, 회기가 11월에 끝나는 의류업체의 재고는 대차대조표의 다른 항목과 비교하여 볼 때 대차대조표에서 엄청난 비중을 차지할 것이다. 이는 크리스마스와 신년을 대비하여 많은 완제품, 반제품, 원료가 준비되어 있기 때문이다. 이때의 재고량을 기준으로 재고자산회전율을 계산한다면 이 기업의 활동성을 바르게 측정하지 못할 것이다. 또한 이 의류업체를 3월에 회기가 끝나는 같은 업종의 기업과 비교한다면 커다란 차이가 있을 것이다.

셋째, 한 기업의 회계처리는 다른 기업의 회계처리와 다를 수 있다. 회계처리방법이 어느 기업에나 동일한 것은 아니며, 일반적으로 인정된 회계기준 하에서는 동일한 경제적 사건에 대해 여러 가지 다른 회계처리방법이 사용될 수 있음을 주의해야 한다. 이렇게 서로 다른 회계처리방법이 적용되어 작성된 재무제표에서 얻은 재무비율들은 비교 가능성을 저해한다.

넷째, 동일한 산업에 속하는 기업들 사이에도 경영방침이나 고유한 특성에 따라 재무비율에는 커다란 차이가 생긴다. 예를 들어, 고급품을 취급하는 의류상은 신용거래가 많으며, 저가품을 취급하는 곳은 현금거래가 많으므로 두 기업 간의 매출채권의 회수기간을 단순히 비교하여 우열을 평가할 수 없다.

다섯째, 표준비율을 설정하는 데 어려움이 있다. 어떤 기업이 비율을 정확히 계산하여 이것을 산업평균비율과 비교한다고 하더라도, 산업평균비율이 그 기업의 특성에 맞는 최선의 비교기준이라고 단언할 수는 없다. 즉, 표준비율은 자의적으로 선택될 수 있으므로 표준비율로 선정된 비율이 진정한 의미의 기준이 될 수 있는가 하는 점이 의문시된다. 특정 기업에 맞는 표준비율이 이론상으로는 있을 수 있으나, 실제로 그 비율의 객관적인 계산이 거의 불가능하기 때문에 비율분석의 평가기준에 대하여는 회의적일 수밖에 없다.

1_ 다음 각 문장이 옳으면 T, 옳지 않으면 F로 답하고 그 이유를 설명하시오.

　(1) 비유동비율과 이자보상비율이 모두 낮을수록 재무적 안정성이 높다. (　　)

　(2) 자기자본순이익률은 총자산순이익률보다 항상 크다. (　　)

　(3) 주가수익비율이 높은 기업일수록 투자자들은 높은 수익률을 기대할 수 있다. (　　)

　(4) 주주 입장에서는 부채비율이 높을수록 수익성이 악화되므로 항상 부채비율을 낮추는 것이 바람직하다. (　　)

　(5) 당좌비율은 유동비율보다 항상 크거나 같다. (　　)

　(6) 순이익증가율이 0보다 크면 영업이익증가율도 0보다 크다. (　　)

2_ 다음은 방송기업의 2009년 재무제표이다. 이 자료를 바탕으로 다음 물음에 답하시오.

〈대차대조표〉

(단위 : 억 원)

자 산	금 액	부채 · 자본	금 액
현금	775	외상매입금	1,290
외상매출금	3,360	지급어음	840
재고자산	2,415	기타 유동부채	1,170
비유동자산	2,925	장기차입금	2,565
		보통주	3,610
자산총계	9,475	부채 · 자본총계	9,475

〈손익계산서〉

(단위 : 억 원)

매출액	16,075
매출원가	13,510
감가상각비	415
판매비와 일반관리비	1,450
영업이익	700
지급이자	245
법인세(40%)	182
당기순이익	273

(1) 방송기업의 다음의 재무비율을 구하시오.

재무비율	방송기업	산업평균
유동비율		200%
당좌비율		150%
재고자산회전율		6.7회
총자산회전율		3.0회
매출액순이익률		1.2%
총자본순이익률		3.6%
자기자본순이익률		9.0%
부채비율		100%
이자보상비율		110%

(2) 산업평균과 비교하여 방송기업의 재무적 건전성을 평가하시오.

3_ 다음의 재무비율을 바탕으로 대차대조표의 빈 칸을 채우시오.

유동비율 : 120%   당좌비율 : 60%

총자산회전율 : 0.73회   매출채권회전율 : 4.0회

부채비율 : 214%

자 산	금 액	부채 · 자본	금 액
현금 및 유가증권	200	유동부채	
외상매출금		장기차입금	
재고자산		보통주	
비유동자산			
자산총계	2,200	부채 · 자본총계	

연구과제

1_ 한국거래소에 상장된 기업을 선택하여 금융감독원 전자공시시스템의 재무
제표를 이용하여 유동성, 레버리지, 활동성, 수익성, 성장성에 대한 비율분
석을 하시오. (표준비율은 한국은행 『기업경영분석』의 해당 산업비율을 참고)

2_ 한국거래소에 상장된 기업을 선택하여 금융감독원 전자공시시스템의 개별재
무제표, 연결재무제표, 결합재무제표를 비교하고, 차이점에 대해 논하시오.

3_ 금융업에 속한 기업과 제조업에 속한 기업을 정하여 재무제표를 비교하고,
재무제표 항목 및 구조에서 어떠한 차이가 있는지 비교하시오.

재무비율분석 – 현대모비스

1단계 : 재무비율 사례연구대상 기업 선정

1. 현대모비스 소개

1) 소속업종 : 자동차 차체 및 트레일러, 자동차부품제조업

2) 창립연도 : 1977년 6월 25일

3) 소유 지배구조

(단위 : 주)

성명(법인명)	직위	보통주주	우선주 수	합계	최종변동일
기아자동차	10% 이상 주주	15,558,120	0	15,558,120	2003-06-03
INISTEEL(주)	10% 이상 주주	27,713,240	0	27,713,240	2000-06-21
정몽구회장	회장	6,778,966	0	6,778,966	2000-06-14

4) 사업구조

(단위 : 100만 원)

사업부문	매출유형	품목	구체적 용도	주요 상표	2008년 매출액(비율)
모듈사업	제품, 상품	모듈/차륜/차체	자동차부품	MOBIS	5,648,799(66.5%)
부품사업	상품	자동차부품	자동차부품	HMC, KMC 순정부품	2,842,113(33.5%)
계					8,490,912(100.0%)

5) 사업현황

   우리나라의 자동차산업이 세계 수준에 오르기 위해 꼭 확보해야 하는 것이 부품업체의 경쟁력이다. 제너럴모터스(GM), 포드, 도요타의 뒤에는 각각 델파이, 비스티온, 덴소 등 세계적인 부품회사들이 버티고 있다. 벤츠, BMW, 르노의 기술원천도 보쉬, 발레오 등 부품업체들이다. 우리나라의 자동차부품산업은

제조업 전체 생산액의 4.1%, 고용의 6.6%(14만 명)를 차지할 정도로 국가경제에서 차지하는 비중이 높은 편이다.

① 모듈사업 : 세계 최고의 모듈 & 시스템 전문업체로 발돋움해 온 현대모비스의 Auto Tech 사업부는 과거의 완성차 생산경험 및 노하우를 바탕으로 차량 모듈화 추진에 대한 솔루션 제공 및 최첨단 전자제어시스템을 공급하고 있다. 이 사업은 시장상황이 완성차 생산과 밀접하게 연동되는 특성을 가지고 있으며, 현대자동차와 기아자동차에 전량 납품하여 안정적인 공급처를 확보하고 있다. 또한 완성차의 경쟁력 강화를 위한 모듈화 추세에 따라 신차에 모듈 적용 및 모듈 조립단위의 확대가 예상된다.

② 부품사업 : 국내 및 전 세계에서 운행 중인 모든 현대자동차와 기아자동차 차량에 소요되는 보수용 부품의 신속·정확한 공급을 통해 현대자동차와 기아자동차 소유 고객에게 최상의 서비스를 제공하며, 100% 신뢰할 수 있는 HMC/KMC 순정부품을 공급한다. 그리고 A/S용 부품판매사업의 시장점유율은 양산차종 및 단종차종의 차량마다 사고율, 소모율 등 많은 변수로 인하여 현대모비스가 취급하는 112만여 종의 품목에 대한 시장수요예측 및 시장소비에 대한 객관적인 통계자료의 산출은 어려우나, 자동차공업협동조합에서 집계한 2006년 자동차부품산업계 매출실적 중 국내 전체 A/S 부품 판매는 69.9%로 추정된다.

2단계 : 사례연구대상의 재무제표와 표준비율자료 확보

〈요약대차대조표〉

(단위 : 100만 원)

과 목	2007	2006	2005	2004	2003	2002	2001	2000
자산								
1. 유동자산	2,703,804	2,763,552	2,300,475	1,894,021	1,552,657	1,376,417	979,752	1,070,242
(1) 당좌자산	2,210,227	2,327,671	1,865,996	1,545,753	1,242,997	1,089,803	725,150	785,067
(2) 재고자산	493,577	435,881	434,479	348,268	309,660	286,614	254,602	285,175
2. 비유동자산	4,073,815	3,447,448	3,165,010	2,765,261	2,232,735	1,886,564	1,734,850	1,332,055
(1) 투자자산	2,801,259	2,346,997	2,050,967	1,724,688	1,320,416	1,161,949	941,031	629,655
(2) 유형자산	1,088,416	923,472	917,202	862,629	769,652	620,114	681,036	596,606
(3) 무형자산	115,329	106,920	157,841	132,661	106,159	104,501	112,783	105,794
(4) 기타	68,811	70,059	39,000	45,283	36,508	0	0	0
자산총계	6,777,619	6,211,000	5,465,485	4,659,282	3,785,392	3,262,981	2,714,602	2,402,297

부채								
1. 유동부채	1,766,160	2,010,798	1,798,780	1,466,129	1,198,272	1,039,125	873,885	1,075,209
2. 비유동부채	760,599	661,127	678,722	874,968	778,774	835,729	842,245	704,607
부채총계	2,526,759	2,671,925	2,477,502	2,341,097	1,977,046	1,874,854	1,716,130	1,779,816
자본								
1. 자본금	441,770	433,437	432,890	431,973	428,482	426,036	395,036	394,724
2. 자본잉여금	306,968	261,889	258,798	258,302	238,469	233,738	196,960	211,415
3. 이익잉여금	3,572,758	2,907,218	2,350,346	1,643,205	1,056,849	722,587	369,554	81,940
4. 자본조정	−113,427	−19,303	−17,871	−17,758	2,860	5,767	36,923	−65,598
5. 기타 포괄손익	42,791	−44,166	−36,180	2,463	81,686	0	0	0
자본총계	4,250,860	3,539,075	2,987,983	2,318,185	1,808,346	1,388,128	998,473	622,481
부채와 자본총계	6,777,619	6,211,000	5,465,485	4,659,282	3,785,392	3,262,982	2,714,603	2,402,297

〈요약손익계산서〉

(단위 : 100만 원)

과 목	2007	2006	2005	2004	2003	2002	2001	2000
매출액	8,490,912	8,168,036	7,547,724	6,435,972	5,306,639	4,134,698	2,964,734	1,976,189
매출원가	6,897,265	6,624,328	6,077,505	5,064,431	4,191,238	3,272,974	2,241,084	1,553,474
매출총이익(손실)	1,593,647	1,543,708	1,470,219	1,371,541	1,115,401	861,724	723,650	422,715
판매비와 관리비	769,125	727,073	684,169	619,758	508,602	435,305	366,211	220,188
영업이익(손실)	824,522	816,635	786,050	751,783	606,799	426,419	357,438	202,527
영업외수익	397,780	385,935	424,173	341,609	273,534	253,630	256,471	152,336
영업외비용	174,696	179,729	156,975	124,653	132,442	169,052	193,736	185,978
법인세비용차감전 순이익(손실)	1,047,606	1,022,841	1,053,248	968,757	747,891	510,997	420,173	168,885
법인세비용	270,931	336,091	263,646	273,503	197,260	150,947	145,756	55,746
당기순이익(손실)	776,675	686,750	789,602	695,254	550,631	360,050	274,417	113,138

〈표준비율〉

(단위 : %)

재무비율	2007	2006	2005	2004	2003	2002	2001
1. 성장성비율							
총자산증가율	8.07	11.59	16.17	14.20	11.67	9.18	−2.06
유형자산증가율	3.83	5.97	13.09	12.14	10.06	−4.37	2.33
유동자산증가율	4.55	16.10	17.58	13.20	10.08	22.35	−8.74
재고자산증가율	12.92	10.72	19.44	17.95	14.97	4.92	−11.74
자기자본증가율	13.44	11.01	18.24	17.52	20.24	12.91	10.56
매출액증가율	9.72	10.59	19.00	17.98	13.40	16.92	4.69

2. 수익성비율							
총자본경상이익률	18.01	17.72	21.88	25.13	23.03	22.52	15.57
총자본순이익률	5.92	5.60	7.01	6.70	7.22	4.21	2.99
자기자본순이익률	14.09	14.06	18.04	18.08	19.22	15.10	10.48
매출액영업이익률	4.82	4.76	4.76	5.43	5.94	5.07	5.15
매출액경상이익률	5.28	4.76	5.41	6.25	5.79	4.21	3.63
매출액순이익률	4.13	3.78	4.46	4.50	4.83	2.82	2.44
3. 레버리지비율							
부채비율	132.51	151.76	155.20	166.26	157.14	252.80	229.93
자기자본비율	43.01	39.72	39.19	37.56	38.89	28.34	30.31
유동부채비율	94.31	107.11	111.76	121.29	110.55	161.25	127.91
유동비율	109.45	109.93	102.19	98.76	107.17	101.19	102.03
당좌비율	85.01	86.67	80.05	77.36	84.69	79.96	78.60
고정비율	129.29	134.01	140.99	146.47	138.66	189.64	199.42
고정장기적합률	93.55	92.65	98.30	101.04	94.60	99.00	98.71
4. 활동성비율							
총자산회전율	1.44	1.48	1.57	1.49	1.49	1.49	1.23
자기자본회전율	3.41	3.72	4.04	4.02	3.98	5.35	4.29
유형자산회전율	3.84	3.72	3.72	3.61	3.66	3.43	2.71
재고자산회전율	14.78	14.92	16.42	15.52	15.68	15.10	12.78
매출채권회전율	6.53	6.57	7.12	6.77	6.99	7.57	6.83
매출채권회수기간	55.90	55.56	51.26	53.91	52.22	48.22	53.44
매입채무회전율	7.66	7.84	8.05	7.28	7.63	8.00	7.74

※ 자료 출처

• 재무제표 : 금융감독원과 증권선물거래소의 전자공시시스템에 있는 사업보고서

• 표준비율 : 한국은행의 기업경영분석자료

3단계 : 재무비율분석 및 진단

1. 재무비율의 추세 파악, 원인분석 및 진단

1) 성장성비율

(단위 : %)

재무비율	2007	2006	2005	2004	2003	2002	2001
총자산증가율	9.12	13.64	17.06	23.09	16.01	20.20	13.00
유형자산증가율	17.86	0.68	8.29	12.08	24.11	−8.95	14.15
유동자산증가율	−2.16	20.13	21.46	21.99	12.80	40.49	−8.46
재고자산증가율	13.24	0.32	24.75	12.47	8.04	12.57	−10.72
자기자본증가율	20.11	18.44	28.63	28.19	30.27	39.03	60.40
매출액증가율	3.95	8.22	17.27	21.28	28.34	39.46	50.02

- 자기자본증가율은 2001년 60.4%에서 매년 하락하여 2007년에는 20.11%로 둔화되고 있음.
- 매출액증가율은 2001년 50.02%에서 매년 하락하여 2007년에는 3.95%로 둔화되고 있어 기업의 성장잠재력에 문제가 있는 것으로 보임.
- 유동자산증가율은 2007년에 −2.16%로 나타나고 있으나, 유형자산증가율 은 17.86%를 나타냄. 안정적인 유동자산보다는 유형자산에 투자하고 있음. 이는 새로운 제품개발과 시설투자에 임하고 있는 것으로 보임.
- 기업의 전체적인 성장 규모를 나타내는 총자산증가율은 10% 이상의 꾸준한 성장세를 이어 가고 있음.

2) 수익성비율

(단위 : %)

재무비율	2007	2006	2005	2004	2003	2002	2001
총자본경상이익률	26.90	31.34	39.60	46.95	46.79	42.82	51.84
총자본순이익률	11.96	11.76	16.44	16.47	15.62	12.05	10.73
자기자본순이익률	19.94	21.04	31.37	33.70	34.45	30.17	33.86
매출액영업이익률	9.71	10.00	10.41	11.68	11.43	10.31	12.06
매출액경상이익률	12.34	12.52	13.90	15.05	14.09	12.36	14.17
매출액순이익률	9.15	8.41	11.01	10.80	10.38	8.71	9.26

- 수익성비율이 해를 거듭하면서 전반적으로 둔화되고 있음.
- 수익성비율 가운데서도 특히 총자본경상이익률, 자기자본순이익률, 매출액영업이익률이 둔화되고 있는 모습이 현저함.
- 매출액영업이익률, 매출액경상이익률(2007년)은 전년보다 감소하였으나, 매출액순이익률(2007년)은 전년보다 증가하였음.
- 매출액영업이익률과 매출액순이익률이 10%대를 지속적으로 유지하고 있어 이익창출능력과 총자본의 이용효율성은 양호한 것으로 판단됨.
- 성장성비율과 수익성비율이 함께 둔화되고 있어 성공기업에서 안정기업으로 접어든 모습임.

3) 레버리지비율

(단위 : %)

재무비율	2007	2006	2005	2004	2003	2002	2001
부채비율	59.44	75.50	82.91	100.99	109.33	135.06	171.88
자기자본비율	62.72	56.98	54.67	49.75	47.77	42.54	36.78
유동부채비율	41.55	56.82	60.32	63.24	66.26	74.86	87.52
유동비율	153.09	137.44	127.89	129.19	129.57	132.46	112.11
당좌비율	125.14	115.76	103.74	105.43	103.73	104.88	82.98
고정비율	95.84	97.41	105.76	119.29	123.47	135.91	173.75
고정장기적합률	81.29	82.08	86.28	86.60	86.30	84.83	94.25

- 부채비율은 2001년 171.88%였으나, 해를 거듭하면서 낮아져 2007년에는 59.44%를 나타냄.
- 자기자본비율은 2001년 36.78%에 불과하였으나, 2007년에는 62.72%로 높아짐.
- 고정비율은 2001년 173.75%에서 2007년 95.84%로 낮아졌으나, 유동비율은 2001년 112.11%에서 2007년 153.09%로 높아졌음.
- 고정장기적합률이 100% 이하라는 것은 곧 장기적 자금(자본금, 비유동부채)이 단기적 용도(유동자산)에 사용되고 있다는 뜻이며, 이는 현대모비스가 자금 여력이 풍부함에도 그 자금을 효과적으로 집행하지 못하고 있다는 하나의 증거임.
- 유동자산은 안정성은 높지만 수익성은 낮은 자산임. 이러한 유동자산에 장기적 자금이 사용되는 것은 바람직하지 않음. 현대모비스는 앞으로 비유동자산에 대한 투자를 늘려야 할 것이며, 이때 부채의존도를 더 높이는 것이

기업 성장에 도움을 줄 것임.

4) 활동성비율

(단위 : %)

재무비율	2007	2006	2005	2004	2003	2002	2001
총자산회전율	1.31	1.40	1.49	1.52	1.51	1.38	1.16
자기자본회전율	2.18	2.50	2.85	3.12	3.32	3.46	3.66
유형자산회전율	8.74	9.42	8.95	8.41	8.12	6.36	4.64
재고자산회전율	18.27	18.77	19.29	19.56	17.80	15.28	10.99
매출채권회전율	6.30	6.68	6.42	7.29	8.80	8.13	6.65
매출채권회수기간	57.97	54.61	56.86	50.04	41.46	44.89	54.90
매입채무회전율	7.05	6.84	7.40	8.87	9.87	9.14	7.99

- 자기자본회전율은 2001년 3.66에서 2007년 2.18까지 점차 낮아졌음.
- 유형자산회전율은 2001년 4.64에서 2007년 8.74까지 점차 높아졌음.
- 재고자산회전율은 2001년 10.99에서 2007년 18.27까지 점차 높아졌음.
- 자기자본의 회전율은 낮아지고, 유형자산과 재고자산의 회전율이 높아지는 것을 종합해 보면 현대모비스가 풍부한 자기자본을 갖추게 되었지만, 이를 유형자산과 재고자산에 효과적으로 활용하지는 못하고 있다고 볼 수 있음.

※ 다음의 매출채권, 매입채권, 배당금에 대한 자료를 추가로 확보하여 계산에 이용함.

(단위 : 100만 원)

과목	2007	2006	2005	2004	2003	2002	2001	2000
매출채권	1,508,936	1,188,059	1,256,290	1,095,211	669,304	536,333	480,797	411,036
매입채무	1,170,876	1,238,110	1,148,845	890,604	560,772	514,167	390,931	350,959
배당금	107,040	106,798	127,993	127,718	106,059	59,647	47,221	39,474

5) 주가 관련비율

– 현대모비스의 평균발행주식수를 계산하기 위한 증자자료와 주가 관련자료

〈증자자료(보통주)〉

(단위 : 주, 원)

날짜	증자 후 주식수	증자금액	증자 후 자본금
2004-04-08	85,001,687	904,000,000	425,008,435,000
2004-06-30	85,519,222	2,587,675,000	427,596,110,000
2005-12-28	85,702,622	917,000,000	428,513,110,000
2006-12-19	85,811,972	546,750,000	429,059,860,000
2007-06-20	87,369,107	7,785,675,000	436,845,535,000
2007-12-26	87,478,457	546,750,000	437,372,285,000

〈주가 관련자료〉

(단위 : 원)

항목	2007	2006	2005	2004
자기자본	4,250,860,000,000	3,539,075,000,000	2,987,983,000,000	2,318,185,000,000
당기순이익	776,675,000,000	686,750,000,000	789,602,000,000	695,254,000,000
배당금	107,040,000,000	106,798,000,000	127,993,000,000	127,718,000,000
최고가	110,000	99,000	95,000	65,500
최저가	74,300	69,000	61,000	39,600

〈평균발행주식수 계산〉

(단위 : 주, 일)

날짜	증자 전 주식수	증자 주식수	존속일	평균발행주식수
2004-04-08	84,820,887	180,800	267	84,953,143
2004-06-30	85,001,687	517,535	184	85,262,581
2005-12-28	85,519,222	183,400	3	85,520,729
2006-12-19	85,702,622	109,350	12	5,706,217
2007-06-20	85,811,972	1,557,135	194	86,639,600
2007-12-26	87,369,107	109,350	5	87,370,605

2004년 평균발행주식수＝84,820,887+180,800×(267/365)+517,535×(184/365)

$$=85,214,038$$

2007년 평균발행주식수＝85,811,972+1,557,135×(194/365)+109,350×(5/365)

$$=86,641,098$$

〈주가 관련비율〉

재무비율	2007	2006	2005	2004
배당성향	13.78	15.55	15.40	18.37
주당순이익	8,964	8,013	9,233	8,159
최고PER	12.3	12.4	10.3	8.0
최저PER	8.3	8.6	6.6	4.9
최고PBR	2.2	2.4	2.7	2.4
최저PBR	1.5	1.7	1.7	1.5

- 각 비율들은 다음 수식을 이용하여 계산하였음.

평균발행주식수＝연초주식수＋신규 발행주식수×(365-경과일)/365

배당성향＝배당금/당기순이익

주당순이익＝당기순이익/평균발행주식수

주당순이익배율(PER)＝현재주가/주당순이익

주가순자산배율(PBR)＝현재주가/주당순자산

2. 표준비율과 대비한 해당 기업의 실적 비교 및 평가
(해당 업종의 동향에 대한 배경원인 및 산업의 경쟁구조)

1) 성장성비율

(단위 : %)

재무비율	현대모비스							자동차 차체 및 트레일러, 자동차부품						
	2007	2006	2005	2004	2003	2002	2001	2007	2006	2005	2004	2003	2002	2001
총자산증가율	9.12	13.64	17.06	23.09	16.01	20.20	13.00	8.07	11.59	16.17	14.20	11.67	9.18	-2.06
유형자산증가율	17.86	0.68	8.29	12.08	24.11	-8.95	14.15	3.83	5.97	13.09	12.14	10.06	-4.37	2.33
유동자산증가율	-2.16	20.13	21.46	21.99	12.80	40.49	-8.46	4.55	16.10	17.58	13.20	10.08	22.35	-8.74
재고자산증가율	13.24	0.32	24.75	12.47	8.04	12.57	-10.72	12.92	10.72	19.44	17.95	14.97	4.92	-11.74
자기자본증가율	20.11	18.44	28.63	28.19	30.27	39.03	60.40	13.44	11.01	18.24	17.52	20.24	12.91	10.56
매출액증가율	3.95	8.22	17.27	21.28	28.34	39.46	50.02	9.72	10.59	19.00	17.98	13.40	16.92	4.69

- 매출액증가율은 해당 업종의 매출액증가율보다 낮게 나타나고 있음.
- 유형자산증가율(2007년도)은 산업평균보다 월등하게 높음.
- 총자산증가율과 자기자본증가율은 매년 산업평균보다 우월하게 높음.
- 유동자산증가율은 2006년까지 산업평균보다 높았으나, 2007년에는 감소하였음.

– 재고자산증가율은 산업평균과 비교하여 평가하기 어려움.

2) 수익성비율

(단위 : %)

재무비율	현대모비스							자동차 차체 및 트레일러, 자동차부품						
	2007	2006	2005	2004	2003	2002	2001	2007	2006	2005	2004	2003	2002	2001
총자본경상이익률	26.90	31.34	39.60	46.95	46.79	42.82	51.84	18.01	17.72	21.88	25.13	23.03	22.52	15.57
총자본순이익률	11.96	11.76	16.44	16.47	15.62	12.05	10.73	5.92	5.60	7.01	6.70	7.22	4.21	2.99
자기자본순이익률	19.94	21.04	31.37	33.70	34.45	30.17	33.86	14.09	14.06	18.04	18.08	19.22	15.10	10.48
매출액영업이익률	9.71	10.00	10.41	11.68	11.43	10.31	12.06	4.82	4.76	4.76	5.43	5.94	5.07	5.1
매출액경상이익률	12.34	12.52	13.90	15.05	14.09	12.36	14.17	5.28	4.76	5.41	6.25	5.79	4.21	3.63
매출액순이익률	9.15	8.41	11.01	10.80	10.38	8.71	9.26	4.13	3.78	4.46	4.50	4.83	2.82	2.44

– 현대모비스는 전반적으로 산업평균보다 우월한 수익성을 보이고 있으므로 영업성과가 양호한 것으로 판단됨.

– 현대모비스의 자기자본순이익률은 해를 거듭하면서 전반적으로 작아지고 있으며, 산업평균의 자기자본순이익률도 유사한 모습을 보이고 있음.

– 성장성비율과 수익성비율은 2001년부터 2003~2004년까지는 증가하였으나, 이후 해를 거듭할수록 떨어지고 있음. 이는 해당 산업계 전체가 사양길로 접어들고 있다는 느낌을 주고 있음.

3) 레버리지비율

(단위 : %)

재무비율	현대모비스							자동차 차체 및 트레일러, 자동차부품						
	2007	2006	2005	2004	2003	2002	2001	2007	2006	2005	2004	2003	2002	2001
부채비율	59.44	75.50	82.91	100.99	109.33	135.06	171.88	132.51	151.76	155.20	166.26	157.14	252.80	229.93
자기자본비율	62.72	56.98	54.67	49.75	47.77	42.54	36.78	43.01	39.72	39.19	37.56	38.89	28.34	30.31
유동부채비율	41.55	56.82	60.32	63.24	66.26	74.86	87.52	94.31	107.11	111.76	121.29	110.55	161.25	127.91
유동비율	153.09	137.44	127.89	129.19	129.57	132.46	112.11	109.45	109.93	102.19	98.76	107.17	101.19	102.03
당좌비율	125.14	115.76	103.74	105.43	103.73	104.88	82.98	85.01	86.67	80.05	77.36	84.69	79.96	78.60
고정비율	95.84	97.41	105.76	119.29	123.47	135.91	173.75	129.29	134.01	140.99	146.47	138.66	189.64	199.42
고정장기적합률	81.29	82.08	86.28	86.60	86.30	84.83	94.25	93.55	92.65	98.30	101.04	94.60	99.00	98.71

– 현대모비스의 2007년 부재비율 59.44%는 신업평균 132.51%에 비하여 절반 이하의 수준임. 이는 현대모비스의 자본구조가 견실하다는 긍정적 평가로 볼 수 있으나, 재무레버리지효과를 충분히 활용하고 있지 못하다는 증거도 됨.

4) 활동성비율

재무비율	현대모비스							자동차 차체 및 트레일러, 자동차부품						
	2007	2006	2005	2004	2003	2002	2001	2007	2006	2005	2004	2003	2002	2001
총자산회전율	1.31	1.40	1.49	1.52	1.51	1.38	1.16	1.44	1.48	1.57	1.49	1.49	1.49	1.23
자기자본회전율	2.18	2.50	2.85	3.12	3.32	3.46	3.66	3.41	3.72	4.04	4.02	3.98	5.35	4.29
유형자산회전율	8.74	9.42	8.95	8.41	8.12	6.36	4.64	3.84	3.72	3.72	3.61	3.66	3.43	2.71
재고자산회전율	18.27	18.77	19.29	19.56	17.80	15.28	10.99	14.78	14.92	16.42	15.52	15.68	15.10	12.78
매출채권회전율	6.30	6.68	6.42	7.29	8.80	8.13	6.65	6.53	6.57	7.12	6.77	6.99	7.57	6.83
매출채권회수기간	57.97	54.61	56.86	50.04	41.46	44.89	54.90	55.90	55.56	51.26	53.91	52.22	48.22	53.44
매입채무회전율	7.05	6.84	7.40	8.87	9.87	9.14	7.99	7.66	7.84	8.05	7.28	7.63	8.00	7.74

- 현대모비스의 자기자본회전율은 산업평균보다 낮으나, 유형자산회전율과 재고자산회전율은 산업평균보다 높게 나타남.
- 자기자본의 회전율은 낮고 유형자산의 회전율은 높다는 사실을 종합해 보면 현대모비스가 상대적으로 풍부한 자기자본을 갖추고 있지만, 이를 유형자산과 재고자산에 효과적으로 활용하지 못하고 있다는 것을 알 수 있음.
- 매출채권회전율과 매출채권회수기간은 산업평균과 비슷한 수준임.
- 매입채무회전율은 산업평균보다 낮아서 현대모비스가 원재료 등의 구매에서 동종업체들보다 유리한 조건에서 활동하고 있음을 알 수 있음.

4단계 : 해당 기업의 경영성과에 대한 종합적 결론 및 향후 전망

1. 현대모비스의 강점 및 약점

- 현대모비스는 전반적으로 산업평균보다 우월한 성장성과 수익성을 보이고 있으므로 영업성과가 산업평균보다는 양호한 것으로 판단됨.
- 현대모비스의 수익성비율은 해를 거듭하면서 전반적으로 둔화되고 있음. 수익성비율 가운데서도 특히 총자본경상이익률, 자기자본순이익률, 매출액영업이익률이 둔화되고 있는 모습이 현저함.
- 현대모비스의 성장성비율과 수익성비율은 2001년부터 2003~2004년까지는 증가하였으나, 이후 해를 거듭할수록 떨어지고 있음. 이는 분석대상기업과 소속산업의 성장잠재력에 문제가 있는 것으로 분석됨.

- 현대모비스의 유동자산증가율은 2006년까지는 산업평균보다 높았으나, 2007년에는 감소하였음. 유형자산증가율은 산업평균보다 월등하게 높음. 이는 안정적인 유동자산보다는 유형자산에 투자하고 있어 새로운 제품개발과 시설투자에 임하고 있는 것으로 볼 수 있음.
- 현대모비스의 부채비율은 산업평균에 비하여 매우 낮은 수준임. 이는 기업의 자본구조가 견실하다는 긍정적 평가로 볼 수 있으나, 재무레버리지효과를 충분히 활용하지 못하고 있음을 나타냄.
- 현대모비스의 장기적 자금(자본금, 비유동부채)이 단기적 용도(유동자산)에 사용되고 있으며, 이는 자금 여력이 풍부함에도 그 자금을 효과적으로 집행하지 못하고 있음을 나타냄.
- 현대모비스의 자기자본회전율은 산업평균보다 낮으나, 유형자산회전율과 재고자산회전율은 산업평균보다 높게 나타남. 2001년부터 2007년까지의 추세를 보면, 자기자본회전율은 점차 낮아지고 유형자산과 재고자산의 회전율이 높아지고 있음. 이는 기업이 풍부한 자기자본을 갖추게 되었지만, 이를 유형자산과 재고자산에 효과적으로 활용하지 못하고 있음을 나타냄.
- 현대모비스의 매입채무회전율은 산업평균보다 낮아서 기업이 원재료 등의 구매에 있어서 동종업체들보다 유리한 조건에서 활동하고 있다는 것을 알수 있음.

2. 필요한 경영의사결정

- 기업의 성장성비율과 수익성비율은 2001년부터 2003~2004년까지는 증가하였으나, 이후 해를 거듭할수록 떨어지고 있음. 따라서 기업의 성장잠재력을 높여 성장성과 수익성을 증가시켜야 함.
- 유동자산은 안정성은 높지만 수익성은 낮은 자산임. 이러한 유동자산에 장기적 자금이 사용되는 것은 바람직하지 않으므로 앞으로 비유동자산에 대한 투자를 늘려야 할 것임. 장기적 자금(자본금, 비유동부채)은 장기적 용도(비유동자산)에 사용하고, 풍부한 자금 여력을 효과적으로 집행하도록 해야함. 특히 유형자산과 재고자산에 자금을 효과적으로 활용하여야 함.

3. 향후 전망

단기적으로는 환율상승에 따른 보수용 부품사업의 수익성 개선과 중국 등 현대/기아차 해외공장 가동에 따른 CKD 수출 호조 및 믹스 개선을 반영해 실적이 개선될 것으로 본다. 또한 장기적으로는 자동차용 첨단 모듈 및 핵심부품 기술개발을 추진해 온 현대모비스는 자동차 전자화 사업에 본격적으로 진출하고, 특히 자동차용 핵심부품 및 통합제어 모듈 등 첨단기술을 조기에 확보해 현대·기아자동차그룹의 미래 자동차 기술을 종합 지원하는 역할을 수행할 수 있을 것으로 본다.

현대·기아자동차그룹은 자동차에서 전장품이 차지하는 비율이 현재는 30% 수준이지만 2010년에는 40%로 높아질 것이며, 관련시장 규모도 2010년 1,400억 달러, 2015년 1,920억 달러에 이를 것이라는 전망 속에 부품사업분야를 강화해 왔다. 따라서 현대모비스는 섀시, 전자 및 안전시스템은 물론 차체 제어 전자장치와 텔레매틱스 등의 전장품, 하이브리드 핵심부품기술 등 미래 기술을 아우르는 전문업체로 거듭날 것으로 전망된다.

제4장

재무비율분석의 확장

개관

재무비율을 개별적으로 분석하는 것만으로는 기업의 재무상태를 종합적으로 평가하고, 의사결정에 필요한 정보를 획득하는 데 한계가 있다. 이 장에서는 재무제표를 이용하여 제3장에서 소개한 재무비율의 기초적 분석을 보완하고 유용한 의미를 도출할 수 있는 제반 분석을 실제 사례를 통해 학습하도록 한다. 먼저 기업 간 재무분석에 유용한 비율분석인 공통형 재무제표분석에 대해 학습하고, 비율분석의 시간적 변화를 고려하는 방법인 추세분석에 대해 학습한다. 또한 여러 재무비율을 종합적으로 평가하는 지수법에 대해 알아보기로 한다.

4.1 ⊶ 공통형 재무제표

1. 공통형 재무제표의 의미

　공통형 재무제표(common-size financial statements)는 일정 시점 또는 일정 기간 동안 기업들의 재무상태나 경영성과를 상호 비교할 때 유용한 기법으로, 대차대조표나 손익계산서의 각 항목을 총액에 대한 구성비율 형태로 표시한 재무제표이다. 공통형 재무제표는 규모가 상이한 기업들 간의 재무구조와 손익구조를 비교하는 데 보편적으로 활용되지만, 특정 기업의 재무구조와 손익구조의 시간의 경과에 따른 추세변화를 검토하는 데에도 활용 가능하다. 공통형 재무제표는 공통형 대차대조표와 공통형 손익계산서로 분류된다. 공통형 대차대조표는 자산총계를 100%로 정할 경우 자산, 부채, 자본의 각 항목의 구성비를 백분율로 표시하여 작성한다. 즉 공통형 대차대조표는 각 자산, 부채, 자본의 항목을 자산총계로 나누어 비율로 표시한 것이다.

　공통형 손익계산서는 매출액을 100%로 정하고 손익계산서의 각 항목의 구성비를 백분율로 표시하여 작성한다. 따라서 공통형 손익계산서는 손익계산서의 각 항목을 매출액으로 나누어 비율로 표시하면 된다.

2. 공통형 재무제표의 분석

　공통형 대차대조표와 손익계산서를 실제 사례를 들어 설명하기로 하자. 〈표 4-1〉에는 제3장에서 분석한 사례대상기업인 포스코와 동일한 업종에 속한 기업인 현대제철의 2008년도 공통형 요약대차대조표와 공통형 요약손익계산서가 제시되어 있다. 각 기업의 공통형 대차대조표는 자산, 부채, 자본에 속한 각 항목을 자산총액으로 나누었으며, 공통형 손익계산서는 각 항목을 매출액으로 나누어 백분율로 표시하였다. 또한 제3장의 [그림 3-1]에 제시된 제1차 금속산업의 재무제표도 금액과 아울러 구성비로 표현되어 있으므로 역시 공통형 재무제표이다.

<표 4-1> 포스코와 현대제철의 공통형 요약대차대조표와 공통형 요약손익계산서

계정과목	포스코(2008)		현대제철(2008)	
	금액(10억 원)	백분율(%)	금액(10억 원)	백분율(%)
요약대차대조표				
자산				
Ⅰ. 유동자산	13,693	37.0	4,235	36.1
(1) 당좌자산	7,278	19.7	2,524	21.5
(2) 재고자산	6,416	17.3	1,712	14.6
Ⅱ. 비유동자산	23,340	63.0	7,504	63.9
(1) 투자자산	8,633	23.3	1,672	14.2
(2) 유형자산	14,466	39.1	5,689	48.5
(3) 무형자산	170	0.5	36	0.3
(4) 기타 비유동자산	72	0.2	107	0.9
자산총계	37,033	100.0	11,740	100.0
부채				
Ⅰ. 유동부채	4,283	11.6	2,746	23.4
Ⅱ. 비유동부채	4,967	13.4	4,165	35.5
부채총계	9,250	25.0	6,910	58.9
자본				
Ⅰ. 자본금	482	1.3	427	3.6
Ⅱ. 자본잉여금	4,291	11.6	694	5.9
Ⅲ. 자본조정	−2,502	−6.8	−15	−0.1
Ⅳ. 기타 포괄손익누계액	52	0.1	104	0.9
Ⅴ. 이익잉여금(결손금)	25,460	68.7	3,620	30.8
자본총계	27,784	75.0	4,829	41.1
부채와 자본총계	37,033	100.0	11,740	100.0
요약손익계산서				
Ⅰ. 매출액	30,642	100.0	10,503	100.0
Ⅱ. 매출원가(−)	22,707	74.1	8,746	83.3
Ⅲ. 매출총이익	7,935	25.9	1,757	16.7
Ⅳ. 판매비와 관리비(−)	1,395	4.6	435	4.1
Ⅴ. 영업이익	6,540	21.3	1,321	12.6
Ⅵ. 영업외수익(+)	1,880	6.1	344	3.3
Ⅶ. 영입외비용(−)	2,590	8.5	711	6.8
Ⅷ. 법인세차감전순이익	5,830	19.0	954	9.1
Ⅸ. 법인세비용(−)	1,383	4.5	131	1.3
Ⅹ. 당기순이익	4,447	14.5	823	7.8

(1) 공통형 대차대조표

포스코는 자산 규모나 매출 규모가 모두 현대제철보다 크지만, 공통형 재무제표분석에서는 자산 규모와 매출 규모를 통제한 상대적인 비율로 각 항목의 크기를 비교하게 된다. 공통형 대차대조표를 보면 포스코와 현대제철의 유동자산은 총자산 중 각각 37.0%와 36.1%를 차지하고 있고, 비유동자산은 각각 63.0%와 63.9%이므로 자산구조가 유사하다. 재무구조를 보면 포스코의 부채구성비율은 25.0%로, 현대제철의 부채구성비율인 58.9%의 절반 이하 수준이다. 한편 포스코와 현대제철이 속한 산업의 부채구성비율은 [그림 3-1]의 대차대조표에서 유동부채 구성비율과 비유동부채 구성비율을 더한 46.32%이다. 따라서 재무구조의 안정성 면에서 포스코는 산업평균비율인 46.32%보다 안정적이지만, 현대제철은 부채의존도가 높은 편이므로 포스코가 현대제철에 비해 상대적으로 재무구조에서 우위를 보이고 있다. 포스코의 부채를 구성하는 세부 항목을 보면 유동부채의 구성비율이 11.6%로, 현대제철의 유동부채 구성비율인 23.4%의 절반 수준이다. 결과적으로 유동성 측면에서도 포스코가 현대제철보다 우위를 나타내고 있다.

(2) 공통형 손익계산서

이제 공통형 손익계산서를 통하여 두 기업의 손익구조를 비교하기로 하자. 포스코의 매출액총이익률을 나타내는 매출총이익구성비는 25.9%로, 현대제철의 매출액총이익률인 16.7%보다 높은 수준이다. 이는 포스코가 매출원가에서 우위를 보이는 데에서 기인한다. 판매비와 관리비의 구성비율은 양 기업이 유사하다. 포스코의 영업이익의 구성비율은 21.3%로, 현대제철에 비해 2배 가량 높은 수치를 나타낸다. 영업외수익은 포스코가 2배 정도 많고, 영업외비용은 약간 많은 편이다. 따라서 법인세차감전순이익의 구성비율도 포스코가 19.0%로 현대제철의 2배에 가깝다. 영업외수익과 영업외비용의 구성비율은 양 기업 간에 큰 차이가 없다. 결과적으로 양 기업의 이익구조를 결정하는 것은 매출원가와 영업외수익, 비용구조에서 기인하는 것으로 파악할 수 있다. 이상과 같이 공통형 재무제표는 규모가 서로 다른 기업 간의 비교에 유용하게 사용될 수 있음을 알 수 있다.

1. 지수형 재무제표의 의미

지수형 재무제표(common base-year financial statements)는 대차대조표나 손익계산서의 계정과목들의 금액이 일정 기간에 걸쳐 어떤 증감추세를 보이는가를 파악하기 위해 작성된다. 지수형 재무제표는 어느 한 기준연도의 재무제표를 설정하고, 이후 분석기간의 비교연도의 재무제표 항목을 기준연도의 재무제표에 속한 항목으로 나눈 다음 100을 곱하여 지수(index)화한다. 따라서 기준연도 재무제표의 계정과목의 지수는 모두 100이다. 만일 비교연도의 재무제표 항목이 기준연도의 항목보다 증가한 경우에는 지수가 100보다 크며, 감소한 경우에는 100보다 낮다. 또한 비교연도 재무제표 항목의 지수에서 100을 차감한 값은 기준연도부터 비교연도까지의 증가율을 나타낸다.

지수형 재무제표를 분석하면 자산의 규모나 이익성과가 어떻게 성장하고 있는지를 파악할 수 있다. 이렇게 구한 지수형 재무제표는 개별항목의 증감추세를 용이하게 파악할 수 있으므로, 비율분석의 추세분석에 나타나지 않은 유용한 정보를 제시한다. 재무비율의 추세분석과 마찬가지로 산업의 지수형 재무제표도 산업재무제표를 이용하여 작성할 수 있으므로, 개별기업의 지수형 재무제표와 산업의 지수형 재무제표를 비교·분석하면 유용하다.

2. 지수형 재무제표의 분석

(1) 지수형 대차대조표

포스코의 2005년도 대차대조표를 기준으로 지수형 대차대조표를 작성한 결과는 〈표 4-2〉에 제시되어 있다. 지수형 대차대조표에서 자산은 기준연도에 비해 지속적으로 증가한 모습을 볼 수 있다. 유동자산의 경우에는 2006년에 줄었다가 2007년부터 다시 증가하였으며, 비유동자산의 지수는 기준연도에 비해 지속적으로 증가하였다. 유동부채는 2005년에 큰 폭으로 감소한 이

〈표 4-2〉 포스코의 지수형 대차대조표와 지수형 손익계산서

계정과목	2005	2006	2007	2008
요약대차대조표				
자산				
Ⅰ. 유동자산	100	94	104	163
(1) 당좌자산	100	90	98	128
(2) 재고자산	100	101	118	236
Ⅱ. 비유동자산	100	117	137	148
(1) 투자자산	100	126	181	192
(2) 유형자산	100	114	121	133
(3) 무형자산	100	82	76	61
(4) 기타 비유동자산	100	107	113	56
자산총계	100	109	126	153
부채				
Ⅰ. 유동부채	100	46	74	113
Ⅱ. 비유동부채	100	307	345	540
부채총계	100	97	128	197
자본				
Ⅰ. 자본금	100	100	100	100
Ⅱ. 자본잉여금	100	101	106	111
Ⅲ. 자본조정	100	174	283	261
Ⅳ. 기타 포괄손익누계액	100	−454	−1276	−79
Ⅴ. 이익잉여금(결손금)	100	116	135	157
자본총계	100	112	126	142
부채와 자본총계	100	109	126	153
요약손익계산서				
Ⅰ. 매출액	100	92	102	141
Ⅱ. 매출원가(−)	100	102	113	154
Ⅲ. 매출총이익	100	72	80	113
Ⅳ. 판매비와 관리비(−)	100	103	120	129
Ⅴ. 영업이익	100	66	73	111
Ⅵ. 영업외수익(+)	100	109	140	252
Ⅶ. 영업외비용(−)	100	45	43	199
Ⅷ. 법인세차감전순이익	100	77	89	109
Ⅸ. 법인세비용(−)	100	67	82	102
Ⅹ. 당기순이익	100	80	92	111

후 점차적으로 증가하는 추세인 반면, 비유동부채는 이와 반대로 큰 폭으로 지속적으로 증가하는 추세이다. 자본 역시 지속적인 증가추세에 있다.

(2) 지수형 손익계산서

〈표 4-2〉에 제시된 지수형 손익계산서에서 매출액은 2006년에는 감소하였지만, 2007년 이후부터 회복하여 증가하는 추세를 나타내고 있다. 특히 매출원가가 지속적으로 증가한 탓에 매출총이익의 증가세는 매출액 증가세에 비해 더딘 편이다. 영업이익도 2006년에 대폭 감소한 뒤 2008년에는 2005년 수준으로 회복하였다. 영업외수익은 2005년 이후에 지속적으로 증가하는 추세를 나타내었고, 영업외비용은 기준연도 영업외비용의 50%선까지 감소하다가 2008년도에는 급등하게 된다. 이는 앞서 비율분석에서 본 것처럼 글로벌 금융위기에 따른 환율상승으로 외환차손이 컸기 때문으로 해석된다. 2007년까지 정체된 매출액과 높은 판매비 및 관리비로 인해 감소하였던 당기순이익은 2008년에는 기준연도인 2005년에 비하여 다소 증가하였다.

4.3 ● 추세분석

1. 추세분석의 의의

비율분석에서 특정 연도에 산출된 재무비율만을 대상으로 비교하는 것으로는 충분한 정보를 획득하기 어렵다. 예를 들어, 경영자가 금년도 순이익 중에서 얼마를 배당으로 지급할 것인지를 결정하기 위하여 재무분석을 한다고 하자. 이때 경영자는 단순히 전년도의 순이익과 당기의 순이익을 비교하여 배당지급액을 결정하지는 않을 것이다. 특별히 금년에 순이익이 많이 발생하였기 때문에 배당금을 증가시키는 경우는 거의 없으며, 향후에도 이익이 계속 발생하리라는 예상을 하는 경우에 배당금을 증가시킬 것이다. 따라서 경영자가 올바른 배당의사결정을 내리기 위해서는 과거 수년간의 이익변동 추세를 분석하여야 한다. 만일 특정 연도의 재무비율의 수치가 당해 연도에만 국한될 경우에는 왜곡된 정보를 제공할 가능성이 있기 때문이다.

재무항목들은 시간적 경과에 따라 일정한 패턴을 유지하면서 변동하는 경우가 많다. 예를 들어, 매출액이나 순이익 같은 재무항목은 중·장기적인 기간에서 추세를 가지며 증가와 감소를 반복한다. 또한 재무항목들의 추세패턴은 기업의 성장과정에서 나타나기도 한다. 신생기업이나 고성장기업(high growth firm)의 경우 초기에는 성장성이나 수익성과 관련된 재무비율들이 증가하지만, 이후에는 경쟁기업의 진입과 산업 내 경쟁 강도의 심화로 인하여 낮아지는 특성을 보인다.

재무비율은 일정 시점을 기준으로 작성한 대차대조표나 일정 기간의 손익계산서 등의 재무제표를 중심으로 한 것이기 때문에 기업경영의 한 단면만 보여 주게 된다. 추세분석(trend analysis)은 이러한 비율분석의 단점을 보완하기 위하여 비율의 시간적인 변화에 관한 동태적인 측면을 고려함으로써 기업의 미래 재무상태와 경영성과를 예측하는 방법이다. 즉, 과거에 그 기업의 여러 비율들이 어떠한 추세를 가지고 변화해 왔는가를 관찰하여 미래를 예측하려는 것이다.

2. 재무비율의 추세분석

재무비율의 추세분석에는 두 가지 방법이 있다. 하나는 분석대상이 되는 기업의 재무비율의 과거 추이를 분석함으로써 미래를 예측하는 것이다. 예를 들어, 어느 기업의 유동비율이 하락하는 추세를 나타내고 있다면 미래에도 더욱 하락할 가능성이 클 것으로 가정하는 방법이다. 또 다른 방법은 분석대상기업의 재무비율의 변화를 산업 전체의 변화상태와 비교하는 것이다. 이렇게 표준비율의 변화와 비교하면 분석대상기업의 재무비율이 어떠한 상태로 진행되고 있는지 그 비교 가능성을 제고시키는 장점이 있다.

제3장에서 분석한 사례대상기업인 포스코의 2004년부터 2008년까지 5개년 재무제표자료와 한국은행 『기업경영분석』의 산업재무제표를 이용하여 각 부문의 대표적 재무비율인 유동비율, 부채비율, 재고자산회전율, 총자산순이익률, 자기자본증가율, 주가수익비율 등의 추세를 〈표 4-3〉에서 보기로 하자. 또한 추세분석은 [그림 4-1]과 같이 그래프로 표시하면 보다 시각적으로

〈표 4-3〉 포스코와 산업표준의 재무비율 추세분석

재무비율	분석대상	2004	2005	2006	2007	2008
유동비율(%)	포스코	240.32	222.41	450.56	311.82	319.7
	산업표준	137.18	147.17	167.09	166.98	165.05
부채비율(%)	포스코	32.63	24.07	20.98	24.44	33.29
	산업표준	61.78	56.53	53.04	56.47	68.39
재고자산회전율(회)	포스코	10.79	8.99	7.35	7.46	6.36
	산업표준	9.24	7.54	6.91	7.12	6.92
총자산순이익률(%)	포스코	19.24	17.53	12.68	12.94	13.17
	산업표준	12.9	11.81	8.94	8.83	8.82
자기자본증가율(%)	포스코	24.32	21.87	11.69	12.44	13.39
	산업표준	20.19	14.25	12.06	11.66	13.35
주가수익비율(배)	포스코	4.3	4.39	8.4	13.6	7.45
	산업표준	3.88	4.10	5.96	13.26	7.45

이해가 용이하다.

유동성비율에서 대표적인 비율인 유동비율의 5년간 추세를 살펴보면, 2006년의 급격한 상승을 제외하고는 대체로 지속적으로 증가하고 있다. 이같이 유동비율이 상승하는 추세는 포스코가 속한 산업인 제1차 금속산업도 마찬가지이다. 따라서 업종 전체적으로 단기적 지급능력이 매년 향상되었다는 것이 확인된다. 포스코의 부채비율은 2006년을 기점으로 감소 후 증가세를 보이는데, 이는 산업평균비율과 유사한 추세이다. 하지만 부채비율의 산업평균이 포스코에 비해 매년 2배 이상 높은 수치를 나타냄으로써 포스코의 재무 안정성은 산업 전체에 비해 매우 양호함을 제시하고 있다. 활동성을 나타내는 지표로 선정된 재고자산회전율은 2004년 이후부터 포스코와 산업평균비율이 모두 감소하는 추세로, 이는 재고자산이 매출로 전환되는 속도가 감소함을 의미한다. 수익성을 나타내는 지표인 총자산순이익률에서는 산업평균비율과 포스코 모두 비슷한 패턴을 보이는데, 총자산순이익률은 2006년까지 감소한 이후 지속적으로 안만한 증가추세를 보이며, 포스코가 산업평균에 비해 수익성이 현저히 양호함을 나타내고 있다.

성장성 측면에서 포스코와 산업평균 모두 자기자본증가율은 2006년까지 감소한 이후 지속적으로 완만한 증가추세를 보이고 있다.

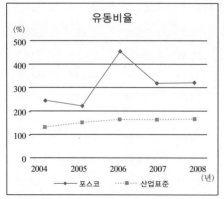

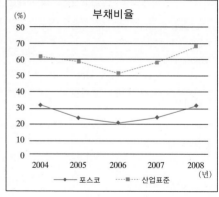

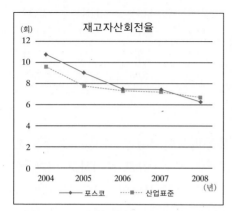

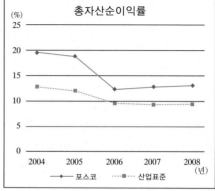

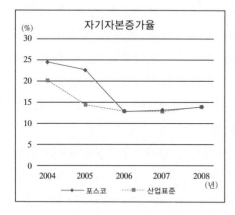

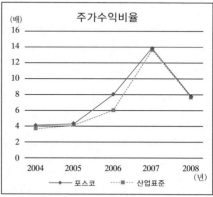

[그림 4-1] 포스코와 산업평균의 재무비율 추세분석

대표적인 시장가치비율인 주가수익비율은 포스코와 산업표준 모두 2005년 이후부터 급속히 상승하는 추세를 보이다가 2008년 들어 다시 하락한다. 연도별 포스코의 주가수익비율은 산업 전체와 큰 차이를 보이지 않는다.

3. 공통형 재무제표의 추세분석

제1절에서 학습한 공통형 재무제표를 여러 기간에 대해 작성하면 대차대조표와 손익계산서의 주요 구성비율들이 기간이 경과하면서 어떻게 변화하는지를 파악할 수 있다. 〈표 4-4〉는 포스코의 4년간 공통형 손익계산서와 공통형 대차대조표에서 각 항목의 구성비율의 변화추세를 제시하고 있다.

포스코의 연도별 공통형 대차대조표의 추세를 보면, 2006년과 2007년의 유동자산은 총자산 중 30%대 이하로 하락하였으나 2008년에는 다시 37.0%까지 증가하였다. 이같은 추세는 지수형 대차대조표를 제시한 〈표 4-2〉에서의 유동자산의 패턴과 유사하다.

한편, 비유동자산의 구성비율은 유동자산의 패턴과 반대의 모습을 보인다. 재무구조에서 유동부채의 구성비율은 2006년 6.6%로 감소한 이후 2008년까지 소폭 증가하는 추세를 나타내지만, 비유동부채의 구성비율은 뚜렷한 증가추세를 나타내고 있다.

공통형 손익계산서는 2006년에 매출원가의 구성비율이 증가함으로써 매출총이익률이 감소하는 추세를 보여 준다. 매출액에서 판매비와 관리비가 차지하는 구성비율의 추세에는 큰 차이가 없으나, 이자비용과 외환차손이 포함된 영업외비용의 구성비율은 2008년에 급증했다. 결과적으로 당기순이익의 구성비율인 매출액순이익률은 2005년 이후 다소 하락추세를 보이고 있다.

<표 4-4> 포스코의 공통형 요약대차대조표와 공통형 요약손익계산서의 추세분석

(단위 : %)

계정과목	2005	2006	2007	2008
요약대차대조표				
자산				
Ⅰ. 유동자산	34.7	29.9	28.8	37.0
(1) 당좌자산	23.5	19.5	18.2	19.7
(2) 재고자산	11.2	10.4	10.6	17.3
Ⅱ. 비유동자산	65.3	70.1	71.2	63.0
(1) 투자자산	18.6	21.5	26.8	23.3
(2) 유형자산	45.0	47.3	43.3	39.1
(3) 무형자산	1.1	0.9	0.7	0.5
(4) 기타 비유동자산	0.5	0.5	0.5	0.2
자산총계	100.0	100.0	100.0	100.0
부채	0.0	0.0	0.0	0.0
Ⅰ. 유동부채	15.6	6.6	9.2	11.6
Ⅱ. 비유동부채	3.8	10.7	10.4	13.4
부채총계	19.4	17.3	19.6	25.0
자본	0.0	0.0	0.0	0.0
Ⅰ. 자본금	2.0	1.8	1.6	1.3
Ⅱ. 자본잉여금	16.0	14.9	13.5	11.6
Ⅲ. 자본조정	−4.0	−6.3	−8.9	−6.8
Ⅳ. 기타 포괄손익누계액	−0.3	1.1	2.8	0.1
Ⅴ. 이익잉여금(결손금)	66.8	71.1	71.4	68.7
자본총계	80.6	82.7	80.4	75.0
부채와 자본총계	100.0	100.0	100.0	100.0
요약손익계산서				
Ⅰ. 매출액	100.0	100.0	100.0	100.0
Ⅱ. 매출원가(−)	67.8	75.0	74.8	74.1
Ⅲ. 매출총이익	32.2	25.0	25.2	25.9
Ⅳ. 판매비와 관리비(−)	5.0	5.6	5.8	4.6
Ⅴ. 영업이익	27.2	19.4	19.4	21.3
Ⅵ. 영업외수익(+)	3.4	4.0	4.7	6.1
Ⅶ. 영업외비용(−)	6.0	2.9	2.5	8.5
Ⅷ. 법인세비용차감전순이익	24.7	20.5	21.6	19.0
Ⅸ. 법인세비용(−)	6.3	4.6	5.0	4.5
Ⅹ. 당기순이익	18.4	16.0	16.6	14.5

4. 추세분석의 주의점

추세분석을 할 때 지켜야 할 점은 적절한 분석기간을 설정해야 한다는 것이다. 분석기간이 너무 짧으면 명확한 추세를 파악하기 어렵기 때문에 분석에 필요한 충분한 기간을 설정해야 한다. 일반적으로 5년 정도면 충분한 기간이기는 하지만, 분석기간 동안 산업 전체의 재무비율에 전면적인 변동을 초래한 사건이 없었는지를 파악하여 그 이전 기간은 제외하여야 한다. 예를 들면, 1997년에 발생한 외환위기나 2008년의 글로벌 금융위기는 기업경영에서 양적으로나 질적으로 많은 변화를 초래한 사건이므로 외환위기가 발생한 이전 기간은 추세분석기간에서 제외하는 것이 바람직하다.

특히 지수형 재무제표로 추세를 분석할 때에는 적절한 기준연도를 선정해야 한다. 비교연도의 지수는 어떤 기준연도를 선정하느냐에 따라 증가와 감소추세가 변동할 수 있기 때문이다.

4.4 ◖━▶ 지수법

1. 지수법의 의의와 절차

개별재무비율에 의하여 기업의 경영성과 및 재무상태를 평가하고자 하는 비율분석은 평가결과를 단일지표로 나타낼 수 없는 문제가 있다. 지수법(index method)은 여러 개의 재무비율을 동시에 고려하여 기업의 경영성과와 재무상태를 종합적으로 평가할 수 있는 분석기법으로 1919년 월(Wall, A.)에 의해 제안된 것이다.

지수법은 전통적인 비율분석이 기업경영을 평가하는 데 있어서 재무비율을 개별적으로 이용한다는 점에서 오는 한계를 극복하기 위해 개발되었다. 하나의 재무비율만 가지고는 기업의 경제적 실태를 종합적으로 평가하기가 곤란하고, 동일한 경제적 측면을 측정하는 재무비율이라도 서로 다른 정보를 제공할 경우 재무비율의 해석이 모호하게 될 우려가 있기 때문이다. 예를 들면, 어느 기업의 유동성이나 지급능력은 산업평균비율보다 높지만 수익성은 산업평균비율 이하로 나타날 경우 그 기업의 경영상태를 종합적으로 판단하기가 어렵다. 또한 같은 수익성비율이라도 매출액순이익률은 산업평균비율 이상이지만 총자산순이익률은 산업평균비율 이하일 경우 그 기업의 수익성을 어떻게 평가해야 할지가 곤란하게 된다. 따라서 여러 재무비율을 이용하여 의사결정을 내릴 때 객관적인 기준을 마련하기 위해서는 지수법과 같은 종합적 비율분석기법이 필요하다. 지수법은 개별재무비율에 가중치를 부여하여 지수를 산출하기 때문에 가중비율종합법(weighted ratio method)이라고도 한다.

학자에 따라 중요한 재무비율을 선정하거나 가중치를 부여하는 과정에서 차이가 있지만, 지수법을 적용하는 일반적인 절차는 다음과 같다.

① 중요 재무비율 선정 : 재무비율 가운데 분석목적에 적당하다고 판단되는 몇 개의 중요 재무비율을 선정한다.

② 가중치 부여 : 선정된 중요 재무비율의 중요도에 따라 가중치를 부여한다. 부여된 가중치의 합계는 100이 되도록 한다.

③ 관계비율 계산 : 선정된 중요 재무비율에 대한 각 기업의 실제비율과 표준비율을 구하고, 실제비율을 표준비율로 나누어 관계비율을 계산한다. 부채비율과 같은 특정한 재무비율은 표준비율보다 낮을수록 양호한 것으로 해석하므로, 이러한 재무비율에 대해서는 표준비율을 실제비율로 나누어야 한다는 점에 주의한다. 기업의 재무비율이 표준비율보다 좋으면 관계비율은 1보다 높으며, 표준비율보다 나쁘면 관계비율은 1보다 낮다.

④ 종합지수 계산과 종합평가 : 관계비율에 가중치를 곱하여 비율별 평점을 계산한 뒤, 중요 비율별 평점을 모두 합계하여 종합지수를 계산하고 종합적 평가를 내린다. 종합지수가 100 이상이면 기업의 경영성과 및 재무상태가 표준보다 양호한 것으로, 그리고 이에 미달하면 저조한 것으로 평가한다. 이상의 절차를 요약하면 종합지수의 계산은 다음과 같이 나타낼 수 있다.

$$종합지수 = \sum_{i=1}^{n} W_i \left(\frac{FR_i}{BR_i} \right)$$

W_i : 비율항목의 가중치 $\left(\sum_{i=1}^{n} W_i = 100 \right)$

FR_i : 재무비율

BR_i : 표준비율

2. 지수법의 제 유형

주요한 지수법으로는 월(Wall, A.)의 지수법, 트랜트(Trant, J. B.)의 지수법, 뷰리체트(Burichett, F. F.)의 지수법 등이 있다. 〈표 4-5〉에 제시되어 있는 세 가지 지수법을 비교해 보자.

〈표 4-5〉 지수법의 주요 비율과 가중치

비율항목	Wall	Trant	비율항목	Burichett	
				금융기관	사채권자
유동비율	25	15	유동비율	20	3
부채비율	25	10	당좌비율	20	3
비유동비율	15	10	매출채권/재고자산	5	3
매출채권회전율	10	10	부채비율	5	20
재고자산회전율	10	20	재고자산회전율	10	4
비유동자산회전율	10	20	매출채권회전율	25	4
자기자본회전율	5	–	총자산회전율	5	20
매입채무회전율	–	15	이자보상비율	2	30
			매출액순이익률	5	8
			총자산순이익률	3	5
합 계	100	100	합 계	100	100

〈표 4-5〉에서 볼 수 있는 바와 같이 월의 지수법에서는 정태비율인 유동비율, 부채비율, 비유동비율 등 3개의 재무비율에 높은 가중치를 부여하고 있는 반면, 트랜트의 지수법에서는 매입채무회전율, 재고자산회전율, 비유동자산회전율 등 활동성비율에 높은 가중치를 부여하고 있다. 월의 지수법과 트

랜트의 지수법에서는 단기채권자의 입장에서 기업의 단기채무 변제능력을 종합적으로 평가한다. 그러나 뷰리체트의 지수법에서는 단기채권자(금융기관)와 장기채권자(사채권자)의 입장에서 기업의 채무지급능력을 평가하기 위한 목적으로 유동성 및 자본구조비율 5개, 활동성비율 3개, 수익성비율 2개를 선정하여 각각에 대한 가중치를 달리 부여하고 있다. 즉, 단기채권자인 금융기관의 지수법에서는 유동비율, 당좌비율, 매출채권회전율 등 단기유동성을 나타내는 비율에 높은 가중치를 부여하고, 장기채권자인 사채권자의 지수법에서는 부채비율, 이자보상비율 등 장기지급능력을 나타내는 비율에 높은 가중치를 부여하고 있다.

3. 지수법을 이용한 분석 사례

월과 트랜트의 지수법을 이용하여 2008년도의 포스코와 현대제철의 경영상태를 종합적으로 평가해 보기로 하자. 이를 위해서는 먼저 월과 트랜트의 지수법에 이용되는 포스코와 현대제철의 재무비율을 구해야 한다. 표준비율은 한국은행의 『기업경영분석』에서 포스코와 현대제철이 속한 제1차 금속산업의 대기업군의 산업평균비율로 선정하였다. 관계비율을 계산할 때 주의할 점은 부채비율과 비유동비율은 표준비율보다 낮을수록 양호하므로, 다른 비율과 달리 산업평균비율을 해당 기업의 비율로 나누어야 한다는 것이다.

포스코의 재무비율과 산업평균비율을 이용하여 관계비율을 산출한 결과는 〈표 4-6〉에 제시되어 있다. 포스코는 재고자산회전율, 비유동자산회전율과 자기자본회전율을 제외한 모든 비율이 산업평균비율보다 높다. 관계비율에 각 비율항목에 부여된 가중치를 곱하여 비율별 평점을 계산한 다음, 이를 모두 합산하면 종합지수가 산출된다. 월의 지수법을 이용한 포스코의 종합지수는 149이며, 트랜트의 지수법을 이용한 종합지수도 142로 나타나 산업평균에 비해 모두 양호하다는 결론을 내릴 수 있다.

현대제철은 자기자본회전율의 관계비율만 1.32로 산업평균보다 양호한 것으로 나타났을 뿐 나머지 비율들은 산업평균보다 낮다. 각 비율들의 관계비율을 산출하고 월과 트랜트의 가중치를 곱하여 종합점수를 산출한 결과에서 월과 트랜트의 종합지수는 각각 79와 86으로 나타나 산업평균인 100에 미달

비율항목 \ 구분	가중치(A)		비 율		관계비율 (D=B/C)	평점(E=A×D)	
	Wall	Trant	실제비율(B)	표준비율(C)		Wall	Trant
〈포스코〉							
유동비율	25	15	319.70	165.05	1.94	48	29
부채비율	25	10	33.29	68.39	2.05	51	21
비유동비율	15	10	84.01	100.19	1.19	18	12
매출채권회전율	10	10	11.95	10.44	1.14	11	11
재고자산회전율	10	20	6.36	6.92	0.92	9	18
비유동자산회전율	10	20	1.36	1.80	0.76	8	15
자기자본회전율	5	–	1.17	1.80	0.65	3	–
매입채무회전율	–	15	35.20	14.77	2.38	–	36
종합지수	100	100				149	142
〈현대제철〉							
유동비율	25	15	154.26	165.05	0.93	23	14
부채비율	25	10	143.10	68.39	0.48	12	5
비유동비율	15	10	155.39	100.19	0.64	10	6
매출채권회전율	10	10	8.23	10.44	0.79	8	8
재고자산회전율	10	20	7.33	6.92	1.06	11	21
비유동자산회전율	10	20	1.61	1.80	0.89	9	18
자기자본회전율	5	–	2.37	1.80	1.32	7	–
매입채무회전율	–	15	13.68	14.77	0.93	–	14
종합지수	100	100				79	86

했다. 따라서 2008년도 현대제철의 종합적인 경영상태는 포스코보다 현저하게 떨어지며, 산업평균에 비해서도 저조한 것으로 나타났다.

4. 지수법의 유용성과 한계점

지수법은 여러 재무비율을 동시에 고려하여 기업의 재무상태와 경영성과를 종합적으로 평가할 수 있고, 적용과 결과의 해석이 쉽기 때문에 실무에서 많이 사용된다. 특히 금융기관은 여신결정을 할 때 지수법을 골격으로 하는 신용평가모형에 주로 의존한다. 그러나 지수법은 다음과 같은 한계를 갖는다는 점을 염두에 두고 이용하여야 한다.

첫째, 지수법은 지수산출에 이용되는 재무비율과 가중치가 임의로 선택된다는 결함이 있다. 즉, 비율과 가중치가 대체로 체계적인 이론이나 실증적인 증거의 뒷받침 없이 분석자의 경험에 의존하여 선택된다는 것이다.

둘째, 관계비율을 계산할 때 이용하는 표준비율에 대한 명확한 기준을 세우기가 곤란하다. 대체적으로 산업평균비율을 이용하지만, 오히려 경쟁기업의 재무비율이나 산업 내에서 가장 성공적인 기업의 재무비율을 표준비율로 이용하는 것도 의미가 있다.

셋째, 월이나 트랜트의 중요 재무비율에서 보는 것처럼 중요 비율의 선정 시 재무비율 상호간에 존재하는 상관관계가 고려되고 있지 않다. 가령 부채비율과 고정비율 간에는 높은 상관관계가 있을 수 있으므로 두 비율이 중요비율에 중복적으로 선정될 가능성이 높다.

4.5 ● ROE 분석

1. ROE 분석의 의의

기업이나 사업부의 경영성과를 측정할 수 있는 재무적 기준에는 여러 가지가 있다. 예를 들면 일정 기간 중 매출액, 당기순이익 또는 생산액의 증가율 등이 자주 이용되고 있는 기준들이다. 그러나 이 기준들은 일정한 경영성과를 달성하는 데 필요한 투자액을 고려하지 않기 때문에 불완전하다. 순이익을 투자액으로 나누어 구하는 투자수익률(ROE)은 가장 널리 이용되고 있는 측정도구이다.

ROE 분석은 ROE를 결정하는 요인을 수익성과 회전율로 분해한 다음, 각 결정요인의 세부 항목에 대한 관리를 통해 궁극적으로는 회사의 경영성과를 계획·통제하는 것을 목적으로 한다. 그러나 최근에는 ROE 분석이 기업 전체 경영성과의 계획 및 통제, 내부통제 및 기업 내의 자원배분결정, 이익예측, 채권자 투자자에 의한 기업경영성과의 평가 등 여러 목적으로 활용되고 있다.

2. 총자산순이익률(ROA)

총자산순이익률(return on assets ; ROA)은 총자본순이익률이라고도 한다. 총 투자는 대차대조표상의 총자산의 금액이며, 이것은 총자본과 같기 때문에 투자수익률도 총자산이익률 또는 총자본이익률과 같은 의미로 쓰인다. 총자산순이익률은 식 (4-1)과 같이 수익성을 나타내는 매출액순이익률과 활동성을 표시하는 총자산회전율로 분해된다.

$$ROA = \frac{당기순이익}{연평균총자산} = \frac{당기순이익}{매출액} \times \frac{매출액}{연평균총자산}$$
$$= 매출액순이익률 \times 총자산회전율 \tag{4-1}$$

ROA는 총자산을 활용하여 경영성과를 측정하는 것으로, 수익성과 활동성의 양면을 동시에 고려하는 경영성과의 측정수단이다.

ROA를 분해하면 기업의 경영성과를 결정하는 요인이 어디에 있는가를 명확히 알 수 있다. 예를 들어, 기업 A는 10%의 매출액순이익률과 1회의 총자산회전율에 의하여 10%의 ROA를 올리고 있고, 기업 B는 1%의 매출액순이익률과 10회의 총자산회전율에 의하여 10%의 ROA를 올리고 있다고 하자. 산술적으로 두 기업 모두 10%의 ROA를 달성하고 있으나 그 내용에 있어서는 질적으로 차이가 있다.

동일한 ROA를 올리는 기업들에서 이와 같이 수익성과 활동성의 차이가 나타나는 것은 특정 기업의 매출액순이익률과 총자산회전율이 대개 그 기업이 속한 산업의 성격에 따라 결정되기 때문이다. 일반적으로 진부화의 속도가 빠른 제품을 취급하는 업종에서는 고회전율·저마진의 결합으로 일정한 ROA를 달성하게 되고, 반면에 설비투자의 규모가 큰 화학·선박·철강 등 중화학분야에서는 저회전율·고마진으로 일정한 ROA를 달성하는 특징이 있다. 또한 동일한 산업에 속한 기업이라도 기업의 규모나 시설이 자동화 정도에 따라 회전율이나 수익성에서 차이가 나는 경우가 있다.

ROA는 타인자본과 자기자본의 합계인 총자본만을 고려하므로 타인자본의 사용으로 인한 수익성의 영향은 파악할 수 없다. 따라서 ROA 기법으로는 레버리지의 증가에 따른 재무위험과 수익성 간의 관계를 분석할 수 없다는 한계를 지닌다.

3. 자기자본순이익률(ROE)

ROA와 더불어 기업의 경영성과를 총체적으로 측정하기 위한 지표로 널리 이용되는 재무비율이 자기자본순이익률(return on equity ; ROE)이다. ROE는 당기순이익을 자기자본으로 나눈 비율로, 주주들이 투자한 자본 1원이 당해 연도에 획득한 이익의 증식분을 의미한다. ROE는 경영자가 주주가 출자한 자본을 활용하여 효율적인 경영성과를 달성하였는지를 나타낸다. 즉, ROA가 주주와 채권자의 지분을 더한 총자본을 측정한 것이라고 해석한다면, ROE는 주주의 지분에 대한 성과를 측정한 것으로 볼 수 있다. ROA를 수익성과 활동성의 재무비율로 분해하였듯이, ROE도 계산식을 변형하면 식 (4-2)와 같이 세 가지의 대표적인 재무비율로 분해된다.

$$
\begin{aligned}
ROE &= \frac{당기순이익}{연평균자기자본} \\
&= \frac{당기순이익}{매출액} \times \frac{매출액}{연평균총자산} \times \frac{연평균총자산}{연평균자기자본} \\
&= 매출액순이익률 \times 총자산회전율 \times (1 + 부채비율) \\
&= ROA \times 재무레버리지
\end{aligned}
\tag{4-2}
$$

식 (4-2)에서 매출액순이익률은 수익성, 총자산회전율은 활동성을 나타내며, 자기자본승수(equity multiplier)라고 하는 세 번째 비율은 재무구조의 안정성인 재무레버리지를 나타낸다. 자기자본승수는 총자산이 자기자본의 몇 배인가를 나타내며, 부채비율에 1을 더한 값이다. 결과적으로 ROE는 매출액순이익률과 총자산회전율로 구성된 ROA에 자기자본승수를 곱한 값과 동일하다. ROE 계산 시 분모에 해당하는 자기자본을 기초자기자본과 기말자기자본의 연평균자기자본으로 사용할 경우에는 총자산회전율에서 분모의 총자산도 연평균총자산이 되어야 한다. 사례기업인 포스코의 2008년 ROE는 다음과 같이 매출액순이익률, 총자산회전율, 자기자본승수로 분해된다.

$$ROE = \frac{4,447}{26,144} = \frac{4,447}{30,642} \times \frac{30,642}{33,763} \times \frac{33,763}{26,144}$$
$$= 0.15 \times 0.91 \times 1.29 = 0.17$$

4. ROE와 ROA의 비교

ROE는 ROA와 더불어 경영성과를 측정하고 그 원인을 분석하는 데 유용한 측정치라고 할 수 있다. ROE를 세 가지 재무비율로 분해할 수 있다는 것은, 곧 경영자가 ROE를 통제하기 위하여 사용할 수 있는 수단이 세 가지 있다는 의미이다. 경영자가 ROE라는 경영성과지표를 높이기 위해서는 첫째, 매출액에서 실현되는 순이익의 규모를 증가시켜야 하며, 둘째, 자산의 활용도를 제고시켜야 하고, 셋째, 타인자본을 활용하여 레버리지효과를 증대시켜야 한다.

ROE와 ROA의 차이점은 ROA에 레버리지비율과 관련된 자기자본승수가 곱해진다는 점이다. ROA에서는 자산의 활용도 측정 시 자기자본과 타인자본의 총계인 총자본의 활용도만을 측정하므로 재무구조의 위험에 대한 정보는 제시하지 못한다. 그러나 ROE는 기업의 경영성과를 측정할 때 ROA에서 나타나지 않은 재무구조 측면도 분석한다. 예를 들어, 기업 A의 ROA는 10%이며 부채비율은 50%인 반면, 기업 B의 ROA는 기업 A와 마찬가지로 10%이지만 부채비율은 80%라고 가정하자. 이 경우 기업 A의 ROE는 15%이지만, 기업 B의 ROE는 18%로 기업 A보다 성과가 높은 것으로 측정된다. 따라서 ROE를 결정하는 요인에서는 기업의 재무구조정책이 높게 반영된다는 사실을 알 수 있다.

ROE를 분석할 때에는 ROE를 결정하는 요인 중에서 레버리지비율이 과도한 부채의존도에 의해 이루어지지 않는지에 대해서 검토해 볼 필요가 있다. 경영자가 ROE를 증가시키기 위해 과도한 부채를 부담할 경우 단기적인 경영성과는 향상될지 모르지만, 이에 수반하는 재무위험이 증가하는 양면성이 존재하기 때문이다.

5. 듀퐁시스템

듀퐁시스템(Du Pont system)은 미국의 듀퐁(Du Pont)사가 개발하여 1920년대부터 사용되기 시작한 기법으로, ROA 또는 ROE를 결정하는 재무요인을 체계적으로 관찰해서 문제가 발생되는 재무요인을 중점적으로 통제하는 방법이다.

듀퐁시스템은 [그림 4-2]와 같이 ROE와 관련된 재무요인들의 관계를 나타낸 그림인 ROE 차트로 표현된다.

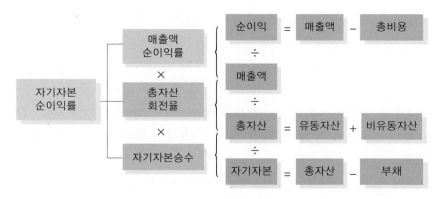

[그림 4-2] 듀퐁시스템에 의한 ROE 차트

ROE 차트에서 ROE를 구성하는 매출액순이익률, 총자산회전율, 자기자본승수는 비율분석에서 사용되는 각 항목들의 결합으로 표시된다. 경영자들은 ROE 차트를 활용하여 수익성과 활동성, 재무구조의 세부 항목들을 조정할 수 있으므로 기업 전체적인 통제 측면에서 유용한 기법이다. 듀퐁시스템은 기업의 경영성과와 그 효율을 ROE와 관계된 재무요인을 중심으로 체계적으로 분석·통제하는 것으로, 재무비율들을 기업 전체적 입장에서 유기적으로 파악하는 종합적인 비율분석 중의 하나이다.

듀퐁시스템은 다음과 같은 면에서 유용성을 갖는다.

첫째, ROE는 기업의 활동성비율과 수익성비율, 레버리지비율로 분해되므로 경영자는 대표적인 기업활동의 측면을 동시에 분석할 수 있다. 따라서 기업의 경영성과와 문제점을 기업 전체적인 입장에서 종합적으로 진단하고 평가할 수 있다.

둘째, 기업 내 각 부서에 종사하는 경영자나 종업원들에게 그들 부서의 업무에 대한 책임과 경영성과의 극대화라는 기업목표와의 관계를 명확하게 인식시킴으로써 각 부문활동이 기업의 목표와 직결되도록 한다.

셋째, ROE와 이에 관계된 모든 재무요인을 하나의 그림으로 표현해 주므로 재무제표에 대한 지식이 없는 사람도 한눈에 쉽게 이해할 수가 있다.

6. ROA와 ROE의 구성요소

(1) 매출액순이익률

ROA와 ROE에 공통적으로 영향을 미치는 첫 번째 구성요소는 매출액순이익률이다. 매출액순이익률은 당기순이익을 매출액으로 나눈 비율로, 생산 및 판매활동에 따른 기업의 총체적인 수익성을 나타내는 지표이다. 매출액순이익률은 기업의 가격정책이나 영업환경에 영향을 받는다. 산업마다 제품의 특성이나 경쟁 정도가 상이하기 때문에 매출액순이익률은 큰 차이를 보인다. 이때 매출액순이익률 자체만을 대상으로 산업 간의 특성을 비교하기보다는 총자산회전율과 관련하여 비교하는 것이 더욱 의미가 있다. 대체로 매출액순이익률이 높은 회사는 총자산회전율이 낮고, 매출액순이익률이 낮은 회사는 총자산회전율이 높은 경향을 보이는 등 매출액순이익률과 총자산회전율은 역의 관계를 갖는다.

첨단기술을 활용하고 부가가치가 높은 제품을 생산하는 산업은 제품단위당 높은 이익을 실현하므로 매출액순이익률이 높다. 하지만 이러한 제품을 생산하는 과정에서는 고가의 기계나 첨단설비 등을 활용해야 하기 때문에 자산투자액이 증가해서 자산회전율은 낮아진다. 반면에 원가가 저렴하고 부가가치가 낮은 제품은 대량생산이 주종을 이루므로 매출액순이익률은 낮지만 자산회전율은 매우 높다.

(2) 총자산회전율

ROA와 ROE를 결정하는 두 번째 구성요소는 총자산회전율이다. 총자산회전율은 매출액을 총자산으로 나눈 비율로, 전체 자산이 매출을 발생시키는 데 어느 정도 활발하게 이용되었는가를 나타내는 척도이다.

총자산회전율은 생산되는 제품의 특성이나 기업의 경쟁전략에 따라 기업마다 상당히 다르다. 총자산회전율이 낮다는 것은 기업이 자산에 많은 투자를 해서 자본집약적인 생산방식을 취하고 있다는 의미이며, 총자산회전율이 높다는 것은 규모가 낮은 자산을 활발하게 이용하고 있다는 의미이다.

자산의 이용도를 구체적으로 알기 위해서는 전체 자산에서 유동자산과 비유동자산이 어느 정도 차지하는지에 대한 자산구조를 파악해야 한다. 또한 유동자산과 비유동자산의 회전율을 별도로 측정하여야 한다. 비유동자산회전율은 기업이 비유동자산을 얼마나 효율적으로 활용하고 있는지를 측정하는 자료이다. 이 비율이 낮다는 것은 주어진 비유동자산을 비효율적으로 사용하고 있거나 비유동자산을 과다하게 보유하고 있다는 의미이다.

비유동자산회전율이 높다고 해서 반드시 좋은 것만은 아니다. 왜냐하면 감가상각이 거의 완료된 낙후된 설비를 가지고 있는 경우에도 비유동자산회전율이 높게 나타나기 때문이다. 도·소매업은 건물 이외에는 별다른 비유동자산 없이 박리다매 형태의 영업을 하므로 비유동자산회전율이 높다. 이에 비해 제조기업은 기계설비 등의 비유동자산에 대한 투자가 많으므로 비유동자산회전율이 낮은 것이 일반적이다.

(3) 재무레버리지

ROE에 영향을 미치는 세 번째 변수는 재무레버리지이다. 재무레버리지는 총자산을 자기자본으로 나눈 값인 자기자본승수로, 기업이 타인자본을 많이 사용할수록 증가한다. 하지만 경영자가 ROE를 제고시키기 위해 매출액순이익률, 총자산회전율, 재무레버리지를 가능한 한 모두 높이는 것이 반드시 최선은 아니다. 재무레버리지를 높이면 ROE가 증대되는 효과가 있는 반면, 재무위험도 같이 증대된다는 부정적인 측면도 존재하기 때문이다. 부채 사용에 따른 이자비용이 저렴하기 때문에 경영자는 높은 이익을 달성하기 위해서 자기자본보다는 부채에 의존할 유인을 갖는다. 하지만 과도한 부채 사용에 따른 재무레버리지 증가에는 파산위험도 수반되어 증대된다는 부정적인 측면도 있으므로, 경영성과의 평가 시에는 재무구조의 안전성을 어떻게 결정하는가도 중요한 사항이라고 할 수 있다.

사례 : 산업별 ROA와 ROE 분석

포스코가 속한 제1차 금속산업과 도매 및 상품중개업의 ROA와 ROE를 비교·분석하기로 하자. 한국은행의 기업경영분석에서 2004년도 제1차 금속산업의 ROA는 11.96%이며, 이는 매출액순이익률인 9.95%와 총자산회전율 1.20으로 분해된다.

한편 2004년도의 도매 및 상품중개업의 ROA는 7.79%인데, 이를 매출액순이익률과 총자산회전율로 분해하면 각각 3.63%와 2.14이다. 따라서 제조업 중에서 중화학산업인 제1차 금속산업의 ROA는 도매 및 상품중개업에 비해 상대적으로 매출액순이익률이 높은 반면, 총자산회전율은 낮다는 것을 확인할 수 있다.

제1차 금속산업의 ROA＝9.95%×1.202＝11.96%
도매 및 상품중개업의 ROA＝3.63%×2.146＝7.79%

이제 제1차 금속산업과 도매 및 상품중개업의 ROE를 비교·분석해 보자. 제1차 금속산업의 ROE는 21.32%이다. ROE는 ROA에 자기자본비율의 역수를 곱하여 산출되기 때문에 ROE를 ROA로 나누면 자기자본비율의 역수인 1.78이 산출된다. 또한 2004년도의 자기자본비율은 57.41%이므로 이에 대한 역수는 1.74이다. 도매 및 상품중개업의 ROE는 21.11%로 제1차 금속산업보다 약간 낮다. 도매 및 상품중개업의 ROA가 제1차 금속산업에 비해 낮았음에도 불구하고 ROE가 대폭적으로 증가한 것은 재무레버리지가 높다는 데에서 기인한다. 도매 및 상품중개업의 ROE를 ROA로 나눈 자기자본비율의 역수는 2.71이며, 자기자본비율은 38.89%이다.

제1차 금속산업의 ROE＝9.95%×1.202×1.783＝21.32%
도매 및 상품중개업의 ROE＝3.63%×2.146×2.710＝21.11%

4.6 ⟶ 재무비율을 이용한 종합평가

제3장에서 학습한 비율분석과 이 장에서 학습한 내용을 중심으로 사례분석 대상기업인 포스코의 경영활동에 관한 제반 부문에 대해 종합적인 결과를 평가하기로 한다. 종합적인 분석에서는 분석대상기업의 평가는 물론 이에 대한 경제 전체적인 측면과 산업적 측면에서도 원인분석이 병행되어야 한다.

1. 유동성 부문

포스코는 유동성 측면에서 2005년 이후에 양호한 상태가 지속되어 단기채무 지급능력이 산업평균에 비해 월등하다고 볼 수 있다. 이같은 추세는 외환위기 이후에 재무구조를 개선하려는 기업들의 투자활동이 위축된 대신 유동성 자산에서 현금성 자산을 축적하려는 경향에서 기인한다. 포스코의 경우에도 투자활동을 나타내는 비유동자산의 규모가 2005년 이후 정체되어 있으며, 전체 자산구조에서도 비유동자산의 비중이 유동자산의 비중보다 낮아지는 등 상대적으로 유동성이 높아졌다고 볼 수 있다.

2. 레버리지 부문

포스코의 부채비율은 지속적으로 낮아지는 추세를 보이고 있으며, 이자비용 또한 감소하는 등 재무 안정성이 높아지는 특성을 보인다. 이는 외환위기 이후에 국내 기업들이 추진한 재무구조 개선 노력과도 연관이 있을 것이다. 전체적으로 외환위기 이후 국내 기업들은 과도한 부채의존도로 대표되는 과거 성장 위주의 차입경영에서 벗어나는 경영방침을 추구하고 있다. 이같이 산업 전체적으로 재무구조가 개선된 이유는 정부 주도로 대기업의 부채비율을 일정 비율로 낮추고자 하는 재무구조 개선정책을 추진하였기 때문이다. 이같이 차입금의존도가 감소함과 동시에 금리가 낮아짐에 따라 기업들이 부담하는 금융비용도 감소하여 부채상환능력은 대폭적으로 증가하였다.

3. 활동성 부문

포스코의 매출채권회전율은 산업평균비율을 소폭 상회하고 있으며, 이는 결과적으로 유동자산이 매출로 신속히 전환됨을 의미한다. 이같이 높은 활동성은 결과적으로 영업활동으로 인한 매출액의 급격한 증가가 주된 이유라고 할 수 있다. 하지만 총자산회전율과 비유동자산회전율은 산업평균비율보다 낮은데, 이는 설비투자자산이 높은 비중을 차지하는 포스코에서 비효율적인 과잉투자가 이루어졌음을 의미한다.

4. 수익성 부문

2005년 이후에 전반적인 수익성 지표들은 지속적으로 개선되는 추세를 보이고 있다. 수익성이 개선된 주요한 이유는 매출액의 급격한 신장과 매출원가, 판매비 및 관리비 구성비율의 감소 등 비용구조의 개선 등에 있다고 볼 수 있다. 영업외비용에서 큰 비중을 차지하는 이자비용도 차입금의존도의 감소에 따라 절감되면서 수익성 호전에 큰 기여를 하였다.

1_ HSE(주)는 월의 지수법을 적용하여 경영상태를 분석하고자 한다. 재무제표 자료를 이용하여 재무비율과 관계비율을 계산하고, 종합점수를 계산하시오.

(단위 : 100만 원)

대차대조표		손익계산서	
자 산	1,760	매출액	660
유동자산	810	매출원가	300
현 금	110	매출총이익	360
매출채권	300	판매비 및 관리비	150
재고자산	400	급 여	50
비유동자산	950	광고선전비	20
토 지	450	임차료	70
건 물	500	감가상각비	10
부 채	1,140	영업이익	210
유동부채	670	영업외수익	20
매입채무	330	이자수익	20
미지급비용	340	영업외비용	100
비유동부채	470	이자비용	100
장기차입금	270	법인세차감전순이익	130
사 채	200	법인세비용(30%)	39
자 본	620	당기순이익	91

항 목	가중치(%)	재무비율	표준비율	관계비율
유동비율(%)	25		110.18	
부채비율(%)	25		120.36	
비유동비율(%)	15		140.02	
매출채권회전율(회)	10		3.28	
재고자산회전율(회)	10		9.24	
비유동자산회전율(회)	10		1.24	
자기자본회전율(회)	5		0.94	
매입채무회전율(회)	–		1.52	

2_ 다음 표는 S전자와 L전자의 지난 4년간 재무비율의 일부를 나타내고 있다. 물음에 답하시오.

재무비율	S전자				L전자			
	2005	2006	2007	2008	2005	2006	2007	2008
유동비율(%)	143.5	146.7	160.1	170.4	62.6	74.1	82.9	76.5
부채비율(%)	41.7	33.3	27.2	27.4	237.2	221.8	163.8	127.8
비유동장기적합률(%)	86.0	85.7	85.1	86.1	132.9	121.3	110.3	113.9
총자산회전율(회)	1.3	1.2	1.4	1.2	1.4	1.9	2.0	1.7
매출액순이익률(%)	17.7	13.7	18.7	13.3	2.0	3.3	6.3	3.0
자기자본순이익률(%)	32.2	22.2	33.8	20.6	9.2	20.4	36.3	12.6

(1) S전자와 L전자의 재무비율에 대한 추세분석을 실시하여 각 기업의 상대적 강점과 약점을 평가하시오.
(2) 두 기업의 자기자본순이익률이 차이가 나는 이유에 대해서 설명하시오.

연구과제

1_ 한국거래소에 상장된 기업을 선택하고, 2004~2008년도 금융감독원 전자공시시스템의 재무제표자료를 이용하여 지수형 대차대조표를 작성하고 분석하시오.

2_ 한국거래소에 상장된 기업 중 동일한 산업에 속한 2개의 기업을 선택하고, 2004~2008년도 금융감독원 전자공시시스템의 재무제표자료를 이용하여 공통형 재무제표를 작성하고 비교·분석하시오.

3_ 한국거래소에 상장된 기업을 선택하고, 2004~2008년도 금융감독원 전자공시시스템의 재무제표자료와 한국은행의 『기업경영분석』을 이용하여 월의 지수법으로 평가하시오.

4_ 음식료품업과 화학제품업에 속한 기업의 ROE를 매출액순이익률, 총자산회전율, 자기자본승수로 분해하여 각 비율을 비교하고, ROE를 증대시키기 위한 전략을 수립하시오.

재무비율분석의 응용 – 현대모비스

1단계 : 증감형 대차대조표 작성 및 자산, 부채의 변화분석

제3장의 CASE STUDY 자료를 이용하여 증감형 대차대조표를 작성한다.

1. 증감형 대차대조표

1) 증감액 기준

(단위 : 100만 원)

과 목	2007	2006	2005	2004	2003	2002	2001
자산							
1. 유동자산	−59,748	463,077	406,454	341,364	176,240	396,665	979,752
(1) 당좌자산	−117,444	461,675	320,243	302,756	153,194	364,653	725,150
(2) 재고자산	57,696	1,402	86,211	38,608	23,046	32,012	254,602
2. 비유동자산	626,367	282,438	399,749	532,526	346,171	151,714	1,734,850
(1) 투자자산	454,262	296,030	326,279	404,272	158,467	220,918	941,031
(2) 유형자산	164,944	6,270	54,573	92,977	149,538	−60,922	681,036
(3) 무형자산	8,409	−50,921	25,180	26,502	1,658	−8,282	112,783
(4) 기타	−1,248	31,059	−6,283	8,775	36,508	0	0
자산총계	566,619	745,515	806,203	873,890	522,411	548,379	2,714,602
부채							
1. 유동부채	−244,638	212,018	332,651	267,857	159,147	165,240	873,885
2. 비유동부채	99,472	−17,595	−196,246	96,194	−56,955	−6,516	842,245
부채총계	−145,166	194,423	136,405	64,051	102,192	158,724	1,716,130
자본							
1. 자본금	8,333	547	917	3,491	2,446	31,000	395,036

과 목						
2. 자본잉여금	45,079	3,091	496	19,833	4,731	36,778	196,960
3. 이익잉여금	665,540	556,872	707,141	586,356	334,262	353,033	369,554
4. 자본조정	−94,124	−1,432	−113	−20,618	−2,907	−31,156	36,923
5. 기타 포괄손익	86,957	−7,986	−38,643	−79,223	81,686	0	0
자본총계	711,785	551,092	669,798	509,839	420,218	389,655	998,473
부채와 자본총계	566,619	745,515	806,203	873,890	522,410	548,379	2,714,603

2) 증가율 기준

(단위 : %)

과 목	2007	2006	2005	2004	2003	2002
자산						
1. 유동자산	−2.2	20.1	21.5	22.0	12.8	40.5
(1) 당좌자산	−5.0	24.7	20.7	24.4	14.1	50.3
(2) 재고자산	13.2	0.3	24.8	12.5	8.0	12.6
2. 비유동자산	18.2	8.9	14.5	23.9	18.3	8.7
(1) 투자자산	19.4	14.4	18.9	30.6	13.6	23.5
(2) 유형자산	17.9	0.7	6.3	12.1	24.1	−8.9
(3) 무형자산	7.9	−32.3	19.0	25.0	1.6	−7.3
(4) 기타	−1.8	79.6				
자산총계	9.1	13.6	17.3	23.1	16.0	20.2
부채						
1. 유동부채	−12.2	11.8	22.7	22.4	15.3	18.9
2. 비유동부채	15.0	−2.6	−22.4	12.4	−6.8	−0.8
부채총계	−5.4	7.8	5.8	18.4	5.5	9.2
자본						
1. 자본금	1.9	0.1	0.2	0.8	0.6	7.8
2. 자본잉여금	17.2	1.2	0.2	8.3	2.0	18.7
3. 이익잉여금	22.9	23.7	43.0	55.5	46.3	95.5
4. 자본조정	487.6	8.0	0.6	−720.9	−50.4	−84.4
5. 기타 포괄손익	−196.9	22.1				
자본총계	20.1	18.4	28.9	28.2	30.3	39.0
부채와 자본총계	9.1	13.6	17.3	23.1	16.0	20.2

2. 변화에 대한 설명

1) 자산 측면

① 유동자산에는 현금 및 현금성 자산, 단기금융상품, 매출채권, 단기대여금, 재고자산 등이 해당된다. 유동자산의 크기는 2007년을 제외하고는 지속적으로 증가함을 알 수 있다.

② 당좌자산은 즉시 현금화되어 유동부채의 지급에 충당 가능한 자산으로, 당좌자산이 유동부채를 조금 초과하는 상태에서 거의 비례함을 알 수 있으며, 2007년을 제외하고는 거의 증가하였다.

③ 비유동자산의 크기는 지속적으로 증가하였으며, 투자자산 역시 매년 증가하였다. 유·무형자산의 크기는 변동은 있으나 그 비중은 일정한 수준을 유지하고 있다.

④ 2007년에는 유동자산과 당좌자산이 감소하였으나, 유동부채의 감소 폭이 당좌자산의 감소 폭보다 크다. 그리고 비유동자산 중 투자자산이 대폭 증가하여 회사의 호전된 재무상황을 투자자산(기업의 유휴자금을 활용하여 장기적으로 투자이윤을 얻거나, 타회사를 지배·통제하기 위해 보유하는 자산)에 투자한 것을 알 수 있다.

2) 부채 측면

① 유동·비유동부채의 크기는 일정 수준을 유지하고 있으며, 자산 증가에 비해 총부채의 크기는 지속적으로 일정 수준을 유지하고 있다.

② 2002~2003년, 2005~2006년 비유동부채의 감소는 대차대조표상 회사의 자산이 증가하고 있어, 회사의 영업이익 및 당기순이익의 증가에 기인한 현금흐름 개선으로 부채의 차입이 일정 수준에서 늘지 않고 있다고 판단된다.

③ 거의 매년 매출이 늘어남에도 불구하고 부채는 거의 증가하지 않고 있기 때문에 재무적으로는 상당히 보수적으로 운영함을 알 수 있다.

3) 자본 측면

① 이익잉여금이 매년 상승하고 있으며, 이는 영업활동에 의한 당기순이익의 증가에서 기인한다고 판단된다.

② 자본잉여금은 꾸준히 증가하고 있으나, 이는 자본거래(주식의 납입, 환급, 자본의 수정 등)에 의해 나타난 잉여금으로 매출액 증가와는 직접적으로 관련이 없다.

2단계 : 공통형 재무제표 작성 및 추세분석

1. 공통형 대차대조표 작성

(단위 : %)

과 목	2007	2006	2005	2004	2003	2002	2001
자산							
1. 유동자산	39.9	44.5	42.1	40.7	41.0	42.2	36.1
(1) 당좌자산	32.6	37.5	34.1	33.2	32.8	33.4	26.7
(2) 재고자산	7.3	7.0	7.9	7.5	8.2	8.8	9.4
2. 비유동자산	60.1	55.5	57.9	59.3	59.0	57.8	63.9
(1) 투자자산	41.3	37.8	37.5	37.0	34.9	35.6	34.7
(2) 유형자산	16.1	14.9	16.8	18.5	20.3	19.0	25.1
(3) 무형자산	1.7	1.7	2.9	2.8	2.8	3.2	4.2
(4) 기타	1.0	1.1	0.7	1.0	1.0	0.0	0.0
자산총계	100.0	100.0	100.0	100.0	100.0	100.0	100.0
부채							
1. 유동부채	26.1	32.4	32.9	31.5	31.7	31.8	32.2
2. 비유동부채	11.2	10.6	12.4	18.8	20.6	25.6	31.0
부채총계	37.3	43.0	45.3	50.2	52.2	57.5	63.2
자본	0.0	0.0	0.0	0.0	0.0	0.0	0.0
1. 자본금	6.5	7.0	7.9	9.3	11.3	13.1	14.6
2. 자본잉여금	4.5	4.2	4.7	5.5	6.3	7.2	7.3
3. 이익잉여금	52.7	46.8	43.0	35.3	27.9	22.1	13.6
4. 자본조정	−1.7	−0.3	−0.3	−0.4	0.1	0.2	1.4
5. 기타 포괄손익	0.6	−0.7	−0.7	0.1	2.2	0.0	0.0
자본총계	62.7	57.0	54.7	49.8	47.8	42.5	36.8
부채와 자본총계	100.0	100.0	100.0	100.0	100.0	100.0	100.0

2. 추세분석

1) 자산

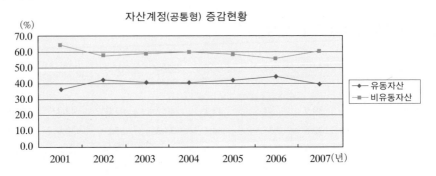

자산계정(공통형) 증감현황

[자산항목]

유동자산과 비유동자산의 비중은 2001년에 유동자산의 비중이 낮고 비유동
자산의 비중이 높았으며, 2002~2004년까지 안정적인 추세를 보이다가
2005~2006년 동안 유동자산의 비중이 증가하고 비유동자산의 비중이 감소하
여 2006년에 가장 근접한 상태를 유지하였다. 그 후 2007년에 다시 유동자산은
감소하고 비유동자산이 증가하는 추세를 보이고 있다.

2) 부채 및 자본

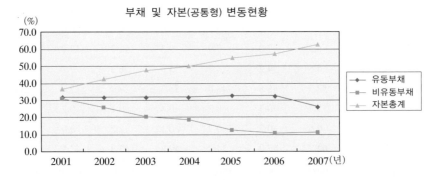

부채 및 자본(공통형) 변동현황

[부채항목]

유동부채의 비중은 연도별로 동일한 비중을 보이다가 2007년에 다소 감소하였
으며, 장기성인 비유동부채의 비중은 지속적으로 감소추세를 이어 오다가 2007
년에 그 추세가 멈추었다. 하지만 자본총계가 지속적으로 상승하고 있어 총자
산 대비 부채가 차지하는 비중은 점차적으로 낮아지는 추세를 보이고 있다.

[자본항목]

전체 자본의 구성비 중 영업활동에서 오는 이익잉여금의 비중이 지속적으로 증가하고 있으며, 이에 따라 총자산 중 자본이 차지하는 비중이 매년 지속적으로 상승하고 있다.

3. 공통형 손익계산서

(단위 : %)

과 목	2007	2006	2005	2004	2003	2002	2001
매 출 액	100.0	100.0	100.0	100.0	100.0	100.0	100.0
매 출 원 가	81.2	81.1	80.5	78.7	79.0	79.2	75.6
매 출 총 이 익	18.8	18.9	19.5	21.3	21.0	20.8	24.4
판 매 비 와 관 리 비	9.1	8.9	9.1	9.6	9.6	10.5	12.4
영 업 이 익	9.7	10.0	10.4	11.7	11.4	10.3	12.1
영 업 외 수 익	4.7	4.7	5.6	5.3	5.2	6.1	8.7
영 업 외 비 용	2.1	2.2	2.1	1.9	2.5	4.1	6.5
법인세비용차감전순이익	12.3	12.5	14.0	15.1	14.1	12.4	14.2
법 인 세 비 용	3.2	4.1	3.5	4.2	3.7	3.7	4.9
당 기 순 이 익	9.1	8.4	10.5	10.8	10.4	8.7	9.3

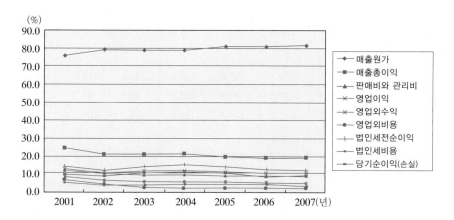

매출액 대비 매출원가는 2002년 3.6% 대폭 상승한 이후 지속적으로 0.5%대의 인상수준을 유지하고 있어 2007년이 2001년에 비해 5.6%나 상승하였다. 이는 영업이익과 당기순이익에 반영되어 각종 이익지표들이 지속적으로 감소추세를 보이고 있다는 것을 의미한다. 한편, 2003~2004년에는 매출액 대비 매출

원가가 0.2~0.3% 감소세로 돌아섬으로써 영업이익이 다른 해에 비해 약 1.0% 내외의 상승 폭을 기록했으며, 당기순이익 역시 10.4~10.8%의 높은 수준을 유지했다.

3단계 : 지수형 대차대조표 작성 및 추세분석

1. 지수형 대차대조표 작성

(단위 : %)

과 목	2007	2006	2005	2004	2003	2002	2001
자산							
1. 유동자산	276.0	282.1	234.8	193.3	158.5	140.5	100.0
(1) 당좌자산	304.8	321.0	257.3	213.2	171.4	150.3	100.0
(2) 재고자산	193.9	171.2	170.7	136.8	121.6	112.6	100.0
2. 비유동자산	234.8	198.7	182.4	159.4	128.7	108.7	100.0
(1) 투자자산	297.7	249.4	217.9	183.3	140.3	123.5	100.0
(2) 유형자산	159.8	135.6	134.7	126.7	113.0	91.1	100.0
(3) 무형자산	102.3	94.8	140.0	117.6	94.1	92.7	100.0
(4) 기타							
자산총계	249.7	228.8	201.3	171.6	139.4	120.2	100.0
부채							
1. 유동부채	202.1	230.1	205.8	167.8	137.1	118.9	100.0
2. 비유동부채	90.3	78.5	80.6	103.9	92.5	99.2	100.0
부채총계	147.2	155.7	144.4	136.4	115.2	109.2	100.0
자본							
1. 자본금	111.8	109.7	109.6	109.4	108.5	107.8	100.0
2. 자본잉여금	155.9	133.0	131.4	131.1	121.1	118.7	100.0
3. 이익잉여금	966.8	786.7	636.0	444.6	286.0	195.5	100.0
4. 자본조정	307.2	−52.3	−48.4	−48.1	7.7	15.6	100.0
5. 기타 포괄손익							
자본총계	425.7	354.4	299.3	232.2	181.1	139.0	100.0
부채와 자본총계	249.7	228.8	201.3	171.6	139.4	120.2	100.0

2. 추세분석

1) 자산

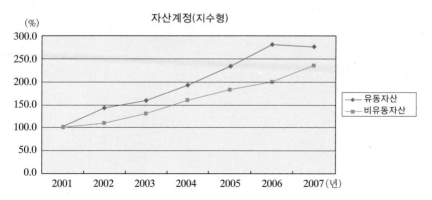

자산계정(지수형)

[자산항목]

　유동자산과 비유동자산 모두 2001~2006년까지 지속적으로 증가추세를 유지
해 왔다. 비유동자산은 2007년에도 지속적으로 증가추세를 이어가고 있으나,
유동자산은 증가추세를 멈추고 감소추세로 변화를 보이고 있다.

2) 부채 및 자본

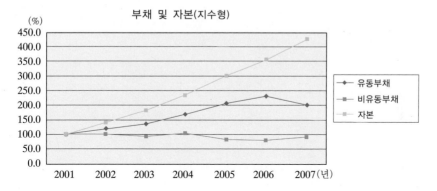

부채 및 자본(지수형)

[부채항목]

　부채는 유동부채가 2001~2006년까지 지속적으로 상승하고 있다가 2007년에
감소추세로 돌아섰으며, 비유동부채는 일정한 수준을 유지하고 있는 편이다.
그러나 자본이 2001~2007년까지 지속적으로 증가하고 있는 것을 고려할 때 유
동부채는 일정 수준 양호한 상태를 유지하고 있는 것으로 볼 수 있으며, 비유
동부채는 상대적으로 감소하고 있는 것으로 볼 수 있다.

[자본항목]

　전체 자본항목 중 영업활동과 관계되는 이익잉여금은 2001년 이후 지속적으로 매년 100%대의 성장세를 이어가고 있으며, 2007년에는 2001년 대비 866.8% 성장하였다. 이에 따라 2007년 자본총계는 2001년 대비 426%나 성장하였다.

제3편

미래 재무성과의 예측

제5장

영업 · 재무위험분석

개관

기업경영에서 발생하는 총비용은 생산 및 판매활동과 관련된 영업비용과, 자본조달활동에서 타인자본(부채)의 대가로 지급되는 이자비용으로 구분된다. 영업활동수준과 관계없이 발생하는 고정영업비와 이자비용인 고정재무비를 부담하는 것이 레버리지(leverage)이다. 레버리지분석은 바로 총비용 중에서 고정영업비용과 고정재무비용이 차지하는 비중이 영업이익 및 세후순이익의 변동에 미치는 영향을 분석하는 방법이다. 이 장에서는 레버리지의 개념을 이해한 다음, 이익계획에서 중요한 손익분기점분석에 대해 학습한다. 또한 고정영업비와 관련된 영업레버리지와, 고정재무비와 관련된 재무레버리지의 계산과정을 이해하고, 이 두 레버리지가 결합된 레버리지를 설명하도록 한다.

5.1 ● 레버리지분석의 의의

1. 레버리지의 의의

레버리지(leverage)의 사전적 의미는 '지렛대의 작용' 또는 '어떤 목적에 영향을 미치는 추가된 수단' 등이다. 지렛대의 원리를 이용하면 무거운 물건을 힘들이지 않고 쉽게 들어올릴 수 있다. 레버리지는 이와 같은 지렛대의 원리를 기업경영에도 활용하여 나타나는 현상을 의미한다.

기업경영에서 지렛대 장치의 역할을 하는 것은 고정영업비용과 고정재무비용이다. 총비용 중에서 고정영업비용이 차지하는 비중을 높게 조정함으로써 판매량의 변화에 따라 그보다 높은 비율로 영업이익이 변화하는 효과를 얻을 수 있으며, 고정재무비용의 비중을 높게 조정함으로써 영업이익의 변화에 따라 순이익이 그보다 높은 비율로 변화하는 효과를 얻을 수 있다. 이와 같이 고정영업비용과 고정재무비용이 지렛대 역할을 하기 때문에 판매량이 작은 비율로 변동하더라도 영업이익이나 순이익은 그보다 높은 비율로 변동하는 현상이 일어난다. 이러한 효과를 레버리지효과라고 한다.

2. 레버리지의 종류

레버리지는 비유동자산을 보유함으로써 고정영업비용을 부담하는 영업레버리지(operating leverage)와 타인자본을 사용함으로써 고정재무비용을 부담하는 재무레버리지(financial leverage), 그리고 영업레버리지와 재무레버리지를 결합한 것으로서 비유동자산과 타인자본의 사용으로 인해 고정비용을 부담하는 결합레버리지(combined leverage)로 구분할 수 있다. 〈표 5-1〉은 매출액으로부터 순이익이 계산되는 과정에서의 영업레버리지와 재무레버리지, 그리고 결합레버리지를 나타내고 있다.

〈표 5-1〉 손익계산서와 레버리지

(단위 : 100만 원)

매출액	850	(-15%)	1,000	(+15%)	1,150	영업	결합
고정비	300		300		300	레버리지	
변동비	340		400		460		
영업이익	210	(-30%)	300	(+30%)	390		레버리지
이자비용	100		100		100	재무	
세전이익	110		200		290	레버리지	
법인세(40%)	44		80		116		
세후순이익	66	(-45%)	120	(+45%)	174		

혜화전자의 금년 매출액이 10억 원이라고 가정하자. 만일 내년에 혜화전자의 매출액이 15% 증가한 11억 5,000만 원이 되면 영업이익은 3억 원에서 30%가 증가하여 3억 9,000만 원이 되고, 반대로 매출액이 15% 감소하여 8억 5,000만 원이 되면 영업이익은 반대로 3억 원에서 30%가 감소하여 2억 1,000만 원이 된다. 따라서 혜화전자의 금년도 매출액을 기준으로 내년도에 예상되는 변화율인 15%에 따라 변동하는 영업이익의 변화율은 30%이다. 이와 같이 매출액의 변화율보다 영업이익의 변화율이 크게 나타나는 것은 고정영업비 때문이며, 이것이 영업레버리지효과이다.

또한 영업이익이 30% 증가할 경우 세후순이익은 1억 2,000만 원에서 45% 증가한 1억 7,400만 원이 되며, 반대로 영업이익이 30% 감소하면 세후순이익은 6,600만 원으로 45% 감소하여 영업이익의 변화율에 비해 세후순이익의 변화율의 확대효과가 나타난다. 이같은 확대효과는 고정재무비용인 이자비용 때문에 발생하며, 이를 재무레버리지효과라고 한다.

종합적으로 매출액이 금년보다 15% 변동하면 세후순이익은 매출액 변동의 3배인 45% 증감하는 효과를 가져온다. 이것은 고정영업비용과 고정재무비용이 지렛대 역할을 하여 확대효과가 나타난 결과이며, 이를 결합레버리지효과라고 한다.

이와 같이 기업이 의사결정을 할 때에는 미래의 매출액을 예측하는 것도 중요하지만, 매출액의 변화에 따른 이익의 변화양상을 분석하는 일도 중요하다. 이러한 분석을 레버리지분석(leverage analysis)이라고 한다.

3. 기업위험과 레버리지

재무분석에서 말하는 위험(risk)이란 보통 이익의 변동성을 의미한다. 기업의 경영활동과정에서 발생하는 위험은 크게 영업위험과 재무위험으로 분류된다.

영업위험(operating risk)이란 기업의 투자결정, 생산활동, 마케팅활동 등 영업활동에 따른 영업이익의 변동성을 말한다. 영업위험, 즉 영업이익의 변동성을 가져오는 기본적인 원인은 비용 중에 고정영업비가 존재하기 때문이다. 총영업비용 중 고정영업비가 차지하는 비중이 높을수록 영업위험은 높아진다. 즉, 투자정책이나 영업정책에 따라 비유동자산에 많이 투자하여 총영업비에서 고정영업비가 차지하는 비중이 높을수록 판매량의 변화에 따라 영업이익의 변동이 커지므로 영업위험은 영업비용의 구조에 의하여 결정된다. 자동차·철강·장치산업 등과 같은 자본집약적 산업은 비유동자산의 비중이 높기 때문에 영업위험이 높고, 섬유산업이나 신발산업 등과 같은 노동집약적 산업은 영업위험이 낮다.

결국 영업레버리지효과는 총영업비에서 고정적인 영업비가 존재하기 때문에 매출액의 변동보다 영업이익의 변동이 크게 나타나는 현상을 말하며, 고정영업비의 비중이 클수록 영업레버리지효과도 크게 나타난다.

재무위험(financial risk)은 자본조달정책결정과정에서 고정재무비용을 발생시키는 부채를 이용할 때 나타나는 위험을 의미한다. 부채의존도가 높을수록 고정재무비용의 비중이 증가하기 때문에 영업이익이 변동할 때 순이익이 그보다 높은 비율로 변동하는 재무위험을 수반한다. 따라서 업종에 관계없이 부채를 많이 사용하는 기업일수록 재무위험이 높아진다. 재무레버리지효과는 부채를 활용함에 따라 고정적인 이자비용을 부담하게 되어 영업이익의 변동보다 순이익의 변동이 크게 확대되는 현상을 말한다.

[그림 5-1] 기업위험과 레버리지

투자정책과 자본조달정책이 수익력의 크기와 질에 미치는 영향을 분석하는 일은 매우 중요한 의미를 갖는다. 수익력의 크기와 질을 분석하는 것은 비용구조의 변화에 따른 위험과 수익 간의 관계(risk-return relationship)를 검토함으로써 가능하다. 이러한 레버리지분석은 기업의 경영위험과 재무위험을 분석하는 수단이 된다.

이 장에서는 먼저 영업레버리지와 재무레버리지의 구체적인 분석방법을 알아보고, 두 레버리지를 통합한 결합레버리지의 분석방법을 설명하기로 한다.

5.2 손익분기점과 영업위험분석

1. 영업레버리지의 의의

영업레버리지는 총영업비용 중에서 고정영업비용이 차지하는 비중을 의미한다. 총자산 중에서 비유동자산의 비중이 높아질수록 고정영업비용의 부담이 증가하기 때문에 매출액의 변화가 영업이익의 크기와 질에 영향을 미치는데, 이러한 효과를 영업레버리지효과(operating leverage effects)라고 한다. 따라서 기계설비, 공장 등과 같은 비유동자산에 투자할 때에는 이와 같은 비용구조의 변화가 영업이익의 크기와 질에 어느 정도 영향을 미치는가를 검토해야한다. 다시 말해서, 매출액과 영업이익의 관계를 살펴보아야 한다.

많은 자본을 투자하는 자본집약적 기업들이 매우 높은 고정비를 부담하는 것은 고정비가 이익 확대의 요인으로 작용하기 때문이다. 고정영업비는 기업에 영업레버리지를 발생시키고, 이 영업레버리지를 사용하여 판매의 변화율보다 높은 영업이익을 창출한다.

영업레버리지를 이해하기 위해 다음의 예를 들어 보자. 〈표 5-2〉는 자동차를 생산하는 두 회사인 A와 B의 영업비에 관한 내역이다. A회사는 완전히 자동화 시설을 갖춘 자본집약적 기업이고, B회사는 부분적으로 자동화 시설을 갖춘 회사이다. A회사는 B회사보다 자본집약적이므로 비유동자산에 대한 투자 규모가 크며, 이는 A회사가 B회사보다 고정영업비용을 보다 많이 지출한다는 것을 의미한다. A회사와 B회사는 모두 총영업비로 150억 원을 지출하지만, A회사의 고정영업비가 차지하는 비중은 66.6%로 B회사의 고정영업비가 차지하는 비중보다 2배 높다. 따라서 영업레버리지의 정의에 따르면 1,000단위 생산수준에서 B기업보다 A기업의 영업레버리지가 높다. 〈표 5-2〉의 사례에서는 영업레버리지의 일반적인 개념을 볼 수 있다.

〈표 5-2〉 영업레버리지의 사례

	기업 A(완전자동)	기업 B(부분자동)
① 고정영업비용	10,000	5,000
② 단위당 변동영업비용	5	10
③ 제품단위수	1,000	1,000
④ 총변동비(②×③)	5,000	5,000
⑤ 총영업비(①+④)	15,000	15,000
⑥ 영업레버리지 = $\dfrac{고정영업비}{총영업비} \times 100$	$\dfrac{10,000}{15,000} \times 100 = 66.6\%$	$\dfrac{5,000}{15,000} \times 100 = 33.3\%$

영업레버리지분석은 매출액, 고정영업비용, 그리고 영업이익의 변화 사이에 나타나는 영향의 관계를 분석하는 것이다. 이 분석을 위하여 우선 매출액, 영업비용, 영업이익이 서로 어떤 관계에 있는가를 밝히는 손익분기점분석(break-even point analysis ; BEP)을 이해해야 한다.

2. 손익분기점분석

손익분기점(break-even point)은 기업의 생산 및 판매활동에서 총수입과 총비용이 일치함으로써 순이익이 0이 되는 수준을 말하는 경우가 일반적이다. 그러나 영업레버리지분석에서 손익분기점이란 매출액과 영업비용이 일치하여 영업이익이 0이 되는 점을 말한다. 손익분기점분석은 기업의 경영활동과정에서 발생하는 원가(cost), 매출액(또는 매출량 : volume), 이익(profit)의 상호관계를 분석하기 때문에 이를 CVP 분석(cost-volume-profit analysis)이라고도 한다.

기업에서 발생하는 모든 영업비용이 제품의 매출량에 비례하는 변동비라면 손익분기점분석은 필요가 없다. 왜냐하면 제품의 판매가격이 단위당 변동비보다 높다면 기업은 언제나 이익을 실현하며, 판매가격이 단위당 변동비보다 낮다면 기업은 항상 손실을 볼 것이기 때문이다. 그러나 기업이 정상적인 영업활동을 하기 위해서는 어느 정도의 고정영업비용을 부담해야 하기 때문에 판매가격이 단위당 변동비보다 큰 경우에도 매출량이 일정 수준까지 도달하지 못하면 손실을 가져오게 된다. 손익분기점분석은 총영업비용과 매출액의 관계를 고려하는 이익계획으로, 매출액이 어느 정도 되어야 총영업비용을 보상하고도 영업이익이 발생하는가를 알아보는 것이다. 이것을 규명하기 위해서는 먼저 영업비용을 고정영업비용과 변동영업비용으로 나누어 검토해야 한다.

고정영업비용(fixed operating cost ; FC)은 기업의 매출량에 관계없이 일정하게 발생하는 비용으로 건물과 기계의 감가상각비, 임차료, 경영진의 보수 등이 이에 속한다. 변동영업비용(variable operating cost ; VC)은 매출량에 비례하여 발생하는 비용으로 직접노무비, 직접재료비, 판매수수료 등이 이에 해당된다.

고정영업비용(FC)은 매출량에 관계없이 일정하며, 변동영업비용(VC)은 매출량에 정비례한다. 그러므로 제품 1단위 판매 시 소요되는 단위당 변동비를 V라고 하면 변동영업비용은 단위당 변동비인 V에 매출량(Q)을 곱하여 산출된다.

$$VC = V \cdot Q \tag{5-1}$$

총영업비용(total operating cost ; TC)은 변동영업비용과 고정영업비용을 합한 것이 된다.

$$TC = FC + VC = FC + V \cdot Q \tag{5-2}$$

반면에 매출액, 즉 총수익(TR)은 단위당 제품가격(P)과 매출량(Q)을 곱한 것으로서 다음과 같은 식으로 표시할 수 있다.

$$TR = P \cdot Q \tag{5-3}$$

(1) 손익분기점의 매출량과 매출액

손익분기점은 총수익과 총영업비용이 일치하는 점으로 이때 기업의 영업이익은 0이 된다. 이 손익분기점은 매출량 또는 매출액의 두 가지로 나타낼 수 있다. 즉, 제품 몇 개를 팔아야 영업이익이 0이 되는가, 또는 제품 얼마를 팔아야 영업이익이 0이 되는가 하는 두 가지로 관찰할 수 있다.

우선 매출량의 손익분기점을 살펴보자. 매출액과 영업비용이 일치할 때의 매출량을 앞서 사용한 기호를 써서 나타내면 다음과 같다.

$$P \cdot Q^* = FC + V \cdot Q^* \tag{5-4}$$

식 (5-4)에서 Q^*는 손익분기점에서의 매출량을 의미하므로 Q^*에 대해서 정리하면 식 (5-5)와 같다.

$$Q^* = \frac{FC}{P-V} \tag{5-5}$$

식 (5-5)의 분모인 단위당 판매가격에서 단위당 변동비를 차감한 $(P-V)$를 단위당 공헌이익(contribution margin ; CM)이라고 한다. 단위당 공헌이익은 제품 1단위 판매 시 증가하는 이익을 의미한다. 손익분기점 매출량은 고정비를 단위당 공헌이익으로 나눈 값이며, 손익분기점 매출액은 손익분기점의 매출량에 단위당 판매가격을 곱하여 산출된다.

예제 5.1

담배를 판매하는 혜화상회는 담배를 1갑당 800원에 사서 1,000원에 판매한다. 가게를 빌리는 데 한 달에 6만 원이 들며, 감가상각비로 2만 원이 들어서 고정비는 8만 원이 소요된다. 이런 경우에 재고가 전혀 없다고 가정할 때 한 달에 몇 갑을 팔아야 영업손실을 면할 수 있을까?

[풀이]

혜화상회의 손익분기점 매출량은 식 (5-5)를 이용하여 계산할 수 있다.

$$Q^* = \frac{FC}{P-V} = \frac{80,000}{1,000-800} = 400(갑)$$

즉 손익분기점은 400갑이며, 이 이상을 팔 때에는 영업이익이 발생하고, 이 이하를 팔 때에는 영업손실이 발생한다.

한편, 단위당 판매가격과 단위당 변동비가 주어지지 않아 손익분기점의 매출량(Q^*)을 구할 수 없는 경우가 있다. 이 경우에는 다음에 설명할 식 (5-8)을 이용한다.

손익분기점에서의 매출액을 TR^*라고 하고, 이때의 변동영업비용을 VC^*라고 하면 다음과 같은 식이 성립한다.

$$TR^* = FC + VC^* \tag{5-6}$$

변동영업비용이 매출액에서 차지하는 비율은 매출액의 수준과 관계없이 항상 일정하므로 다음 식이 성립한다.

$$VC^* = \frac{VC^*}{TR^*} \cdot TR = \frac{VC}{TR} \cdot TR^* \tag{5-7}$$

식 (5-7)을 식 (5-6)에 대입해 정리하면 다음 식이 도출된다.

$$TR^* = FC + \frac{VC}{TR} \cdot TR^*$$

$$\therefore \ TR^* = \frac{FC}{1-\dfrac{VC}{TR}} = \frac{FC}{1-\dfrac{V \cdot Q}{P \cdot Q}} = \frac{FC}{1-\dfrac{V}{P}} \tag{5-8}$$

단위당 공헌이익($P-V$)을 단위당 판매가격으로 나눈 값을 공헌이익률(contribution margin ratio ; CMR)이라고 하며, 식 (5-8)에서는 $(1-\dfrac{V}{P})$로 나타난다. 공헌이익률은 일정 수준의 매출액을 달성했을 때 그 매출액 중에서 고정영업비용을 보상하고 난 다음에 기업의 영업이익으로 공헌하게 되는 부분의 비율을 나타낸다. 즉, 매출액 1원 중에서 기업의 영업이익으로 귀속되는 부분을 나타내는 것이다. 예를 들어, 어떤 기업의 공헌이익률이 0.4라 하였을 때, 이는 이 기업이 제품을 100원어치 팔았을 경우 영업이익이 40원 증가함을 의미한다. 미래의 영업계획을 수립하려면 매출액의 손익분기점을 구하는 식 (5-8)이 매출량의 손익분기점을 구하는 식 (5-5)보다 훨씬 유용하다. 이는 기업에서 발표하는 손익계산서에는 매출량은 표시되어 있지 않고 비용과 매출액만 표시되어 있기 때문이다.

⠿ 예제 5.2

동숭회사의 올해 매출액은 50만 원이고 고정영업비용은 20만 원, 변동영업비용은 40만 원이다. 동숭회사의 올해 영업손익을 계산하시오. 또한 영업손실을 면하기 위해서는 달성해야 할 매출액이 얼마인지 계산하시오.

[풀이]

동숭회사의 매출액에서 총영업비용을 차감한 영업손익은 다음과 같다.

영업손익＝매출액－(고정영업비용+변동영업비용)
＝50만 원－(20만 원+40만 원)＝-10만 원

따라서 동숭회사의 올해 영업실적은 10만 원 손실이다. 한편, 손익분기점에서의 매출액은 식 (5-8)을 이용하여 다음과 같이 계산할 수 있다.

$$TR^* = \frac{FC}{1-\dfrac{VC}{TR}} = \frac{200,000}{1-\dfrac{400,000}{500,000}} = 1,000,000(원)$$

즉, 내년에는 100만 원의 매출액을 달성해야 영업손실을 면할 수 있다. 동숭회사의 공헌이익률은 0.2로, 올해보다 매출액이 50만 원 증가할 경우 영업이익은 10만 원 증가함을 의미한다.

이상에서 설명한 손익분기점분석은 [그림 5-2]로 설명할 수 있다. 그림에서 고정영업비용은 매출량에 관계없이 일정하며, 변동영업비용은 매출량에 비례해서 증가한다. 총영업비용은 고정영업비용과 변동영업비용의 합계로, 총영업비용과 매출액이 교차하는 점이 손익분기점이다. 손익분기점 매출액은 손익분기점 매출량에 단위당 판매가격을 곱하여 산출된다. 손익분기점 매출량보다 높은 수준의 매출량에서의 매출액은 총영업비용보다 크며, 매출액과 총영업비용과의 차이가 영업이익을 의미한다. 반면에 손익분기점 매출량보다 낮은 수준에서의 매출액과 총영업비용과의 차이는 영업손실을 의미한다.

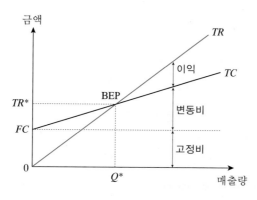

[그림 5-2] 손익분기점분석

(2) 손익분기점분석의 활용과 응용

1) 수익력의 안전도 측정

수익력의 안전도는 영업이익이 실현되는 확실성의 정도를 의미한다. 따라서 예상매출액이 손익분기점 매출액보다 높을수록 수익력의 안전도가 높다고 말할 수 있다. 수익력의 안전도는 안전율(margin of safety ratio)을 계산하여 측정한다.

안전율은 예상매출액과 손익분기점 매출액의 차이를 예상매출액으로 나누어 계산된다. 안전율은 식 (5-9)와 같다.

$$안전율 = \frac{예상매출액 - 손익분기점매출액}{예상매출액} \tag{5-9}$$

예제 5.3

[예제 5.2]에서 동승회사는 내년도 예상매출액을 200만 원으로 책정하고 있다. 이 회사의 안전율은 얼마인가? 또한 내년도의 안전율을 60%로 예상할 경우에 영업이익은 얼마인가?

[풀이]

동승회사의 손익분기점에서의 매출액은 100만 원이므로 안전율은 다음과 같이 계산될 수 있다.

$$안전율(\%) = \frac{2{,}000{,}000 - 1{,}000{,}000}{2{,}000{,}000} \times 100 = 50\%$$

따라서 동승회사의 내년도 매출액이 예상보다 50% 이상 감소하는 경우에는 영업손실이 발생된다는 사실을 알 수 있다. 또한 먼저 안전율이 60%에 해당하는 매출액을 계산한 다음에 영업이익을 산출하면 된다.

$$0.6 = \frac{예상매출액 - 1{,}000{,}000}{예상매출액}$$

위 식으로부터 예상매출액은 250만 원으로 계산된다.

한편, 매출액에 대한 총변동비용의 비율은 일정하므로 [예제 5.2]에서 총변동비용의 비율인 80%를 예상매출액에 곱하면 예상총변동비용은 180만 원이다. 따라서 안전율을 80%로 예상하는 경우 영업이익은 다음과 같다.

영업이익 = 250만 원 - (180만 원 + 20만 원) = 50만 원

2) 목표영업이익을 실현하기 위한 판매량의 추정

손익분기점은 영업이익이 0일 때의 매출량 또는 매출액으로 나타낸다. 그러나 실제로 기업은 영업이익이 0이 되는 것보다는 일정한 기대이익 또는 목표이익에 도달할 수 있는 매출량이나 매출액을 결정하는 것이 보다 의사결정에 부합한다. 앞의 [예제 5.1]과 [예제 5.2]의 경우와 같이 손실을 면한다는 소

극적인 태도가 아니라, 투자액의 일정 비율의 목표영업이익을 획득하기 위해서는 어느 정도의 생산과 매출이 필요한지, 또는 일정 수준의 목표영업이익을 실현하기 위해서는 어느 정도의 매출을 달성해야 하는지를 계획하는 것이 경영자에게 보다 중요한 의사결정일 수 있다. 이러한 경우에도 손익분기점분석을 이용할 수가 있다. 목표영업이익(target profit)을 고려한 손익분기점 공식은 다음과 같다.

$$목표영업이익의\ 매출량(Q^{**}) = \frac{고정비용 + 목표영업이익}{공헌이익} = \frac{FC + \pi}{P - V} \quad (5\text{-}10)$$

$$목표영업이익의\ 매출량(TR^{**}) = \frac{고정비용 + 목표영업이익}{공헌이익률} = \frac{FC + \pi}{1 - \dfrac{V}{P}} \quad (5\text{-}11)$$

예제 5.4

[예제 5.1]의 혜화상회가 최소한 10만 원의 영업이익을 목표로 삼고 있다면 얼마나 팔아야 하는가?

[풀이]

혜화상회의 목표영업이익에 따른 매출량과 매출액은 식 (5-10)과 식 (5-11)을 이용하여 계산하면 다음과 같다.

$$Q^* = \frac{FC + \pi}{P - V} = \frac{80{,}000 + 100{,}000}{1{,}000 - 800} = 900(갑)$$

$$Q^* = \frac{FC + \pi}{1 - \dfrac{V}{P}} = \frac{80{,}000 + 100{,}000}{0.2} = 900{,}000(원)$$

따라서 혜화기업에서 최소한 10만 원의 영업이익을 목표로 한다면 매출량은 900 갑이어야 하고, 매출액은 900,000원이어야 한다.

이와 같이 손익분기점분석은 단순히 영업이익이 0인 점만을 분석할 수 있는 것이 아니라, 기업이 원하는 영업이익(desired operating income)을 실현할 수 있는 매출수준도 분석할 수 있으므로 미래의 이익계획에 유용하게 이용할 수 있다.

3) 다종품목의 손익분기점

지금까지는 기업이 한 가지 상품만을 제조·판매하는 경우를 설명했지만, 현실적으로 대부분의 기업들은 여러 가지 상품을 제조·판매한다. 이러한 다종품목을 생산하는 기업의 경우에는 이론적으로는 각 제품마다 고정비, 변동비, 매출가격 등을 구하여 제품별로 손익분기점분석을 하는 것이 바람직하지만, 실제로 각 제품에 따른 고정비나 변동비를 일일이 추적하여 배분한다는 것은 매우 어려운 일이다. 특히 고정비는 여러 제품을 생산할 때에 공통적으로 활용하므로 각 제품에 정확하게 배분하기 어렵다. 그러나 각 제품의 매출액 구성비율이 항상 일정하다는 가정과 변동비의 배분을 정확히 할 수 있다는 가정하에서는 여러 제품을 생산·판매할 때의 손익분기점은 총고정영업비를 가중평균공헌이익률로 나누어 산출할 수 있다. 가중평균공헌이익률(weighted contribution margin ratio; WCMR)은 각 제품의 공헌이익률에 대해 전체 매출액에서 차지하는 구성비율을 가중치로 하여 평균한 공헌이익률을 의미한다. 가중평균공헌이익률과 손익분기점은 다음과 같이 계산된다.

$$WCMR = \sum_{i=1}^{n} W_i \left(1 - \frac{V_i}{P_i} \right)$$

$$TR^* = \frac{FC}{WCMR} \tag{5-12}$$

$\sum_{i=1}^{n} W_i = 1$ 이고, W_i는 제품 i가 총매출액에서 차지하는 구성비율

예제 5.5

방송(주)은 A, B, C의 세 가지 제품을 제조·판매하고 있는데, 각 제품의 판매단가, 단위당 변동비, 각 제품이 총매출액에서 차지하는 비율이 다음과 같다고 하자.

제품	판매단가(원)	단위당 변동비(원)	매출액 구성비율(%)
A	400	300	20
B	1,000	775	40
C	2,000	1,200	40

이 회사의 총고정비용은 60만 원이며 총매출액에서 차지하는 각 제품의 매출액 구성비율이 변하지 않는다고 가정할 때, 손익분기점에서의 매출액을 구하시오.

[풀이]

먼저, 각 제품의 공헌이익률을 계산하여 식 (5-12)에 대입하면 다음과 같다.

$$A : 1+\frac{300}{400}=0.25, \quad B : 1+\frac{775}{1,000}=0.225, \quad C : 1+\frac{1,200}{2,000}=0.4$$

$$TR^*=\frac{FC}{WC}=\frac{600,000}{(0.25\times0.2)+(0.225\times0.4)+(0.4\times0.4)}=2,000,000(원)$$

이 회사에서는 200만 원이 손익분기점이 되며, 이때의 각 제품의 매출액은 총매출액에서 차지하는 각 제품의 매출액 비율에 의해 A제품이 40만 원, B제품이 80만 원, 그리고 C제품이 80만 원이 된다. 그리고 A, B, C 제품의 매출량은 각 제품의 매출액을 판매단가로 나누어 각각 1,000개, 800개, 400개로 계산된다.

(3) 손익분기점분석의 가정과 문제점

손익분기점분석은 그 개념이 명료하고 이용이 간편하지만 여러 가지 문제점을 지니고 있다. 손익분기점분석의 문제점들을 요약하면 다음과 같다.

첫째, 손익분기점분석의 중요한 가정은 매출량이나 매출액에 관계없이 단위당 판매가격이 일정하며, 단위당 변동비도 일정하다는 점이다. 그러나 실제 기업의 매출활동을 보면 매출량은 매출가격에 영향을 미치며, 매출량의 증가에 따라 단위당 변동비도 변하게 된다. 변동비는 어느 정도의 매출량까지는 일정하지만, 그 수준 이상이 되면 원자재와 노동력 등의 수요 증가와 공급 부족현상 등으로 인하여 단위당 변동비가 증가한다. 이러한 문제는 판매가격과 매출량, 그리고 비용과 매출량의 관계를 곡선식으로 나타내는 곡선손익분기점분석 또는 비선형손익분기점분석(curvilinear or nonlinear break-even point analysis)을 사용하여 해결할 수 있다.

둘째, 손익분기점분석에서는 비용을 고정영업비용과 변동영업비용으로 구분해야 하지만, 실제로 명확하게 구분하는 것은 쉽지 않다. 어떤 비용은 부분적으로는 고정적이고, 부분적으로는 변동적이기 때문에 고정비 또는 변동비라고 단정하기 어려운 비용도 있기 마련이다. 예를 들면, 판매원에게 지급하는 기본급 같은 비용은 준변동비(semivariable cost)라고 할 수 있다. 또한 고정비가 매출량에 관계없이 일정하다는 가정은 장기적으로 볼 때 타당하지 않다. 기업의 기존 시설능력에는 한계가 있으므로 일정 수준 이상을 생산하려면 추가적인 시설을 확장해야 한다. 그러므로 손익분기점분석은 기존 시설의 변경 없이 생산할 수 있는 어떤 한계까지만 적용될 수 있다. 이와 같이 손익분기점분석이 적용될 수 있는 매출량 또는 매출액에는 적정범위(relevant range)가 있다.

셋째, 한 기업에서 여러 가지 상품을 생산하는 경우에 문제점이 발생한다. 여러 가지 품목을 생산하여 판매하는 경우에 각 상품마다 별도로 손익분기점을 찾아야 하는데, 여러 제품생산에 공동으로 쓰이는 모든 비용을 어떻게 각 상품별로 배분하느냐 하는 점이 문제가 된다. 그러므로 손익분기점분석은 원칙적으로 한 종류의 제품을 생산·판매하는 기업의 이익계획에 적합하다.

넷째, 손익분기점분석을 하기 위한 비용, 매출가격, 생산량의 관계는 과거의 자료를 이용하여 측정된다. 그러나 시간이 경과함에 따라 생산원가나 매출가격 등이 변하게 되므로 비용, 매출가격, 생산량의 관계도 달라진다. 손익분기점분석을 위하여 필요한 것은 과거의 비용, 매출량, 이익 등이 아니라 이들에 대한 미래의 정보인데, 이러한 요인들은 미래의 불확실성 때문에 정확한 예측이 어렵다.

다섯째, 손익분기점분석은 정태적 분석이어서 매출액의 변화에 대한 영업이익의 변화 정도 등을 측정할 수 없다. 기업의 경영에서 손익분기점을 파악하는 것도 중요하지만, 기업환경의 변화에 따라 매출액이나 기타 비용이 변동할 때 영업이익이 어떤 영향을 받는가를 알아보는 것은 더욱 중요하다. 이러한 분석에 활용되는 것이 영업레버리지분석이다.

3. 영업레버리지도

(1) 영업레버리지도의 의의

매출액 또는 판매량이 변동될 때 영업이익이 어느 정도 변동될 것인가를 측정하는 데 영업레버리지도(degree of operating leverage ; DOL)가 이용된다. 영업레버리지도는 판매량변화율에 대한 영업이익변화율의 비율로서 식 (5-13)

과 같다.

$$DOL = \frac{\text{영업이익변화율}}{\text{판매량변화율}} = \frac{\dfrac{\Delta EBIT}{EBIT}}{\dfrac{\Delta Q}{Q}}$$ (5-13)

  $EBIT$: 현재영업이익

  $\Delta EBIT$: 영업이익변화액

  Q : 현재판매량

  ΔQ : 판매량변화량

매출액에서 변동영업비용과 고정영업비용을 공제하면 영업이익을 구할 수 있다. 영업이익은 식 (5-14)와 같다.

$$EBIT = Q(P-V) - FC$$ (5-14)

  P : 단위당 판매가격

  V : 단위당 변동영업비용

  FC : 고정영업비용

한편, 판매량의 변동에 따른 영업이익의 변화액은 식 (5-15)와 같다.

$$\Delta EBIT = \Delta Q(P-V)$$ (5-15)

식 (5-14)와 식 (5-15)를 식 (5-13)에 대입하면 식 (5-16)이 된다. 식 (5-16)은 영업레버리지도의 관계식을 의미한다.

$$DOL = \frac{\dfrac{\Delta Q(P-V)}{Q(P-V)-F}}{\dfrac{\Delta Q}{Q}} = \frac{Q(P-V)}{Q(P-V)-F} = \frac{CM}{EBIT}$$ (5-16)

  CM : 공헌이익

혜화유통은 축구화를 전문적으로 취급하는 스포츠 용품 유통회사로서 축구화를 1켤레당 8,000원씩에 구입하여 1,000원의 판매수수료를 지급하는 조건으로 전량 백화점에 납품하고 있다. 혜화유통은 자체 점포망을 확보하고 있지 않으므로 고정영업비용을 부담하지 않는다. 축구화의 시중 판매가격은 켤레당 10,000원이며, 연간 판매량은 10만 켤레이다. 최근에 혜화유통은 현재의 위탁판매방식을 자체 점포를 확보하여 직접 판매하는 정책으로 바꾸는 문제를 검토하고 있다. 점포를 개설하는 경우 점포 개설과 종업원을 고용하는 데 연간 1억 원의 고정영업비용을 부담해야 한다. 이와 같은 판매정책의 변경계획이 영업이익의 크기와 질에 미치는 영향을 분석하시오.

[풀이]

먼저 현행 위탁판매정책을 그대로 유지하는 경우의 손익분기점을 분석하기로 하자. 현행 위탁판매정책을 그대로 유지할 경우에는 고정영업비용을 부담하지 않기 때문에 손익분기점 판매량은 0켤레이다.

$$Q^* = \frac{0}{10,000 - (8,000 + 1,000)} = 0$$

이 경우 판매량의 변화율은 영업이익의 변화율과 일치하기 때문에 영업레버리지효과는 존재하지 않는다. 한편, 자체 판매정책으로 변경하는 경우에는 고정영업비용을 부담해야 하기 때문에 손익분기점 판매량은 50,000켤레로 증가한다.

$$Q^{**} = \frac{100,000,000}{10,000 - 8,000} = 50,000$$

하지만 자체 판매정책으로 변경 시 고정영업비용을 부담함에 따라 지렛대 작용에 의해 판매량변화율보다 영업이익변화율이 확대되므로 영업레버리지효과가 높게 나타난다. 두 가지 정책에 따른 영업레버리지도를 직접 구하여 보면 이러한 결과를 확인할 수 있다. 먼저 위탁판매정책의 영업레버리지도를 계산하면 다음과 같다.

$$DOL = \frac{100,000(10,000 - 9,000)}{100,000(10,000 - 9,000) - 0} = 1.0$$

영업레버리지도가 1.0이라는 것은 판매량이 1% 변화할 때 영업이익도 1% 변화한다는 것을 의미한다. 혜화유통이 위탁판매정책을 유지하는 경우처럼 고정영업비용이 존재하지 않을 경우에는 판매량의 변화율과 영업이익의 변화율이 일치하므로 영업레버리지도는 항상 1이다. 아래 표에서 볼 수 있는 것처럼 위탁판매의 영업레버리지도가 1.0이기 때문에 판매량이 10만 컬레에서 50% 변동하는 경우에는 영업이익도 1억 원에서 판매량과 같은 비율로 변동한다.

한편, 자체 판매정책의 영업레버리지도를 계산하면 다음과 같다.

$$DOL = \frac{100,000(10,000-8,000)}{100,000(10,000-8,000)-100,000,000} = 2$$

영업레버리지도가 2라는 것은 판매량이 1% 변화할 때 영업이익이 2% 변동한다는 것을 의미한다. 따라서 판매량이 1% 증가하는 경우에는 영업이익이 2% 증가하지만, 판매량이 1% 감소하는 경우에는 오히려 영업이익이 2% 감소하는 위험을 감수해야 한다.

아래 표에서 보여 주는 것처럼 자체 판매를 하는 경우에는 영업레버리지도가 2이므로 판매량이 10만 컬레에서 50% 변동할 때 영업이익의 변화율은 판매량변화율의 2배에 해당하는 100%이다. 구체적으로 판매량이 10만 컬레에서 15만 컬레로 50% 증가할 때, 위탁판매하는 경우 영업이익이 1억 원에서 1억 5,000만 원으로 50% 증가하는 반면, 자체 판매하는 경우 영업이익은 1억 원에서 2억 원으로 100% 증가한다.

아래 표에서와 같이 위탁판매정책에서 자체 판매정책으로 수정할 때 영업이익의 변화율이 판매량의 변화율보다 더 크게 나타나는 이유는 자체 판매정책으로 전환할 때 부담하는 1억 7,500만 원의 고정영업비용이 지렛대 작용을 하기 때문이다.

〈판매정책에 따른 판매량의 변화와 영업이익의 변화〉

(단위 : 100만 원)

	위탁판매			자체 판매		
판매량(천 컬레)	50 (−50%)	100 (+50%)	150	50 (−50%)	100 (+50%)	150
매출액	500	1,000	1,500	500	1,000	1,500
변동영업비용	450	900	1,350	400	800	1,200
고정영업비용				100	100	100
영업이익	50 (−50%)	100 (+50%)	150	0 (−100%)	100 (+100%)	200

(2) 영업레버리지도의 시사점

이상에서 살펴본 바와 같이 영업비용 중에서 고정영업비용의 비중이 높을

수록 기업의 수익력은 개선될 수 있지만, 영업위험도 증가하는 결과를 가져오기 때문에 적절한 위험수준에서 수익력을 높일 수 있는 영업비용의 구조를 결정해야 한다.

여기서 한 가지 주의할 것은 영업레버리지도는 고정된 값이 아니며, 판매량의 수준에 따라 변동한다는 점이다. 예를 들어, [예제 5.6]에서 혜화유통의 연간 판매량이 10만 켤레보다 낮은 9만 켤레라고 가정하면 위탁판매정책의 영업레버리지도는 여전히 1이지만, 자체 판매정책의 영업레버리지도는 2.25이다. 즉, 연간 판매량이 10만 켤레일 경우 자체 판매정책의 영업레버리지도보다 증가한다. 반면에 연간 판매량이 15만 켤레라고 가정하면 자체 판매정책의 영업레버리지도는 1.5이다. 일반적으로 판매량이 손익분기점 판매량을 초과하는 경우에 판매량 수준과 영업레버리지도는 역의 관계를 갖는다. 즉, 판매량이 낮은 수준에서는 영업레버리지도가 증가하며, 판매량이 높은 수준에서는 영업레버리지도가 감소한다.

그리고 또 한 가지 알아 두어야 할 것은 영업레버리지도가 높다는 것이 그 기업의 영업이익이 많다는 것을 나타내는 것은 아니며, 또한 경영성과가 양호하다는 것을 나타내는 것도 아니라는 점이다. 높은 영업레버리지도는 매출액이 증가하면 영업이익도 급속도로 증가하지만, 매출액이 감소하면 영업이익도 빠르게 감소한다는 것을 의미한다. 대체로 자본집약적 산업은 영업레버리지도가 높은데, 이는 대규모의 자본을 비유동자산에 투하하므로 고정영업비용이 증가하기 때문이다.

따라서 기업은 매출량이나 조업도 수준에 따라 영업레버리지효과를 고려하여 노동집약적 생산형태를 취할 것인지, 아니면 자본집약적 생산형태를 취할 것인지를 결정하여야 한다. 예를 들어, 미래의 경기상황이 낙관적으로 전망되어 매출량이 크게 증가할 것으로 예측되는 경우에는 고정영업비용을 증가시키는 자본집약적인 생산형태를 취함으로써 영업이익을 크게 증가시킬 수 있다. 반대로 미래에 경기침체가 예상되는 경우에는 변동영업비용을 증가시키는 노동집약적인 생산형태를 취함으로써 영업이익의 감소 폭을 낮출 수 있다.

1. 재무레버리지의 의의

고정영업비가 매출액의 변화에 따른 영업이익의 변화의 확대효과를 가져올 수 있다면, 영업이익의 변화도 세후순이익의 변화를 확대시키는 효과를 가져온다. 이러한 변화는 기업이 부채를 이용해서 자본을 조달할 때 발생한다. 부채에 의하여 자본을 조달하면 고정적인 재무비용, 즉 이자비용을 지급하여야 한다. 이자비용은 영업이익에서 지급하여야 하므로 영업이익의 변화에 비하여 세후순이익의 변화를 큰 폭으로 확대시킨다.

재무레버리지는 총비용 중 고정적인 재무비용이 차지하는 비중을 말한다. 즉, 재무레버리지는 기업경영에 활용하기 위하여 조달된 부채와 관련된다. 재무레버리지는 총자본에 대한 부채의 비율이 증가함에 따라 증가하므로, 투자자와 채권자들은 재무레버리지와 재무위험을 동일하게 간주하기도 한다. 고정적인 재무비용에는 부채에 대한 이자비용 외에도 우선주에 대한 배당도 포함된다. 왜냐하면 우선주는 발행하면서 배당률이 정해지고 의결권이 없는 것이 일반적이며, 보통주의 배당을 지급하기 이전에 일률적으로 지급하기 때문이다.

총자본 중 부채의 비중이 높아 고정적인 재무비용이 많을수록 영업이익의 변화에 대하여 주당이익의 변화 폭이 커지며, 부채로 자본을 조달하지 않고 자기자본으로만 자본을 조달하여 고정적인 재무비용이 발생하지 않으면 재무레버리지효과가 발생하지 않는다.

2. 자본분기점분석

세후순이익은 영업이익으로부터 이자비용과 법인세를 차감한 것으로 주주에게 귀속되는 이익이다. 세후순이익을 보통주의 발행주식수로 나누면 주당순이익(earnings per share ; EPS)이 된다. 〈표 5-3〉에서 타인자본의존도에 따라 영업이익의 변화가 주당순이익에 미치는 영향을 살펴보자.

방송기업이 새로운 투자에 필요한 10억 원의 자본을 어떻게 조달할 것인가를 고려하고 있다고 가정하자. 고려하고 있는 대안으로는 첫째, 보통주를 주당 10,000원으로 10만 주 발행하여 조달하는 방법과, 둘째, 보통주를 주당 10,000원으로 50,000주 발행하고 나머지 5억 원은 부채를 이자율 10%로 차입하여 조달하는 방법이 있다. 각 조달방법에 따른 영업이익과 주당순이익의 관계는 〈표 5-3〉에 제시되어 있다.

〈표 5-3〉 타인자본의존도와 재무레버리지효과

(단위 : 만 원)

자본구조 제1안(자기자본 10억 원)			
영업이익	5,000	10,000	15,000
이자비용	0	0	0
세전이익	5,000	10,000	15,000
법인세(50%)	2,500	5,000	7,500
세후순이익	2,500	5,000	7,500
EPS(원) : 10만 주	250	500	750
자본구조 제2안(자기자본 5억 원, 타인자본 5억 원)			
영업이익	5,000	10,000	15,000
이자비용	5,000	5,000	5,000
세전이익	0	5,000	10,000
법인세(50%)	0	2,500	5,000
세후순이익	0	2,500	5,000
EPS(원) : 5만 주	0	500	1,000

〈표 5-3〉에서 보면 영업이익의 변화에 따라 제1안을 택할 때보다 제2안을 택할 때 주당순이익의 변화 폭이 큰 것을 알 수 있다. 이 두 가지의 자본조달방법에 따른 영업이익과 주당순이익 사이의 관계를 그림으로 나타내면 [그림 5-3]과 같다. 그림을 보면 주당순이익 면에서 제1안과 제2안의 자본조달계획이 차이가 없는 점, 즉 EPS가 동일하게 되는 영업이익수준(1억 원)이 존재하게 되는데, 이를 자본분기점 또는 자본조달분기점(financing break-even point)이라고 한다. 영업이익이 1억 원 이하일 때에는 제1안의 자본조달계획이 보다 많은 주당순이익을 실현할 수 있기 때문에 제2안의 자본조달계획보다 유리하다. 하지만 영업이익이 1억 원 이상일 때에는 제2안의 자본조달계획이 유리하다.

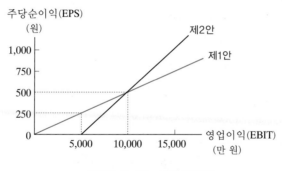

[그림 5-3] 자본분기점

자본분기점은 두 가지 자본조달계획의 EPS를 같게 하는 점이므로 다음과 같은 식으로 구할 수 있다.

$$\frac{(EBIT^*-I_1)(1-T)}{N_1} = \frac{(EBIT^*-I_2)(1-T)}{N_2}$$

$$\therefore EBIT^* = \frac{N_1 N_2 - N_2 N_1}{N_1 - N_2} \qquad\qquad (5\text{-}17)$$

$EBIT^*$: 자본조달분기점의 영업이익

I_1, I_2 : 각 자본조달계획에 따른 고정재무비용

T : 법인세율

N_1, N_2 : 각 자본조달계획에 따른 발행주식수

따라서 방송기업이 고려하고 있는 제1안과 제2안의 주당순이익을 같게 하는 자본분기점은 다음과 같다.

$$\frac{(EBIT^*-0)(1-0.5)}{10만\ 주} = \frac{(EBIT^*-5,000)(1-0.5)}{5만\ 주}$$

$$\therefore EBIT^* = 1억\ 원$$

즉, 자본분기점은 영업이익이 1억 원인 점이다. 방송기업은 미래의 영업이익이 1억 원 이상이 될 것으로 예측되는 경우에는 제2안으로 자본조달을 하고, 영업이익이 1억 원 미만일 것으로 예측되는 경우에는 제1안으로 자본을

조달하여 주당순이익을 높일 수 있다.

3. 재무레버리지도

재무레버리지(financial leverage)는 총비용 중에서 고정재무비용이 차지하는 비중, 또는 총자본 중에서 부채가 차지하는 비중이라고 설명했다. 부채의존도가 높을수록 고정재무비용의 부담이 증가하기 때문에 영업이익이 변화할 때 주당순이익이 그보다 높은 비율로 변화하는 재무레버리지효과(financial leverage effects)가 나타난다.

재무레버리지효과를 측정하려면 투자정책에 따른 영업레버리지효과를 통제해야 한다. 투자정책이 일정하다고 가정할 경우 영업이익의 변화율도 일정하므로, 영업이익이 변동할 때 주당순이익이 어느 정도 변동하는가를 검토함으로써 재무레버리지효과를 측정할 수 있다.

재무레버리지효과를 측정하는 척도는 재무레버리지도(degree of financial leverage : DFL)이다. 재무레버리지도는 영업이익변화율에 대한 주당순이익변화율의 상대적인 비율을 의미한다. 재무레버리지도는 식 (5-18)과 같다.

$$DFL = \frac{주당순이익변화율}{영업이익변화율} = \frac{\dfrac{\Delta EPS}{EPS}}{\dfrac{\Delta EBIT}{EBIT}} \tag{5-18}$$

EPS : 현재주당순이익

ΔEPS : 주당순이익변화액

$EBIT$: 현재영업이익

$\Delta EBIT$: 영업이익변화액

식 (5-18)에서 주당순이익 및 주당순이익변화액은 식 (5-19) 및 식 (5-20)과 같다.

$$EPS = \frac{(EBIT-I)(1-t_c)}{N} \qquad (5-19)$$

$$\Delta EPS = \frac{\Delta EBIT(1-t_c)}{N} \qquad (5-20)$$

I : 고정재무비용

t_c : 법인세율

N : 발행주식수

식 (5-19)와 식 (5-20)을 식 (5-18)에 대입하면 식 (5-21)이 된다. 식 (5-21)은 재무레버리지도의 관계식을 의미한다.

$$DFL = \frac{\dfrac{\Delta EPS}{EPS}}{\dfrac{\Delta EBIT}{EBIT}} = \frac{Q(P-V)-F}{Q(P-V)-F-I} = \frac{EBIT}{EBT} \qquad (5-21)$$

EBT : 법인세비용차감전순이익

예제 5.7

스타일(주)이 자체 판매정책으로 바꾸기 위하여 점포를 마련하는 데 1억 원의 자금이 필요하다고 한다. 자체 판매정책으로 수정하는 경우 고정영업비용이 1억 7,500만 원으로 증가하는 한편, 벌당 변동영업비용은 8,000원으로 감소한다. 판매가격은 벌당 10,000원이고, 현재의 판매량은 연간 10만 벌이다. 1억 원의 투자소요자금을 연리 10%의 이자율로 차입하려고 한다. 이와 같은 자금조달정책에 의한 재무레버리지효과를 측정하시오.

[풀이]

스타일(주)의 재무레버리지도를 계산하면 다음과 같다.

$$DFL = \frac{Q(P-V)-F}{Q(P-V)-F-I}$$

$$DFL = \frac{100,000(10,000-8,000)-175,000,000}{100,000(10,000-8,000)-175,000,000-10,000,000} = 1.67$$

재무레버리지도가 1.67이라는 것은 영업이익이 1% 변화할 때 주당순이익이 1.67% 변화한다는 것을 의미한다.

스타일(주)의 추정손익계산서를 보여 주는 아래 표를 살펴보자. 표에서 볼 수 있는 것처럼 영업이익이 2,500만 원에서 3,500만 원으로 40% 증가할 때 주당순이익은 7,500원에서 12,500원으로 67% 증가하고 있다. 반대로 영업이익이 2,500만 원에서 1,500만 원으로 40% 감소할 때 주당순이익은 7,500원에서 2,500원으로 67% 감소하고 있다.

이처럼 주당순이익변화율이 영업이익변화율보다 크게 나타나는 이유는 투자소요자금을 부채로 조달할 때 부담해야 하는 고정재무비용이 지렛대 작용을 하여 영업이익의 변화에 따라 주당순이익의 변화율을 확대시키는 재무레버리지효과가 나타나기 때문이다.

여기서 한 가지 주의할 것은 재무레버리지도는 판매량의 수준에 따라 변동한다는 것이다. 예를 들어, 스타일(주)의 연간 판매량이 10만 벌보다 낮은 95,000벌이라고 가정하면 재무레버리지도는 3이다. 즉 연간 판매량이 10만 벌일 경우 재무레버리지도보다 증가한다. 반면에 연간 판매량이 15만 벌이라고 가정하면 재무레버리지도는 1.09이다. 일반적으로 법인세비용차감전순이익이 0보다 큰 범위 내에서 판매량이 낮은 수준에서는 재무레버리지도가 높으며, 판매량이 높은 수준에서는 재무레버리지도가 낮다.

〈스타일(주)의 추정손익계산서〉

(단위 : 100만 원)

판매량(천 벌)	90		100		110
매출액	950	(−5%)	1,000	(+5%)	1,050
변동영업비	760		800		840
고정영업비	175		175		175
영업이익	15	(−40%)	25	(+40%)	35
지급이자	10		10		10
세전순이익	5		15		25
법인세(50%)	2.5		7.5		12.5
세후순이익	2.5		7.5		12.5
발행주식수(1,000주)					
주당순이익(원)	2,500	(−67%)	7,500	(+67%)	12,500

5.4 ○─ 결합레버리지분석

1. 결합레버리지도의 측정

투자결정에 따른 영업레버리지와 부채조달에 따른 재무레버리지를 통합한 것을 결합레버리지라고 한다. 결합레버리지는 영업레버리지와 재무레버리지를 통합한 개념으로 그냥 레버리지라고 부르기도 한다. 따라서 총비용 중에서 고정영업비용과 고정재무비용이 차지하는 비중으로 결합레버리지를 측정할 수 있다.

결합레버리지가 높을수록 고정영업비용과 고정재무비용이 동시에 지렛대작용을 하므로 매출액의 변화에 따라 주당순이익이 그보다 높은 비율로 변화하는 결합레버리지효과(combined leverage effects)가 나타난다. 결합레버리지효과를 측정하는 척도로 결합레버리지도(degree of combined leverage ; DCL)가 이용된다.

결합레버리지도는 판매량변화율에 대한 주당순이익변화율의 비율로서 식 (5-22)와 같다.

$$DCL = \frac{\text{주당순이익변화율}}{\text{판매량변화율}} = \frac{\dfrac{\Delta EPS}{EPS}}{\dfrac{\Delta Q}{Q}} \qquad (5\text{-}22)$$

결합레버리지도는 영업레버리지도와 재무레버리지도를 통합한 것이므로 식 (5-23)과 같은 결합레버리지도의 관계식을 얻을 수 있다.

$$DCL = DOL \times DFL \qquad (5\text{-}23)$$

식 (5-16)과 식 (5-21)을 식 (5-23)에 대입하여 식 (5-24)와 같은 결합레버리지도의 관계식을 얻을 수 있다.

$$DCL = \frac{Q(P-V)}{Q(P-V)-F} \times \frac{Q(P-V)-F}{Q(P-V)-F-I} = \frac{Q(P-V)}{Q(P-V)-F-I} \qquad (5-24)$$

식 (5-24)에서 볼 수 있는 것처럼 영업레버리지도와 재무레버리지도에 따라 결합레버리지도가 결정되고 있다.

예제 5.8

스타일(주)에서 자체 판매에 필요한 자금을 부채로 조달하는 경우, 이와 같은 재무정책의 수정이 주당순이익에 미치는 영향을 분석하시오.

[풀이]

이에 대한 해답은 결합레버리지도를 구함으로써 얻을 수 있다. 결합레버리지도를 계산하면 다음과 같다.

$$DCL = \frac{100{,}000(10{,}000-8{,}000)}{100{,}000(10{,}000-8{,}000)-175{,}000{,}000-10{,}000{,}000} = 13.33$$

결합레버리지도가 13.33이라는 것은 판매량이 1% 변동할 때 주당순이익이 13.33% 변동한다는 것을 의미한다. 따라서 스타일(주)의 경우 판매량이 현재의 10만 벌에서 1% 변동하는 경우 주당순이익이 13.33% 변동한다는 것을 알 수 있다.

[예제 5.7]의 풀이에서 나타낸 표에서 볼 수 있는 것처럼 판매량이 10만 벌에서 5% 변동할 때 주당순이익이 7,500원에서 67% 변동하고 있다. 이처럼 판매량이 변동할 때 주당순이익의 변화율이 그보다 높은 비율로 확대되는 결합레버리지효과가 나타나는 이유는 고정영업비용과 고정재무비용이 지렛대 작용을 하기 때문이다.

2. 기업위험의 측정

기업위험은 영업위험과 재무위험으로 구분된다. 영업위험은 판매량의 변동에 따른 영업이익의 변동성으로 측정되고, 재무위험은 영업이익의 변동에 따른 주당순이익의 변동성으로 측정된다. 따라서 판매량의 변화에 따른 주당순이익의 변동성을 분석함으로써 기업위험을 측정할 수 있다.

결합레버리지도의 관계식을 나타내는 식 (5-22)를 주당순이익변화율에 대한 관계식으로 정리하면 식 (5-25)와 같다.

$$\frac{\Delta EPS}{EPS} = DCL \times (\frac{\Delta Q}{Q}) = (DOL \times DFL)\frac{\Delta Q}{Q} \qquad (5-25)$$

식 (5-25)에서 볼 수 있는 것처럼 기업위험은 영업레버리지도와 재무레버리지도에 의해서 결정된다. 이와 같이 레버리지분석은 투자정책과 자금조달정책이 기업위험에 어느 정도 영향을 미치는지를 검토하는 데 매우 유용하다.

연습문제

1_ 다음 각 문장이 옳으면 T, 옳지 않으면 F로 답하고 그 이유를 설명하시오.

(1) 고정영업비용과 고정재무비용으로 인해서 매출액의 변화보다 영업이익이나 순이익이 훨씬 크게 변동하는 현상을 레버리지효과라고 한다. (　)

(2) 경영활동의 모든 영업비용과 재무비용이 레버리지효과의 원인이 된다. (　)

(3) 일반적으로 기업위험은 영업활동에 따른 영업이익의 변동성을 나타내는 영업위험을 지칭한다. (　)

(4) 고정영업비용이 없다면 영업레버리지효과가 존재하지 않으므로 영업레버리지도(DOL)는 0이다. (　)

(5) 손익분기점이란 총수익과 총영업비용이 같아서 영업이익이 0이 되는 점이다. (　)

(6) 매출액 1원 중에서 기업의 이익으로 귀속되는 부분을 공헌이익이라고 한다. (　)

(7) 재무레버리지효과를 결정하는 가장 중요한 고정비는 이자비용이다. (　)

(8) 기업의 위험은 영업레버리지도와 재무레버리지도의 합으로 측정할 수 있다. (　)

(9) 부채를 사용하지 않는 기업의 결합레버리지도는 영업레버리지도와 같다. (　)

2_ 김방송 씨는 '방송포장마차'를 창업하여 붕어빵을 개당 100원에 팔고 있다. 재료비(변동비)는 판매액의 20%이며, 이에 대한 기계비용 등 고정비는 200만 원이다. 올해 매출액은 500만 원이고, 영업이익은 200만 원이다. 다음 물음에 답하시오.

(1) 이 방송포장마차의 손익분기점에서의 붕어빵 판매량과 매출액은 얼마인가?

(2) 이 마차의 한계이익률(공헌이익률)은 얼마인가?

(3) 다음해의 목표이익을 360만 원으로 계획한다면 얼마의 매출액을 달성해야 하는가?

(4) 장사가 잘 되어 기계설비를 2배로 증설하고자 한다. 즉, 고정비가 200만 원 증가했을 때 손익분기점의 매출량은 얼마인가?

3_ 이슬(주)은 금년에 2,000만 원의 영업이익이 발생하였는데, 다음해에는 매출량이 25% 증가하여 영업이익이 3,000만 원이 될 것으로 기대한다. 다음 물음에 답하시오.

(1) 영업레버리지도는 얼마인가?

(2) 경기가 침체하여 이슬(주)의 매출액이 20% 감소하고 영업이익은 50% 감소할 것으로 예상된다. 250,000단위의 매출수준에서 고정영업비는 얼마인가?

(3) 이슬(주)은 다음해에 영업이익이 10% 떨어지고, 세후순이익은 33% 떨어질 것으로 예상된다. 이때 이슬(주)의 재무레버리지도는 얼마인가?

(4) 이슬(주)의 영업레버리지도는 현재의 생산수준에서 2.0인데, 만일 매출이 12% 증가하면 영업이익과 세후순이익은 어느 정도 증가할까?

(5) 이슬(주)이 생산수준 10,000단위에서 영업레버리지도가 2.0이고, 재무레버리지도가 1.5라면 결합레버리지도는 얼마일까?

(6) 이슬(주)의 매출량이 10% 증가하였다면 세후순이익은 얼마나 증가할까?

4_ IPS(주)는 1,000만 원의 기존 시설을 가지고 있는데, 500만 원 상당의 시설 확장을 계획하고 있다. 이 회사의 현재영업이익은 140만 원이며, 확장 후의 기대영업이익은 200만 원이다. 이 기업에 대한 법인세율은 50%이다. 보통주 20만 주가 이미 발행되었으며, 새로운 투자를 위해서는 주당 5,000원으로 1,000주의 주식을 추가로 발행해야 한다.

(1) 500만 원을 보통주로 조달할 경우와 부채로 조달할 경우(이자율은 10%)의 주당이익을 구하시오.

(2) 자본조달분기점은 얼마인가?

(3) 부채로 500만 원을 조달할 경우, 확장 후 이 기업의 재무레버리지도는 얼마인가?

연구과제

1_ 한국거래소에 상장된 기업을 선택하고, 그 기업이 판매하는 제품의 판매단가, 단위당 변동비, 고정영업비자료를 이용하여 손익분기점을 구하시오.

2_ 한국거래소에 상장된 기업을 선택하고, 그 기업의 매출량, 판매단가, 단위당 변동비, 고정영업비, 이자비용자료를 이용하여 영업레버리지도, 재무레버리지도, 결합레버리지도를 구하시오.

제6장

재무계획과 재무예측

개관

기업은 장기적인 관점에서 소요되는 자금의 규모와 이에 대한 공급을 예측하여 경영계획을 수립한다. 이와 같이 향후 기업의 성장에 따라 자산과 부채가 어떻게 변화할 것인가를 전망하고, 이를 기초로 필요한 자금을 추정하는 것을 재무예측이라고 한다. 이 장에서는 먼저 재무예측에 주로 활용되는 계량적 방법과 특성을 소개하고, 추정재무제표를 작성하기 위한 출발점이 되는 매출액 예측의 중요성을 이해한다. 또한 추정재무제표를 작성하기 위한 방법에서 가장 보편적으로 활용되는 매출액백분율법을 학습하고, 이를 보완할 수 있는 방법에 대해 살펴보도록 한다.

6.1 ● 재무계획의 의의

미래에 대한 예측과 계획은 효율적인 경영의 필수적인 요소이다. 매출액 예측에 따라 작성된 각종의 예산과 추정재무제표는 경영의사결정의 기반자료가 되며, 부서별 활동을 통제하는 수단이나 실현된 성과의 우열을 평가하는 기준으로 사용된다.

재무분석의 가장 중요한 목표는 미래의 경영환경과 재무상태를 예측하고, 이 예측에 근거해서 바람직한 행동대안을 제시하는 재무계획을 세우는 것이다.

재무계획(financial planning)이란 기업활동에 영향을 미치는 각종 요인의 변화를 예측하고, 그 영향도를 체계적으로 분석함으로써 자금의 조달과 사용에 대한 올바른 의사결정을 내리도록 하는 종합적인 관리활동을 말한다. 보다 구체적으로 재무계획을 넓은 의미로 보면 기업목표의 설정, 매출액의 장·단기 예측, 생산 및 판매의 전략수립 등이 모두 포함된다. 하지만 좁은 의미로는 단기간의 매출액 예측을 기반으로 하여 각종의 부서별 예산을 설계하고 추정재무제표를 작성하는 활동을 말한다. 재무계획의 과정을 요약하면 〈표 6-1〉과 같다.

〈표 6-1〉 재무계획의 과정

기초자료		재무계획 형태	분석의 초점	재무의사결정
매출액 예측 부서별 예산 외부환경동향 장기경영전략	➡	추정손익계산서 추정대차대조표 자본예산 현금예산	이익계획 소요자금 추정 투자안 경제성분석 현금과부족 측정	조업도결정 자본조달결정 투자결정 유동성관리

6.2 ━● 재무예측의 의의와 방법

1. 재무예측의 의의

재무예측(financial forecasting)이란 기업의 미래 재무상태와 경영성과를 예측하는 활동으로, 특히 기업이 장기적인 관점에서 자금의 수요와 공급을 예측하는 것을 말한다. 즉, 재무예측에서는 재무제표를 구성하는 각 항목의 수치를 예측하여 미래의 매출액, 이익, 자금소요액, 성장률 등을 추정하게 된다. 이와 같은 추정자료는 투자자, 채권자, 경영자 등 기업의 이해관계자들에게 매우 중요한 정보로 이용된다.

경영자의 입장에서는 재무예측에 관련된 정보가 여러 의사결정에 필수적으로 활용된다. 경영자는 기업환경을 고려하여 기업목표를 효과적으로 달성하기 위한 경영정책을 결정하고, 그 결과에 따라 경영계획을 수립하여 경영활동을 통제한다. 이는 투자에 소요되는 자금의 추정과 그 조달방법 및 자금사정의 예측이 전제되어야 한다. 즉, 성장에 필요한 재무자원을 기업 내·외적으로 어느 정도 조달할 수 있으며, 재무상 어떤 문제점이 있는지 미리 예측하는 작업이 필요한 것이다. 이와 같은 의사결정에서 필요로 하는 정보는 미래의 매출액, 이익, 소요자금 등에 대한 예측자료이다.

채권자에게는 기업의 차입금 상환능력이 주된 관심사이기 때문에 미래의 현금창출능력에 대한 예측자료가 중요한 의사결정정보로 이용된다. 예를 들어, 대출위험이 중요시되는 신용분석에서 단기대출의 경우에는 일반적으로 단기적 유동성이 우선적으로 중시되는 요인이지만, 장기대출일수록 미래 이익발생능력에 의해 기업의 상환능력이 결정되므로 신용분석에서도 미래 이익예측을 중요시하고 있다.

투자자에게는 궁극적으로 기업의 미래 수익성과 위험 혹은 성장성에 따라 증권의 투자가치가 달라지므로 미래 예측정보가 투자의사결정에 중요한 자료로 활용된다. 특히 증권가격의 가장 중요한 결정요인인 기업의 미래 이익을 얼마나 정확히 예측하느냐에 따라서 투자수익률이 달라진다. 이러한 측면 때문에 미래 이익예측의 정확도가 증권분석의 핵심을 이룬다.

2. 재무예측의 방법

기업의 미래 매출액, 이익, 소요자금액, 기타 재무제표의 각 항목 등을 예측하는 데 이용되는 방법은 크게 주관적 예측방법과 객관적 예측방법으로 나눌 수 있다.

(1) 주관적 예측방법

주관적 예측방법(subjective forecasting method)은 경제, 산업, 기업 등에 대한 예측자의 오랜 경험이나 주관적인 판단에 근거하여 미래를 예측하는 방법이다. 따라서 주관적 예측방법은 예측을 담당하는 분석자의 능력이나 전문지식의 정도에 따라 예측결과가 달라지기 때문에 비과학적이라는 단점이 있다. 그러나 주관적 예측방법이 다른 예측방법보다 더 높은 신뢰도를 지니는 예가 많다. 특히 순차적인 질문서법을 사용하여 의견의 합일점을 찾아가는 델파이(Delphi)법을 이용하거나, 주관적인 개인의 예측치를 가중평균하는 방법을 활용함으로써 예측능력을 향상시킬 수 있다. 일부 실증적 연구결과에 의하면 증권분석가들의 주관적인 이익예측은 계량적 모형에 의한 이익예측보다 정확도가 높은 것으로 나타나고 있다.

(2) 객관적 예측방법

객관적 예측방법(objective forecasting method)은 적합한 예측모형을 설정하여 관련자료를 토대로 미래의 재무상태와 경영성과를 예측하는 방법이다. 객관적인 예측방법으로는 시계열예측모형(time-series forecasting model)이 가장 보편적으로 활용된다.

[그림 6-1]에서 1987년부터 2004년까지 포스코의 자기자본순이익률(ROE)은 직선인 추세선을 중심으로 변동하면서 뚜렷한 증가세를 나타내고 있다. 이처럼 시계열예측모형은 과거 일정 기간 동안의 재무변수 시계열자료로부터 시간의 흐름 속에서 나타나는 체계적인 움직임을 추적하여 미래 재무변수를 예측하는 방법이다. 특히 과거의 재무제표 항목의 시계열자료로부터 일정한 규칙성을 발견할 수 있는 경우가 많기 때문에 시계열분석은 이러한 규칙

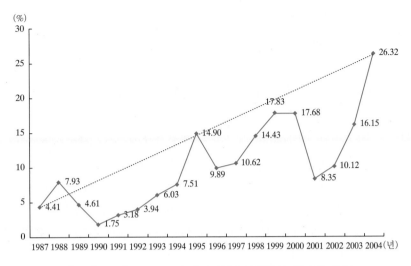

[그림 6-1] 포스코의 자기자본순이익률의 시계열 추이

성을 토대로 미래예측에도 응용할 수 있는 것으로 평가되고 있다. 이같은 시계열예측모형에서 주로 활용되는 방법으로는 외삽법(extrapolation), 이동평균법(moving average method), 회귀분석(regression analysis) 등이 있다.

외삽법은 시계열예측방법 중 가장 간단한 방법으로서 다른 시계열예측분석의 기초가 되는 예비적인 분석방법이다. 외삽법은 미래의 최적 예측치는 과거 추세의 연속선상에 위치한다는 전제로부터 출발한다. 가장 간편하게 이용될 수 있는 외삽법은 과거 수년 동안의 재무변수자료를 수집하여 [그림 6-1]과 같은 시계열그래프를 작성하여 살펴보는 것이다. 시계열그래프로부터 일정한 추세가 발견되면 추세선의 기울기를 적용하여 예측치를 구할 수 있다. 외삽법의 단점은 추세의 전환점을 예측하기 어렵다는 것이다. 전환점의 예측을 위해서는 주관적 판단에 의한 예측이나 인과모형에 의한 예측으로 조정하여 보완할 필요가 있다.

이동평균법은 과거 일정 기간의 시계열자료를 이동평균한 값을 예측치로 추정하는 방법이다. 이동평균법은 시계열자료에서 발생하는 단기적 변동효과를 완화시키면서 장기추세를 예측하는 하나의 방법으로 이용되고 있다. 예를 들어, 과거 10년간의 재무비율을 단순이동평균(simple moving average)하여 계산한 예측치는 식 (6-1)과 같이 구할 수 있다.

$$E(X_t) = \frac{1}{10} \sum_{i=1}^{10} X_{t-k} \qquad (6\text{-}1)$$

여기서 $E(X_t)$는 t시점에서 재무비율 X의 예측치를 의미한다.

변형된 이동평균법으로는 이동평균을 다시 이동평균하는 이중이동평균법 (double moving average method)과 최근의 시계열자료에 높은 가중치를 주는 가중이동평균법(weighted moving average method)이 있다. 이는 최근의 시계열자료에 내포된 정보는 과거보다 미래에 지속할 가능성이 높기 때문이다. 예를 들어, t기의 재무비율을 가중이동평균법으로 예측할 때 $t-1$기에 50%, $t-2$기에 30%, $t-3$기에 20%의 가중치를 준다면 t기의 재무비율예측치는 다음과 같은 모형으로 표시할 수 있다.

$$E(X_t) = 0.5X_{t-1} + 0.3X_{t-2} + 0.2X_{t-3} \qquad (6\text{-}2)$$

회귀분석을 이용한 시계열예측모형 중에서 가장 간단한 모형은 종속변수인 재무변수에 시간추세를 독립변수로 도입한 단순회귀모형(simple regression model)이다. 또한 재무변수를 예측하는 데 설명력이 높다고 판단되는 다른 시계열변수들을 도입하여 다중회귀모형(multiple regression model)으로 재무변수들을 추정할 수 있다. 회귀분석을 이용할 경우에는 추정회귀계수의 통계적 신뢰성이 확보될 수 있을 정도의 충분한 시계열자료가 확보되어야 한다. 또한 과거 시계열자료에 추세가 전환되는 기간이 포함되거나, 추세에서 비정상적으로 벗어나는 이상치(outlier)가 있으면 회귀모형의 예측력이 낮아지므로 주의해야 한다.

전형적인 단순회귀모형은 다음과 같다.

$$Y_t = \alpha + \beta \cdot t + e_t \qquad (6\text{-}3)$$

Y_t : t기의 재무변수 시계열 관찰값

t : 기간수

α : 추정절편값

β : 추세를 반영하는 추정회귀계수

e_t : 잔차항

사례 : 시계열 분석을 이용한 포스코의 ROE 예측

[그림 6-1]의 포스코의 1987년부터 2004년까지의 ROE 자료를 가지고 외삽법, 단순이동평균법, 가중이동평균법, 단순시계열회귀모형을 이용하여 2005년도의 자기자본수익률(ROE)을 예측해 보고, 어느 방법이 가장 예측력이 높은지를 비교해 보자.

(1) 외삽법

1987년부터 2004년까지 ROE는 증가하는 직선추세를 나타내므로 직선의 기울기는 연평균 ROE의 증가분을 나타낸다. 따라서 2005년도 자기자본수익률은 다음과 같이 계산된다.

$$E(ROE_{2005}) = ROE_{2004} + \frac{ROE_{2004} - ROE_{1987}}{2004 - 1987} \times 26.32\% + \frac{26.32\% - 4.41\%}{17}$$
$$= 27.61\%$$

(2) 단순평균이동법

2000부터 2004년까지 5년간 단순이동평균자료를 이용한 2005년도 ROE는 다음과 같이 계산된다.

$$E(ROE_{2005}) = \frac{1}{5} \sum_{k=1}^{5} ROE_{2005-k} = 15.73\%$$

(3) 가중이동평균법

2001년부터 2004년까지 2001년에 10%, 2002년에 20%, 2003년에 30%, 2004년에 40%의 가중치를 적용한 가중이동평균법으로 추정한 2005년도 ROE는 다음과 같이 계산된다.

$$E(ROE_{2005}) = 0.4 \times ROE_{2004} + 0.3 \times ROE_{2003} \times 0.2 \times ROE_{2002} + 0.1 \times ROE_{2001}$$
$$= 18.23\%$$

(4) 단순회귀모형

단순회귀모형은 각 연도별 시계열자료의 차이를 최소화시키는 직선을 추정하는 것이다. 독립변수인 각 연도에 대응되는 종속변수인 자기자본수익률을 단순회귀분석으로 추정한 결과는 다음과 같다.

$$ROE_y = -1,872.625 + 0.9436y$$

추정된 시계열모형에서 회귀계수는 0.94이므로 매년 평균적으로 자기자본 수익률은 0.94%씩 증가한 것으로 해석 가능하다. 2005년도의 자기자본수익률을 예측하기 위해 설명변수인 y에 2005를 대입하면 ROE는 19.29%로 예측된다. 2005년 포스코의 실제 자기자본수익률은 22.52%로, 예측치가 어느 정도 근접한 수치임이 확인된다.

6.3 ❯❯ 추정재무제표의 작성

1. 추정재무제표의 중요성

기업은 여러 가지 형태의 계획과 예산을 작성한다. 생산계획표나 교육훈련 예산 등은 부서별로 세밀하게 작성된 것이고, 추정재무제표는 기업 전체의 입장에서 조감하도록 작성된 것이다. 재무관리자는 추정재무제표(pro forma financial statement)를 작성함으로써 미래의 재무적 강점과 약점을 예상할 수 있으며, 투자결정과 자본조달결정에 필요한 정보를 얻게 된다. 또한 추정재무제표를 이용하면 장차 어느 활동에 얼마의 자금이 필요한가를 예측할 수 있고, 외부상황의 변화나 기업의 의사결정이 경영성과와 재무상태에 어떠한 영향을 미치는지 미리 분석해 볼 수 있다.

추정재무제표를 작성하려면 우선 외부변수와 내부변수를 선정해야 한다. 외부변수는 경기변동이나 금리 등과 같이 기업 외적으로 결정되어 주어진 것으로서 기업이 통제할 수 없는 변수이고, 내부변수는 부채비율이나 배당성향 등과 같이 기업이 정책적인 판단하에 결정하는 변수이다. 기업 내·외적 변수가 선정되면 이들이 기업의 재무상태와 성과에 미치는 영향을 분석하고 새무적 영향의 정도와 내용을 손익계산서와 대차대조표의 형태로 요약한다.

추정재무제표는 개별적인 재무항목을 신중하게 예측하여 세밀하게 작성할 수도 있고, 중요한 항목만을 대상으로 대략적으로 작성할 수도 있다. 어떤 경우이든 추정재무제표를 작성하는 목적은 미래의 재무상태와 경영성과를 예측하는 데 있다. 보다 구체적으로는 추정손익계산서에서 미래의 수익과 비용을 예측하고, 추정대차대조표에서 미래의 소요자금을 예측하는 것이 그 목적이다.

2. 소요자금 예측

기업활동이란 자본을 조달하여 각종 자산에 투자를 하는 것이다. 자산이란 미래 현금흐름을 발생시킬 수 있는 잠재력을 지닌 모든 재화를 말한다. 기업이 미래의 수익을 증대시키려면 자산의 규모도 그에 대응하여 증가시켜야 한다. 자산에 대한 이러한 투자가 곧 매출액을 증가시키고 기업가치를 성장시키는 것이다. 매출이 증가하면 기계와 설비 같은 비유동자산에 대한 투자액이 증가하며, 또 매출채권이나 재고자산 등의 유동자산도 증가하게 된다. 만일 이러한 자산을 증가시키는 데 필요한 자금이 적시에 공급되지 못하면 기업은 예상된 매출액을 실현시키지 못하게 되며, 현금흐름에 관한 유동성을 관리하는 데 문제점이 발생할 수 있다.

추정재무제표를 이용하면 미래에 조달해야 하는 소요자금의 크기를 예측할 수 있다. 추정대차대조표에서 자산항목의 증가분을 모두 더하면 기업의 성장에 필요한 자금수요를 알 수 있다. 이때 기업이 자금수요를 모두 외부에서 조달해야 하는 것은 아니다. 자금수요 중에서 일부는 영업활동을 통하여 내적으로 조달된다. 매출이 증가하면 매입채무나 미지급비용 등의 유동부채항목도 같이 증가하는데, 이들은 영업활동에서 자동적으로 조달되는 자금공급이다. 자금수요에서 영업활동의 자금공급을 차감한 것이 향후 조달해야 하는 소요자금이다. 기업은 이 소요자금을 유보이익으로 내부에서 조달하거나, 차입이나 주식발행을 통하여 외부에서 조달하여야 한다. 즉, 외부에서 소날해야 할 소요자금은 총소요자금에서 내부에서 조달된 자금을 차감하여 산출된다.

소요자금＝자금수요－영업활동의 자금공급

＝자산증가분－유동부채증가분

외부조달＝소요자금－내부조달

3. 매출액의 예측

기업의 미래에 대한 거의 모든 재무예측은 매출액의 예측으로부터 시작된다. 매출액의 예측은 재무계획수립의 출발점이기 때문에 예측의 정확성이 더욱 중요하고, 질 높은 예측이 되도록 세심한 주의가 필요하다. 따라서 매출액 예측의 정확도는 다른 모든 재무예측에 중대한 영향을 미친다. 매출액의 예측은 이익계획, 현금예산, 그리고 소요자금조달계획을 포함하여 많은 재무계획활동 가운데 가장 중요한 부분이기 때문에 대부분의 기업들은 매출액 예측의 중요성을 인식하고, 계획적이며 규칙적으로 매출액의 예측에 많은 자원을 할당한다.

매출액의 예측에서 흔히 고려되는 요인으로는 국내외 경제동향, 산업동향, 기업 내적 환경요인 등이 있다. 예를 들어, 총체적인 경제활동의 척도로 이용되고 있는 GNP의 성장추세는 매출액 예측의 기초정보인 산업의 시장 규모에 영향을 미친다. 또한 과거의 매출액, 경제활동추세, 산업생산량, 산업전망, 국민총생산, 개인소득, 고용수준, 물가수준, 기업의 가격정책, 경쟁상태, 판매원의 질, 제품에 대한 계절적 수요, 생산능력 등의 다양한 요인이 고려되어야 한다.

이러한 모든 요인이 매출액을 예측하는 데 필요하지만 실제로 이들 요인이 매출액에 어느 정도 영향을 미치며, 어느 정도 상관관계가 존재하는가에 대해서는 앞 절에서 설명한 시계열예측모형과 같은 객관적 분석방법을 사용하여 예측하게 된다. [그림 6-2]에서 제시된 사례대상기업인 포스코의 1987년부터 2004년까지의 매출액은 뚜렷한 직선추세를 유지하며 증가하므로, 시계열예측모형을 이용하여 미래 매출액을 예측할 수 있다. 또한 향후 객관적으로 시장 규모가 추정되고, 시장점유율을 어느 정도 예측·가늠할 수 있다면 이를 이용하여 간접적으로 구할 수 있다. 예를 들어, 어떤 산업의 내년도 시

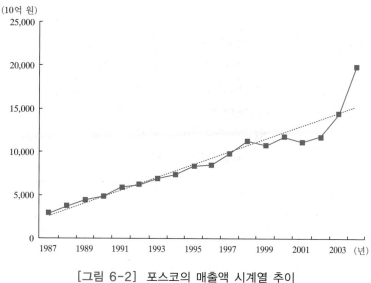

(10억 원)

25,000

20,000

15,000

10,000

5,000

0

1987 1989 1991 1993 1995 1997 1999 2001 2003 (년)

[그림 6-2] 포스코의 매출액 시계열 추이

장 규모가 5억 원으로 추정되고, 이 산업에 속한 특정 기업이 20%의 시장점
유율을 확보할 것으로 예상된다면 이 기업의 내년도 예상매출액은 5억 원×
20%=1억 원이 된다.

다음에 설명할 자금소요액 추정과 같은 재무제표 항목에 대한 예측은 매출
액 예측이 정확하다는 것을 전제로 하므로, 매출액 예측이 잘못되는 경우 큰
추정오차를 초래하게 된다. 따라서 재무계획수립의 기초가 되는 신뢰성 있는
매출액의 예측을 하기 위해서는 적절한 매출액의 예측방법을 선택하여 이용
해야 한다.

4. 재무제표 항목의 예측

앞 절에서 설명한 바와 같이 과거의 시계열자료를 이용하여 각 재무제표
항목의 예측치를 구할 수도 있으나, 매출액의 예측이 비교적 정확하다는 가
정하에 예상매출액을 이용하여 각 항목을 예측할 수 있는 방법을 소개하고,
추정대차대조표와 추성손익계산서를 작성해 보기로 한다.

(1) 매출액백분율법

매출액백분율법(percent of sales method)은 매출액에 따라 비례적으로 변동하는 재무제표의 각 항목을 예측하는 데 이용하는 방법이다. 이 방법은 대차대조표를 구성하는 일부 항목들의 매출액에 대한 백분율이 일정하며, 앞으로도 계속하여 일정하다는 전제하에 사용될 수 있다. 매출액백분율법에서는 대차대조표나 손익계산서의 각 항목을 매출액에 대한 백분율로 표시하고, 이 백분율을 기초로 매출액의 변화에 따른 각 항목의 변화를 추정하여 앞으로 필요한 자금을 예측하게 된다. 매출액 변화와 관련하여 대차대조표의 항목을 다음과 같이 세 가지로 분류할 수 있다.

① 매출액과 직접적으로 비례하여 변화하는 항목 : 유동자산과 유동부채
② 매출액 변화에 따라 불규칙적으로 변화하는 항목 : 비유동자산
③ 매출액 변화와 직접적인 관계가 없는 항목 : 비유동부채와 자본

매출액백분율법을 설명하기 위한 사례인 〈표 6-2〉는 2008년도 방송기업의 대차대조표와 손익계산서이다. 방송기업의 대차대조표에서는 매출액과 직접적인 관계를 가진 항목들이 매출액의 백분율로 표시되어 있다. 대차대조표의 각 항목에서 매출액과 직접적인 관계를 가지고 있는 항목은 유동자산, 유동부채 등이다. 반면에 비유동자산과 비유동부채, 자본의 규모는 매출액과 명시적으로 비례적인 관계를 갖지 않는다. 손익계산서에서 판매비와 관리비가 모두 매출액 수준에 따라 변화하는 변동비적 특성을 갖는다면 이들 항목의 매출액에 대한 비율은 일정하다. 반면에 영업외손익이나 특별손익과 같이 비반복적으로 발생하거나 우발적으로 발생하는 항목은 매출액과 무관하므로 매출액 수준과는 별도로 추정되어야 한다.

〈표 6-2〉에서 매출액과 비례하여 증가하는 항목인 유동자산은 800억 원으로 매출액의 50%이며, 유동부채는 320억 원이므로 매출액에서 20%의 비중을 차지한다. 따라서 유동자산의 증가액이나 유동부채의 증가액도 매출액의 증가액에서 50%와 20%의 비중을 차지한다. 즉, 매출액이 100원 증가하면 유동자산은 50원, 유동부채는 20원이 증가하게 된다. 방송기업은 매출액이 증가한다고 하더라도 추가적인 비유동자산의 투자는 계획하고 있지 않으므로 자연적으로 소요되는 자금은 매출액의 30%(50%−20%)가 되며, 방송기업

〈표 6-2〉 대차대조표 항목의 매출액에 대한 백분율

대차대조표			손익계산서	
항 목	금액(억 원)	매출액의 백분율(%)	항 목	금액(억 원)
자 산	1,600	(N/A)	매출액	1,600
유동자산	800	(50.00)	매출원가	1,100
현 금	100	(6.25)	매출총이익	500
매출채권	250	(15.62)	판매비 및 관리비	400
재고자산	450	(28.13)	급 여	150
비유동자산	800	(N/A)	광고선전비	70
토 지	500	(N/A)	임차료	120
건 물	300	(N/A)	감가상각비	60
부 채	700	(N/A)	영업이익	100
유동부채	320	(20.0)	영업외수익	10
매입채무	200	(12.5)	이자수익	10
미지급비용	120	(7.5)	영업외비용	70
비유동부채	380	(N/A)	이자비용	70
장기차입금	180	(N/A)	법인세차감전순이익	40
사 채	200	(N/A)	법인세비용(20%)	8
자 본	800	(N/A)	당기순이익	32

주 : (N/A)는 매출액백분율이 적용되지 않는 항목임.

은 이에 필요한 자금을 유보이익으로 조달하거나 외부로부터 조달해야 한다. 외부로부터 조달할 수 있는 방법으로는 주식발행을 통한 증자나 장·단기 차입금 등이 있다.

만약에 이 기업이 올해 매출액 성장률을 25%로 예상하여 매출액을 전년대비 400억 원 증가한 2,000억 원으로 설정하였다면, 매출액 증가에 따라 추가적으로 소요되는 자금은 120억 원(400억 원×30%)으로 추정된다. 이는 매출액의 증가에 따라 자연적으로 발생하는 자금의 증가분이며, 이 중 일부는 순이익에서 배당을 제외한 유보이익인 내부자금조달액으로 충당할 수 있다. 따라서 매출액 증가에 따른 순수한 외부자금조달액(external funds needed ; EFN)을 구하는 계산식은 식 (6-4)와 같다.

$$EFN = (자산의 증가) - (부채의 증가) - (유보이익의 증가)$$

$$= \frac{A}{S} \cdot \Delta S - \frac{L}{S} \cdot \Delta S - MS'(1-d) \tag{6-4}$$

S : 매출액

A : 매출액에 따라 변화하는 자산의 총계

L : 매출액에 따라 변화하는 부채의 총계

M : 매출액순이익률

ΔS : 매출액의 변화분

S' : 예상매출액

d : 배당성향

식 (6-4)에서 (자산의 증가)-(부채의 증가)는 매출액 증가에 따라 추가적으로 소요되는 자금의 증가분을 의미하며, 여기에서 내부자금조달액인 유보이익의 증가분을 차감하면 외부자금조달액이 산출된다. 유보이익은 배당금이 순이익에서 차지하는 비율인 배당성향을 1에서 차감한 값인 유보이익률에 예상순이익을 곱하여 산출한다.

만일 방송기업이 매출액에 대한 순이익의 비율인 매출액순이익률을 금년과 같이 2%로 책정하고 순이익의 50%를 배당금으로 지급한다고 하자. 이럴 경우 순이익은 예상매출액에 매출액순이익률을 곱한 값인 40억 원이 되며, 유보이익률은 50%이므로 유보이익의 증가분은 20억 원이 된다. 따라서 매출액 증가에 따른 외부자금조달액은 다음과 같이 계산된다.

$$EFN = 0.5 \times 400억\ 원 - 0.2 \times 400억\ 원 - 0.02 \times 2,000억\ 원 \times 0.5$$

$$= 100억\ 원$$

일단 외부자금조달액이 계산되었다면 이에 대한 조달방법과 규모를 결정하여야 한다. 외부자금조달을 부채 또는 자기자본 중 어느 것으로 결정하느냐는 순이익에 영향을 미치므로 추정손익계산서를 작성할 때 주의해야 한다. 왜냐하면 외부자금조달액의 일부를 사채와 같은 비유동부채를 이용하여 조달할 경우 이자비용이 발생하기 때문이다. 만일 이 기업이 조달해야 할 외부

<표 6-3> 추정대차대조표 작성

(단위 : 억 원)

항 목	2008년	매출액의 백분율(%)	2009년	산출근거
자 산	1,600		1,800	
유동자산	800	50.00(①)	1,000	2008년 유동자산+매출액증가분×①
현 금	100	6.25(②)	125	2008년 현금+매출액증가분×②
매출채권	250	15.62(③)	313	2008년 매출채권+매출액증가분×③
재고자산	450	28.13(④)	562	2008년 재고자산+매출액증가분×④
비유동자산	800		800	2008년과 동일
토 지	500		500	2008년과 동일
건 물	300		300	2008년과 동일
부 채	700		780	
유동부채	320	20.0(⑤)	400	2008년 유동부채+매출액증가분×⑤
매입채무	200	12.5(⑥)	250	2008년 매입채무+매출액증가분×⑥
미지급비용	120	7.5(⑦)	150	2008년 미지급비용+매출액증가분×⑦
비유동부채	380		380	2008년과 동일
장기차입금	180		180	2008년과 동일
사 채	200		200	2008년과 동일
자 본	800		1,020	2008년 자본+유보이익증분+유상증자

자금 전액을 추가적인 주식발행을 통한 유상증자로 조달한다고 가정할 경우 2009년도 추정대차대조표는 〈표 6-3〉과 같다.

2009년도 유동자산은 2008년도 유동자산에 매출액증가분인 400억 원과 매출액 구성비율을 곱한 값을 더하여 산출된 1,000억 원이다. 추가적인 비유동자산의 투자계획은 없으므로 2009년도 비유동자산은 2008년과 동일한 수준이다. 따라서 2009년도 총자산은 유동자산과 비유동자산의 합계인 1,800억 원으로 2008년보다 200억 원 증가하였다. 매출액의 증가에 따른 2009년도의 유동부채와 비유동부채는 780억 원이다. 한편, 유보이익의 증가분은 20억 원이므로 외부로부터 추가적인 자본조달을 하지 않은 상태에서 부채와 자본합계는 1,700억 원이 된다. 따라서 대차대조표에서 자산총계와 균형을 맞추기 위해서는 추가적인 100억 원을 유상증자로 조달하며, 2009년의 자본은 1,020억 원이 된다.

〈표 6-4〉는 추정대차대조표를 기초로 작성한 추정손익계산서이다. 매출원가, 판매비와 관리비는 매출액의 증가에 따라 비례적으로 증가하는 변동비이

〈표 6-4〉 추정손익계산서 작성

(단위 : 억 원)

항 목	2008년	매출액 구성비율(%)	2009년	산출근거
매출액	1,600	100.00	2,000	
매출원가	1,100	68.75(①)	1,375	2009년 매출액×①
매출총이익	500	31.25(②)	625	2009년 매출액×②
판매비 및 관리비	400	25.00(③)	500	2009년 매출액×③
급 여	150	9.38(④)	188	2009년 매출액×④
광고선전비	70	4.38(⑤)	88	2009년 매출액×⑤
임차료	120	7.50(⑥)	150	2009년 매출액×⑥
감가상각비	60	3.75(⑦)	75	2009년 매출액×⑦
영업이익	100	6.25(⑧)	125	2009년 매출액×⑧
영업외수익	10		5	
이자수익	10		5	2008년에 비해 5억 원 감소
영업외비용	70		80	
이자비용	70		80	2008년에 비해 10억 원 증가
법인세차감전순이익	40		50	
법인세비용(20%)	8		10	
당기순이익	32		40	

므로 2008년의 매출액 구성비율을 추정매출액에 곱하여 산출한다. 영업외손익인 이자수익과 이자비용은 매출액과는 직접적인 비례관계가 없으므로 예상되는 자금조달과 자금상환계획을 고려하여 산출하여야 한다. 방송기업의 2009년도 예상목표 순이익은 2008년도 매출액순이익률인 2%를 유지한다는 계획하에 40억 원으로 산출된다.

　매출액과 직접 비례하여 변화하는 항목과는 달리 비유동자산은 매출액이 증가할수록 증가하지만, 그 증가하는 양상이 유동자산이나 유동부채와는 다르다. 대체로 비유동자산에 투입되는 투자액은 매출액이나 생산량이 비유동자산의 생산능력을 초과하기 전까지는 일정하지만, 매출액이나 생산량이 이를 초과하면 새로운 투자가 필요하게 되므로 일시에 증가하게 된다. 그러므로 매출액과 비유동자산의 관계는 일률적으로 그 변화양상을 말할 수 있는 것이 아니며, 각 기업의 생산능력과 비유동자산의 성격에 따라 달라진다.

　매출액백분율법을 이용하여 재무예측을 할 때 주의할 점은 단순히 기계적으로 적용해서는 안 되며, 과거의 많은 경험과 판단력이 필요하다는 것이다. 과거의 경험과 훌륭한 판단력에 기초를 두어 매출액백분율법을 이용하면 상당한 효과를 거둘 수 있다.

(2) 매출액을 이용한 회귀분석 추정

매출액백분율법은 재무제표의 특정한 항목이 매출액에서 차지하는 비중이 시간경과에 관계없이 일정하다고 가정한 반면, 회귀분석에 의한 방법은 각 항목이 매출액과 직선관계를 갖고 변화한다는 가정하에서 각 항목을 예측한다. 과거의 시계열자료가 충분한 경우에는 재무제표 항목과 매출액 사이에 존재하는 상관관계를 통계적으로 추정하여 회귀모형을 수립할 수 있다. 회귀분석을 이용하여 구한 값은 단순한 예측에 지나지 않는 것이므로 실제와는 어느 정도의 오차가 있게 마련이지만, 장기재무예측에서는 비교적 다른 방법보다 오차가 작기 때문에 가장 많이 이용하는 방법 중의 하나이다.

사례 : 매출액을 이용한 유동자산의 추정

그림의 산포도(scatter plot)는 1990년부터 2008년까지 포스코의 매출액 수준과 유동자산의 뚜렷한 선형적 관계를 나타내고 있다. 유동자산이 매출액 수준에 따라 변동한다고 가정할 경우에는 매출액과 유동자산을 각각 독립변수와 종속변수로 하는 단순회귀모형으로 나타낼 수 있다.

$$Y_t = a - bX_t$$

Y_t : 종속변수(유동자산)

X_t : 독립변수(매출액)

a : 추정절편

b : 추정회귀계수

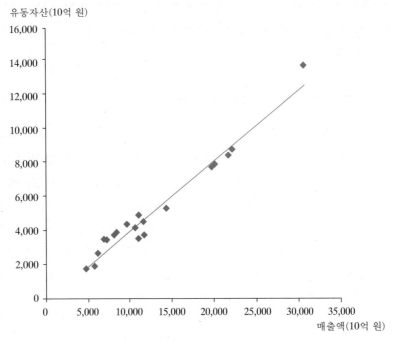

유동자산(10억 원)

매출액(10억 원)

포스코의 매출액과 유동자산의 관계

〈포스코의 연도별 매출액과 유동자산〉 (단위 : 10억 원)

	매출액	유동자산
1990	4,805	1,799
1991	5,827	1,972
1992	6,182	2,708
1993	6,921	3,522
1994	7,314	3,486
1995	8,219	3,784
1996	8,445	3,866
1997	9,718	4,380
1998	11,138	4,917
1999	10,696	4,166
2000	11,692	4,543
2001	11,086	3,561
2002	11,729	3,750
2003	14,359	5,328
2004	19,792	7,742

2005	21,695	8,399
2006	20,043	7,871
2007	22,207	8,768
2008	30,642	13,693

위 표의 실제 관측자료인 매출액과 유동자산으로부터 단순회귀모형의 절편과 회귀계수를 추정하기 위해서는 최소자승법을 이용해야 한다.

실무적으로는 엑셀(EXCEL) 프로그램의 선형회귀함수인 '=LINEST'를 이용하여 절편과 회귀계수를 구할 수 있다.

추정결과 $a=-77.55$, $b=0.411$이 도출되었다. 회귀계수가 0.411이라는 것은 매출액이 1,000원 증가 시 유동자산은 411원이 추가적으로 소요됨을 의미한다. 유동자산을 예측하기 위해서는 회귀모형에 추정매출액을 대입하면 된다. 예를 들어, 2009년의 예상 유동자산을 구하기 위해 2009년도 매출액인 353,270억 원을 대입하면 다음과 같다.

$$Y_{2009} = -775억 \ 5,000만 \ 원 + 0.411 \times 353,270억 \ 원 = 144,420억 \ 원$$

(3) 예산비용법

예산비용법은 매출액의 변화와 관계없이 결정되는 재무제표의 항목을 예측하는 데 이용되는 방법으로, 재무정책의 결과나 목표치를 반영시켜 미래의 값을 예측하는 방법이다. 예를 들어, 자본조달정책을 고려하여 비유동부채와 자기자본을 예측하는 경우, 비유동자산에 대한 투자정책을 고려하여 감가상각비를 예측하는 경우, 광고정책에 따라 광고비를 예측하는 경우 등이 이에 속한다.

5. 추정재무제표의 보완

추정재무제표는 여러 가지 가정을 이용해서 작성한 미래에 대한 예상 또는 추측이다. 경쟁이 가열되고 기술변화가 급속히 진행되는 현실의 기업환경을 고려해 보면 기업의 미래상태가 추정재무제표의 모습대로 나타날 가능성은 불확실하다. 기업이 환경변화에 보다 능동적으로 대처할 수 있는 재무계획을 수립하려면 단편적인 추정재무제표의 작성만으로 불충분하며, 발생 가능한 상황변화를 토대로 조정과 보완을 해야 한다.

(1) 영업계획의 조정

재무분석가는 추정재무제표를 작성하면서 영업활동에 대한 여러 가지 가정을 이용한다. 만일 외상매출에 대한 신용정책이나 재고관리방법과 같은 영업계획이 변경되면 미래의 재무상태와 영업성과도 달라진다. 또한 재무분석가는 추정재무제표 작성에 이용된 영업계획을 수정할 필요는 없는지 분석해야 한다. 이것은 재무계획과 영업계획을 기업목표에 맞추는 일종의 조정활동이다. 예를 들어, 영업부서에서 매출증대를 위해 매출채권의 회수기간을 길게 설정하면 자금수요가 증가하므로 재무분석가는 영업계획상의 매출채권 회수기간이 적절하게 설정되었는지 검토해야 한다.

(2) 민감도분석

민감도분석(sensitivity analysis)은 What-If 분석이라고도 불리며, 추정재무제표를 작성하기 위한 가정이 변하거나 사용된 변수의 값이 체계적으로 변화할 때 추정결과가 어떻게 변하는지를 관찰하는 것이다. 미래에 대한 예측을 하나의 수치로 제시하는 것보다는 범위로 제시될 때 정보가치가 더 크다. 민감도분석을 하면 추정했던 결과가 발생 가능한 범위를 알 수 있다. 경영자는 민감도분석의 결과를 보고 영향력이 작은 변수나 가정들은 무시하고 예외적이거나 보다 중요한 부분에 노력과 자원을 집중할 수 있다. 추정재무제표에서 대부분의 변수나 가정은 서로 연관되어 있는 경우가 많다. 이때 하나의 변수만을 단면적으로 바꾸면서 민감도분석을 하면 중요한 관계가 무시된 엉뚱한 결과가 나타날 가능성이 있다는 점을 주의해야 한다.

앞의 사례에서 방송기업은 2008년도의 비유동자산을 활용하여 2009년도의 매출액의 증가를 충당할 수 있다고 가정하였으나, 만일 2008년도의 매출액이 비유동자산을 활용하여 달성할 수 있는 최대 수준이라고 가정한다면 추가적인 고정설비를 투자해야 한다. 비유동자산은 매출액과 동일한 비율로 증가하는 것이 아니라 일정한 금액으로 증가하므로, 이러한 경우 외부소요자금은 다음과 같다.

$$EFN = \frac{A}{S} \cdot \Delta S + \Delta F - \frac{L}{S} \cdot \Delta S - MS'(1-d)$$
$$= 0.5 \times 400억 + 30억 - 0.2 \times 400억 - 0.02 \times 2,000억 \times 0.5 = 130억\ 원$$

ΔF는 비유동자산증가분으로 앞의 예에서 매출액 증가에 따라 추가적인 시설투자비가 30억 원 소요된다면 외부소요자금은 130억 원이 된다. 이러한 경우 외부소요자금이 추가적으로 증가하므로 자금조달계획을 적절하게 재조정해야 한다.

(3) 모의실험

모의실험(simulation)은 컴퓨터를 이용해서 반복적으로 가상적인 시행을 하고 그 결과를 분석하는 방법이다. 모의실험을 설계할 때에는 경영자가 통제할 수 있는 요인과 통제할 수 없는 요인을 구분해야 한다. 예를 들어, 자본조달계획을 모의실험하는 경우 시장이자율은 경영자가 통제할 수 없는 요인이고, 부채비율은 경영자가 통제할 수 있는 요인이다. 모의실험은 민감도분석을 보다 정교하게 구성한 것으로서 여러 가지 변수를 동시에 고려하여 분석한다는 장점이 있다. 반면에 모의실험을 설계하고 결과를 해석하려면 컴퓨터와 통계에 대한 지식이 요구되므로 일반인이 이용하기에는 어렵다는 단점이 있다. 모의실험의 절차는 다음과 같다.

① 불확실한 변수에 대한 확률분포를 부여
② 주어진 확률에 따라 무작위로 변수값을 선택
③ 선택된 변수들을 이용해서 결과를 예측
④ 위의 과정을 일정 횟수 반복

연습문제

1. 동숭(주)은 추정대차대조표를 작성한 결과 내년도 자산이 1억 원 증가할 것으로 예상된다. 또한 유동부채는 5,000만 원이 증가하고, 유보이익은 1,000만 원이 증가할 것으로 예상된다. 동숭(주)이 외부에서 조달해야 할 자금은 얼마인가?

2. 혜화(주)의 2008년도 대차대조표와 손익계산서는 다음과 같다. 혜화(주)는 2009년도의 매출액을 2008년보다 20% 성장할 것으로 예측하고, 소요되는 외부소요자금조달액을 추정하고 있다. 매출액과 직접적으로 비례하여 변화하는 항목은 유동자산과 유동부채이다. 혜화(주)는 2008년에 16억 원의 배당을 지급하였다.

(단위 : 억 원)

손익계산서		대차대조표			
매출액	1,600	자산		부채	
매출원가	1,100	유동자산	960	유동부채	480
판매비 및 관리비	460	비유동자산	640	비유동부채	220
법인세(20%)	8			자본	900
당기순이익	32	자산총계	1,600	부채와 자본총계	1,600

(1) 유동자산과 비유동자산이 매출액에서 차지하는 비중은 얼마인가?
(2) 매출액 증가에 따른 유동자산과 유동부채증가분은 각각 얼마인가?
(3) 혜화(주)가 2009년도 목표매출액순이익률과 배당성향을 2008년도 수준으로 계획한다면 외부소요자금조달액은 얼마인지 계산하시오.
(4) 외부소요자금조달액을 전액 증자로 조달할 경우의 추정손익계산서와 추정대차대조표를 작성하시오.

3. KNOU(주)는 자금의 외부조달이 필요한 경우에 부채비율(부채/자본)이 125%를 초과하지 않는 범위 내에서 자금을 조달하는 정책을 사용하고 있다. KNOU(주)의 외부필요자금은 500억 원으로 추정되었다.

(1) 현재 KNOU(주)의 부채는 1,000억 원, 자본은 800억 원일 경우의 자본조달계획을 수립하시오.

(2) 목표부채비율이 각각 120%와 130%로 변경되었을 때의 자본조달계획을
수립하시오.

연구과제

1_ 한국거래소에 상장된 기업을 선택하여 금융감독원의 전자공시시스템에서
2002년부터 2008년까지의 재무제표로부터 각 연도의 ROE를 산출하고, 외
삽법, 단순평균법, 가중이동평균법, 회귀분석을 이용하여 2009년도 예측치
를 산출하시오. 그리고 2009년도 ROE 예측치와 ROE 실제치를 비교한 다
음, 어느 방법을 활용하였을 때 실제치에 가장 근접하였는지를 판단하시오.

2_ 한국거래소에 상장된 기업을 선택하여 매출액백분율법에 의해 다음 연도의
추정재무제표를 작성하시오. (다음 연도 매출액성장률은 과거 5년간 평균을 사용
하고, 매출액과 직접적으로 비례하여 변화하는 항목은 유동자산과 유동부채로 가정)

추정재무제표 작성절차 – 현대모비스

1단계 : 2008년도 매출액 추정

직전 연도인 2007년도 매출액증가율만큼 성장한다고 가정하여 2008년도 매출액을 추정한다.

⟨2002~2007년간 연도별 매출액증가율⟩

(단위 : %)

구분	2007	2006	2005	2004	2003	2002
현대모비스	3.95	8.22	17.27	21.28	28.34	39.46
소속 업종	9.72	10.59	19.00	17.98	13.40	16.92

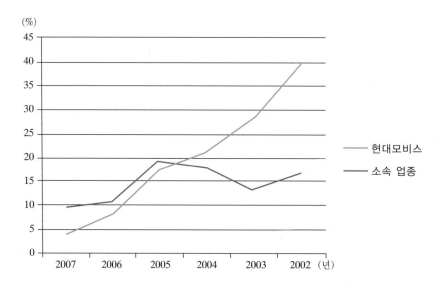

– 사례대상기업인 현대모비스의 2002~2007년간 연도별 매출액증가율은 매

년 감소추세를 나타내고 있음.

– 소속 업종의 연도별 매출액증가율도 2005년 이후 감소추세에 있음.

– 첫째 방법인 직전 연도인 2007년도 매출액증가율만큼 성장한다고 가정함.

2008년도 추정매출액＝2007년도 매출액×2007년도 매출액증가율

＝8,490,912백만 원×1.0395

＝8,826,303백만 원

2단계 : 2008년도 손익계산서 추정

손익계산서의 모든 계정과목은 매출액에 비례한다는 단순한 가정하에 공통형 손익계산서를 이용하여 2008년도의 손익계산서를 추정한다.

〈현대모비스의 2002~2007년간 공통형 손익계산서〉

(단위 : %)

구 분	2007	2006	2005	2004	2003	2002
매 출 액	100.0	100.0	100.0	100.0	100.0	100.0
매 출 원 가	81.2	81.1	80.5	78.7	79.0	79.2
매출총이익(손실)	18.8	18.9	19.5	21.3	21.0	20.8
판매비와 관리비	9.1	8.9	9.1	9.6	9.6	10.5
영 업 이 익(손실)	9.7	10.0	10.4	11.7	11.4	10.3
영 업 외 수 익	4.7	4.7	5.6	5.3	5.2	6.1
영 업 외 비 용	2.1	2.2	2.1	1.9	2.5	4.1
법인세비용차감전 순 이 익(손실)	12.3	12.5	14.0	15.1	14.1	12.4
법 인 세 비 용	3.2	4.1	3.5	4.2	3.7	3.7
당기순이익(손실)	9.1	8.4	10.5	10.8	10.4	8.7

– 손익계산서상 계정과목의 금액이 매출액에서 차지하는 비중을 평균하여 2002~2007년간 평균매출액 대비 계정과목 비중을 산출힘.

〈2002~2007년간 평균매출액 대비 계정과목 비중〉

(단위 : 100만 원)

과목	2002~2007년간 매출액 합계	2002~2007년간 평균매출액	2002~2007년간 평균매출액 대비 계정과목 비중
매 출 액	40,083,981	6,680,664	100.0%
매 출 원 가	32,127,741	5,354,624	80.2%
매출총이익(손실)	7,956,240	1,326,040	19.8%
판매비와 관리비	3,744,032	624,005	9.3%
영 업 이 익(손실)	4,212,208	702,035	10.5%
영 업 외 수 익	2,076,661	346,110	5.2%
영 업 외 비 용	937,547	156,258	2.3%
법인세비용차감전 순 이 익(손실)	5,351,340	891,890	13.4%
법 인 세 비 용	1,492,378	248,730	3.7%
당기순이익(손실)	3,858,962	643,160	9.6%

- 2002~2007년간 평균매출액 대비 계정과목 비중을 2008년도 추정매출액에 적용하여 추정손익계산서를 산출함.

추정손익계산서 계정과목

= 추정매출액 × 2002~2007년간 평균매출액 대비 계정과목 비중

〈2008년도 추정손익계산서〉

(단위 : 100만 원)

과목	2008년도 추정손익계산서	산출내역
매 출 액	8,826,303	2008년도 추정매출액 = 8,826,303
매 출 원 가	7,074,377	= 8,826,303 × 80.2%
매출총이익(손실)	1,751,926	= 8,826,303 × 19.8%
판매비와 관리비	824,418	= 8,826,303 × 9.3%
영 업 이 익(손실)	927,508	= 8,826,303 × 10.5%
영 업 외 수 익	457,271	= 8,826,303 × 5.2%
영 업 외 비 용	206,443	= 8,826,303 × 2.3%
법인세비용차감전 순 이 익(손실)	1,178,336	= 8,826,303 × 13.4%
법 인 세 비 용	328,615	= 8,826,303 × 3.7%
당기순이익(손실)	849,721	= 8,826,303 × 9.6%

3단계 : 2008년도 말 시점 기준의 자산, 부채, 자본(이익잉여금 제외)을 추정하여 부분적 추정대차대조표 작성

1) 2008년도 말 추정총자산은 다음과 같은 두 가지 방법 중 하나를 활용

첫째, 2008년도 총자산은 2002~2007년간 평균총자산증가율만큼 성장

구분	2007	2006	2005	2004	2003	2002	평균
총자산(백만 원)	6,777,619	6,211,000	5,465,485	4,659,282	3,785,392	3,262,981	
총자산증가율(%)	9.12	13.64	17.06	23.09	16.01	20.20	16.52

2008년도 추정총자산＝2007년도 총자산×2002~2007년간 평균총자산증가율
＝6,777,619백만 원×1.1652
＝7,897,282백만 원

둘째, 과거 총자산회전율이 일정하다는 가정하에 추정매출액을 이용하여 산출

구분	2007	2006	2005	2004	2003	2002	평균
총자산회전율(%)	1.31	1.40	1.49	1.52	1.51	1.38	1.43

2008년도 추정총자산＝2008년도 추정매출액/2002~2007년간 평균총자산회전율
＝8,826,303백만 원/1.43
＝6,172,240백만 원

- 첫째 방법을 활용하여 산출한 2008년도 추정총자산 7,897,282백만 원은 2007년도 총자산 6,777,619백만 원에서 1,119,663백만 원이나 증가하여 과대 추정됨.
- 둘째 방법으로 추정한 2008년도 총자산 6,172,240백만 원은 2007년도 총자산 6,777,619백만 원보다 오히려 605,379백만 원 감소한 것으로 산출됨.
- 2002~2007년간 추세를 살펴보면 총자산은 매년 증가하고 있으나 그 증가율은 둔화되고 있음. 그리고 총자산회전율은 지속적으로 감소하고 있음. 2008년도 추정총자산은 직전 연도인 2007년도 총자산증가율만큼 성장한다고 가정함.

$$2008년도\ 추정총자산 = 2007년도\ 총자산 \times 2007년도\ 총자산증가율$$
$$= 6,777,619백만\ 원 \times 1.0912$$
$$= 7,395,738백만\ 원$$

2) 2008년도 말 추정개별자산(당좌자산, 재고자산, 투자자산, 유형자산, 무형자산)은 과거 공통형 대차대조표의 비중을 이용

〈현대모비스의 2002~2007년간 공통형 대차대조표〉

(단위 : %)

구분	2007	2006	2005	2004	2003	2002
자산						
1. 유동자산	39.9	44.5	42.1	40.7	41.0	42.2
(1) 당좌자산	32.6	37.5	34.1	33.2	32.8	33.4
(2) 재고자산	7.3	7.0	7.9	7.5	8.2	8.8
2. 비유동자산	60.1	55.5	57.9	59.3	59.0	57.8
(1) 투자자산	41.3	37.8	37.5	37.0	34.9	35.6
(2) 유형자산	16.1	14.9	16.8	18.5	20.3	19.0
(3) 무형자산	1.7	1.7	2.9	2.8	2.8	3.2
(4) 기타	1.0	1.1	0.7	1.0	1.0	0.0
자산총계	100.0	100.0	100.0	100.0	100.0	100.0
부채						
1. 유동부채	26.1	32.4	32.9	31.5	31.7	31.8
2. 비유동부채	11.2	10.6	12.4	18.8	20.6	25.6
부채총계	37.3	43.0	45.3	50.2	52.2	57.5
자본						
1. 자본금	6.5	7.0	7.9	9.3	11.3	13.1
2. 자본잉여금	4.5	4.2	4.7	5.5	6.3	7.2
3. 이익잉여금	52.7	46.8	43.0	35.3	27.9	22.1
4. 자본조정	(1.7)	(0.3)	(0.3)	(0.4)	0.1	0.2
5. 기타 포괄손익	0.6	(0.7)	(0.7)	0.1	2.2	0.0
자본총계	62.7	57.0	54.7	49.8	47.8	42.5
부채와 자본총계	100.0	100.0	100.0	100.0	100.0	100.0

- 과거 공통형 대차대조표의 비중을 단순 평균하여 평균총자산 대비 개별자산(당좌자산, 재고자산, 투자자산, 유형자산, 무형자산)의 비중을 산출함.

〈2002~2007년간 평균총자산 대비 개별자산 비중〉

과목	2002~2007년간 평균총자산 대비 개별자산 비중	산출내역
당좌자산	33.9%	= (32.6+37.5+34.1+33.2+32.8+33.4)/6
재고자산	7.8%	= (7.3+7.0+7.9+7.5+8.2+8.8)/6
투자자산	37.4%	= (41.3+37.8+37.5+37.0+34.9+35.6)/6
유형자산	17.6%	= (16.1+14.9+16.8+18.5+20.3+19.0)/6
무형자산	2.5%	= (1.7+1.7+2.9+2.8+2.8+3.2)/6
기타	0.8%	= (1.0+1.1+0.7+1.0+1.0+0.0)/6

- 2008년도 추정개별자산은 다음 산식에 따라 구함.

2008년도 추정총자산 × 2002~2007년간 평균총자산 대비 개별자산 비중

〈2008년도 추정개별자산〉

(단위 : 100만 원)

과목	2008년도 추정개별자산	산출내역
당좌자산	2,507,155	= 7,395,738 × 33.9%
재고자산	576,868	= 7,395,738 × 7.8%
투자자산	2,766,006	= 7,395,738 × 37.4%
유형자산	1,301,650	= 7,395,738 × 17.6%
무형자산	184,893	= 7,395,738 × 2.5%
기타	59,166	= 7,395,738 × 0.8%
자산총계	7,395,738	

3) 2008년도 말 추정부채(유동부채, 비유동부채)는 과거 부채비율이 2008년도에도 유지된다는 가정하에 과거 평균부채구성비율을 적용

〈2002~2007년간 연도별 부채 및 부채비율〉

과목	2007	2006	2005	2004	2003	2002	평균
유동부채(백만 원)	1,766,160	2,010,798	1,798,780	1,466,129	1,198,272	1,039,125	1,546,544
비유동부채(백만 원)	760,599	661,127	678,722	874,968	778,774	835,729	764,987
부채총계(백만 원)	2,526,759	2,671,925	2,477,502	2,341,097	1,977,046	1,874,854	2,311,531
부채비율(%)	59.44	75.50	82.91	100.99	109.33	135.06	93.87

2008년도 추정부채＝2007년도 부채×2002~2007년간 평균총부채 대비 부채비중

〈2008년도 추정부채〉

(단위 : 100만 원)

과목	2008년도 추정개별부채	산출내역
유동부채	1,690,402	＝ 2,526,759×66.9%(＝1,546,544/2,311,531)
비유동부채	836,357	＝ 2,526,759×33.1%(＝764,987/2,311,531)
부채총계	2,526,759	

4) 2008년도 말 추정자본(이익잉여금 제외)은 증자나 감자계획이 없다는 가정 하에 2007년도 말 자본(이익잉여금 제외)을 그대로 사용

2008년도 말 추정자본＝2007년도 말 자본(이익잉여금 제외)

＝2007년도 자본총계－2007년도 이익잉여금

＝4,250,860백만 원－3,572,758백만 원

＝678,102백만 원

4단계 : 2단계에서 추정한 당기순이익에서 배당금을 제외한 추정이익잉여금을 계산하여 3단계의 자본에 산입

〈2002~2007년간 평균배당성향 산출〉

(단위 : 100만 원)

과목	2007	2006	2005	2004	2003	2002	평균
당기순이익(손실)	776,675	686,750	789,602	695,254	550,631	360,050	643,160
배당금	107,040	106,798	127,993	127,718	106,059	59,647	105,876
배당성향	0.14	0.16	0.16	0.18	0.19	0.17	0.16

－ 2008년도 추정배당금은 2008년도 추정당기순이익에서 2002~2007년간 평균배당성향(배당금/당기순이익)을 반영하여 산출함.

2008년도 추정배당금

＝2008년도 추정당기순이익×2002~2007년간 평균배당성향

－849,721백만 원×0.16

= 135,955백만 원

- 2008년도 추정당기순이익에서 2008년도 추정배당금을 제외한 추정이익잉여금을 계산함.

  2008년도 추정이익잉여금
  = 2007년도 이익잉여금 + 2008년도 추정당기순이익 - 2008년도 추정배당금
  = 3,572,758백만 원 + 849,721백만원 - 135,955백만 원
  = 4,286,524백만 원

- 2008년도 추정이익잉여금을 2007년도 말 자본(이익잉여금 제외)에 산입함.

  2008년도 추정자본
  = 2007년도 자본(이익잉여금 제외) + 2008년도 추정이익잉여금
  = 678,102백만 원 + 4,286,524백만 원
  = 4,964,626백만 원

5단계 : 최종적인 추정대차대조표로부터 자금조달(상환)계획수립

- 3단계의 부분적 추정대차대조표에서 추정부채 2,526,759백만 원과 추정자본 4,964,626백만 원을 합산한 대변의 합계 7,491,385백만 원은 추정자산 7,395,738백만 원보다 95,647백만 원이 많음.
- 이는 기업에 여유자금이 존재하게 된다는 의미임.
- 여유자금이 나타나면 기업은 배당지급을 늘리거나, 부채를 상환하거나, 새로운 투자기회를 찾아야 함.
- 현대모비스는 자본상환전략으로 감자는 고려하지 않고, 유동부채를 우선적으로 상환하기로 함. 상환 후의 부채비율은 48.97%로, 2007년도 부채비율 59.44%에 비해 10.47%가 낮아짐.
- 최종적인 2008년도 추정대차대조표는 다음과 같이 자본상환전략을 고려한 이후의 결과를 나타낸 것임.

  유동부채 ; 1,690,402백만 원 - 95,647백만 원 = 1,594,755백만 원
  부채총계 ; 2,526,759백만 원 - 95,647백만 원 = 2,431,112백만 원

<최종적인 2008년도 추정대차대조표>

(단위 : 100만 원)

과 목	금 액	과 목	금 액
자산		부채	
1. 유동자산	3,084,023	1. 유동부채	1,594,755
(1) 당좌자산	2,507,155	2. 비유동부채	836,357
(2) 재고자산	576,868	부채총계	2,431,112
2. 비유동자산	4,311,715	자본	
(1) 투자자산	2,766,006	1. 자본금	678,102
(2) 유형자산	1,301,650	2. 이익잉여금	4,286,524
(3) 무형자산	184,893	자본총계	4,964,626
(4) 기타	59.166		
자산총계	7,395,738	부채와 자본총계	7,395,738

제7장

질적 분석

개관

재무분석에서 활용되는 계량적 자료인 재무제표는 여러 한계점으로 인해 기업의 실질적 내용에 대한 중요한 정보를 전달하지 못하며, 경영자가 재무제표를 의도적으로 왜곡하는 분식회계도 발생한다. 재무제표를 이용한 재무분석에서는 이와 같은 한계점을 충분히 인식하여 분석내용을 보완하는 한편, 분석결과의 해석에 신중을 기할 필요가 있다. 또한 기업은 경영환경 및 경쟁전략과 같은 요인에 큰 영향을 받으므로 기업의 재무상태와 경영성과에 대한 효과적인 분석을 위해서는 재무제표를 이용한 계량적 분석과 아울러 질적 요인에 대한 분석이 병행되어야 한다. 이 장에서는 재무제표의 한계점과 재무제표의 질적 분석을 이해하고, 기업환경 및 기업전략에 대한 질적 분석에 대해 학습하도록 한다.

○━ 회계자료의 질적 분석

재무분석에 이용되는 자료는 보통 재무제표를 비롯한 회계자료와 통계자료 등의 계량화된 자료들이다. 그러나 재무제표를 이용한 분석에는 한계가 있는데, 이는 재무제표에 기록된 수치 자체가 기업의 경제적 실태를 정확히 반영하지 못하는 경우가 있기 때문이다. 역사적 원가로 기록된 실물자산의 가치가 급변하여 현재의 가치와 크게 다를 수 있고, 기업이 의도적으로 경영성과를 과장하거나 재무상태를 양호하게 보이려고 하는 경우도 있다. 또한 업종마다 재무제표 작성원칙이 상이하여 다른 업종에 속한 기업과 비교하기 어려운 경우도 있다. 그러므로 실제 재무분석에서는 재무제표가 지니는 이러한 문제점을 잘 인식하고 주의해야 한다.

1. 재무제표의 한계

재무분석을 위해 재무제표를 활용하려고 할 때, 다음과 같은 문제점들이 포함되어 있다는 점을 인식해야 한다.

첫째, 재무제표에는 많은 추정이 포함된다. 대표적인 추정의 예로는 대손예상액의 추정, 우발채무의 추정, 재고자산에 대한 판매 가능성의 추정 등을 들 수 있다. 추정은 미래의 불확실성에 기인한 오류를 내재하고 있으므로 추정손익항목과 자산·부채항목 등에서 오류가 발생하여 재무제표의 왜곡이 일어날 수 있다.

둘째, 재무제표에는 계량화하기 어려운 질적 정보가 반영되지 않는다. 우수한 인적 자원을 가진 기업은 그렇지 못한 기업보다 상대적으로 성장 가능성이 더 높고 기업가치가 크다. 하지만 이같은 사항은 현행 회계처리기준에서 재무제표에 반영할 수 없다. 또한 수익을 창출할 수 있는 잠재력이 높은 무형자산의 가치에 대한 정보도 재무제표 이용자에게는 중요하다. 예를 들어, 글로벌 우량기업인 코카콜라나 삼성전자 등이 가진 브랜드의 가치는 상당히 높지만, 재무제표에는 이러한 가치를 적정하게 반영시키지 못한다.

셋째, 재무제표를 작성할 때 동일한 사건에 대해서도 다양한 회계처리방법이 인정되므로, 기업마다 서로 다른 회계처리를 하면 기업 간 비교가 어려워진다. 예를 들면, 재고자산을 평가할 때 선입선출법(first in, first out method ; FIFO)과 후입선출법(last in, first out method ; LIFO) 중 하나를 선택할 수 있거나, 감가상각에 이용되는 정액법과 정률법이 인정되는 것 등이다. 기업은 이와 같이 회계처리방법을 변경하여 이익조작을 할 수도 있다.

넷째, 재무제표는 역사적 원가로 측정되므로 자산의 실제적 시장가치 (market value)를 반영하지 못한다. 대차대조표의 자산 중 비유동자산이나 재고자산은 취득원가로 기록되므로 현행 시장가치에 비해 저평가된다. 더구나 자산총액과 부채총액의 차이인 자본은 장부가치이므로 소유주지분의 내재가치(intrinsic value)가 반영되어 있지 않다. 또한 손익계산서의 수익과 비용에도 왜곡이 생기며 이익에도 영향을 미친다. 물가상승 시 매출은 물가상승 시점의 가격을 반영하고, 매출원가는 물가상승 이전의 가격을 반영하여 표시되기 때문에 결국 이익이 과대계상된다.

이상과 같이 경영자가 고의적으로 회계자료를 분식하지 않더라도 재무제표는 기업의 경제적 실질을 왜곡할 수 있다. 따라서 재무제표를 이용할 때 타당한 분석결과를 얻기 위해서는 회계자료를 분석목적에 맞추어 수정하여 분석하거나, 회계자료에 공시되지 않은 질적 정보를 수집하여 분석하는 등의 노력이 필요하다.

2. 회계처리방법의 다양성

재무제표를 분석하면 기업 간 상호 비교와 기간 비교를 통하여 기업의 상대적인 재무적 강점과 약점을 평가할 수 있다. 그러나 대부분의 기업에서는 다양한 회계처리방법과 회계기간을 선택하여 재무제표를 작성하고 있기 때문에 기업에 따라 재무제표의 내용에 차이가 있을 수 있다. 그러므로 재무제표를 비교하려면 비교대상기업의 회계처리방법과 회계기간을 검토하고 통일성(uniformity)과 비교 가능성(comparability)이 유지되고 있는가를 파악하여 그 차이를 조정하는 방법을 모색하여야 한다.

회계처리방법의 선택에 영향을 미치는 요인은 다양할 뿐만 아니라 이들 요인 사이에는 밀접한 연관성이 존재하기 때문에 이와 같은 관련요인을 함께 고려해야 한다. 회계처리방법의 선택에 영향을 미치는 요인들을 살펴보면 다음과 같다.

첫째는 수익과 비용의 대응원칙, 보수주의 원칙, 객관성의 원칙 등과 같은 회계원칙이다. 예를 들어, 보수주의 원칙에 입각하여 이익을 낮게 계상하고자 하는 기업에서는 기술개발과 관련된 비용을 자본적 지출로 처리하지 않고 당기의 비용으로 처리하는 것이 합리적일 수 있다.

둘째는 산업 내의 회계관행이다. 예를 들어, 투자자들이 기업 간의 경영성과를 PER을 통하여 비교하는 경향이 있다면 많은 기업들이 고의적으로 이익을 적게 계상하여 PER을 높일 수 있는 회계처리방법을 선택할 것이다.

셋째는 법인세 절감효과, 차입조건 등이다. 예를 들어, 재고자산의 매입가격이 상승할 경우 재고자산의 평가방법을 선입선출법(FIFO)에서 후입선출법(LIFO)으로 변경함으로써 과세표준액을 줄여 법인세를 절감시킬 수 있다. 또한 금융기관에서 자금을 차입할 때 차입조건으로 이자보상비율을 일정 수준 이상 유지해야 한다는 조항을 명시하는 경우에도 회계처리방법을 변경시켜 이자보상비율을 높이고자 할 것이다.

넷째는 이익배분기준이다. 예를 들어, A기업이 B기업의 경영권을 취득하는 대가로 이익 중 일정한 비율을 B기업에 분배하기로 계약한 경우, A기업에서는 회계처리방법을 변경하여 자본적 지출을 당기의 비용으로 계상함으로써 이익을 줄이려는 노력을 할 것이다.

다섯째는 경영자에 대한 보상제도(compensation scheme)이다. 대부분의 기업에서는 재무제표상의 경영성과에 따라 경영자의 보수와 상여금을 결정하고 있다. 이처럼 경영자의 보상이 회계이익과 연관되어 있는 경우, 경영자는 회계처리방법을 변경하여 회계이익을 증대시키려고 할 것이다.

3. 재무제표의 분식

(1) 재무제표분식의 의의

재무제표분식(window-dressing)이란 어떤 특정한 의도나 목적을 가지고 정상적인 회계절차에 의해 산출된 결과가 아닌, 왜곡된 경영실적과 재무상태를 손익계산서 및 대차대조표에 보고하는 행위를 말한다. 대개 재무제표분식이라 할 때는 이익을 과대하게 표시함으로써 경영성과나 재무상태를 실제보다 더 양호하게 보이려고 하는 경우를 의미한다. 기업의 경영자는 재무제표분식을 위해 자의적인 회계처리를 행할 수 있는데, 「기업회계기준」이 허용되는 범위 내에서 이익을 조정하는 행위를 이익조정(earnings management)이라 하고, 「기업회계기준」을 위반하는 경우를 분식회계 또는 이익조작(earnings mani-pulation)이라고 한다. 하지만 이익조정과 분식회계는 재무제표 이용자를 오도하기 위한 목적으로 행해진다는 점에서는 큰 차이가 없으며, 이익의 질(earning's quality)을 저하시켜 재무제표 이용자가 그릇된 경제적 의사결정을 내리게 할 가능성을 높인다.

한편, 세금을 적게 낼 목적으로 이익을 과소하게 표시하는 것도 분식에 해당되는데, 이 경우는 특별히 역분식이라고 한다. 또한 분식은 경영자의 판단이나 동의하에 이루어진다는 점에서 일반적인 경리부정행위와는 다르다.

(2) 재무제표분식의 동기

기업의 경영자가 재무제표분식을 위한 회계처리를 하는 유인은 다음과 같이 설명될 수 있다.

기업은 재무상태와 경영성과를 양호한 것처럼 보이게 하여 자금조달을 용이하게 할 목적으로 분식회계를 수행한다. 이는 기업의 신용도가 악화되면 금융기관으로부터 차입, 유상증자, 회사채 발행 등 자금조달이 어려워지며, 부채를 조기상환하거나 이자율이 높아지는 불이익이 발생하기 때문이다.

또한 경영자는 자신에 대한 성과평가나 보상이 이익을 기준으로 결정되므로, 자신의 성과나 승진의 가능성을 높이기 위해 재무제표를 분식할 유인을 갖는다. 특히 기업에서 노사분쟁이나 경영권분쟁이 발생할 경우 경영진은 주주들에게 자신의 성과를 양호하게 보이기 위해 이익을 상향조정하는 분식회계를 수행한다.

(3) 재무제표분식의 유형

재무제표분식의 방법에는 여러 가지가 있지만 가공매출의 계상, 자산의 과대평가, 비용과 부채의 과소계상 등의 방법을 사용한다. 대표적인 재무제표분식유형 일곱 가지를 소개하면 다음과 같다.

1) 분식유형 1 : 수익을 조기에 실현한다.

① 매출이 완성되기 전에 출고한 것처럼 하는 경우

② 중대한 불확실성이 존재함에도 불구하고 수익을 기록하는 경우

③ 미래에 제공하여야 할 용역의무가 있음에도 불구하고 수익을 기록하는 경우

2) 분식유형 2 : 가공의 수익을 기록한다.

① 재고자산 등 가공자산을 계상하는 경우

② 유사한 자산의 교환을 이익으로 기록하는 경우

③ 공급업자로부터 자금을 변제받은 것을 수익으로 기록하는 경우

④ 중간보고서상에서 추정을 가공으로 하는 경우

3) 분식유형 3 : 일시적 이익을 위하여 이익을 부풀린다.

① 저평가된 자산을 처분하여 이익을 부풀리는 경우

② 부채를 회수하면서 이익을 부풀리는 경우

③ 반복적인 이익과 비경상적이고 비반복적인 이익을 구분하지 않는 경우

④ 지속하지 않는 영업으로부터의 손실을 숨기는 경우

4) 분식유형 4 : 금년도 비용을 다음 연도로 연기한다.

① 자본화하는 금액을 부적절하게 하는 경우

② 감가상각을 매우 느리게 하는 경우

③ 가치가 없는 자산을 소각시키지 않는 경우

5) 분식유형 5 : 모든 부채를 기록하지 않거나 공시하지 않는다.

① 현금을 받았을 때 부채가 아닌 수익으로 기록하는 경우

② 예상되는 부채나 우발채무를 기록하지 않는 경우

③ 이행하여야 할 의무를 공시하지 않는 경우

④ 부채가 장부에 기록되지 않는 거래에 치중하는 경우

6) 분식유형 6 : 당기의 이익을 미래로 이연시킨다.

매출수익을 미래로 이연시키기 위하여 매출의 일부를 기록하지 않고 남겨 두는 경우

7) 분식유형 7 : 미래의 비용을 당기에 처리한다.

① 자유재량적 비용을 당기에 많이 발생시키는 경우

② 미래에 나누어서 상각하여야 할 것을 당기에 일시 상각하는 경우

〈표 7-1〉에는 2002년부터 2004년까지의 기간 중「기업회계기준」을 위배하여 회계감독기관으로부터 한정의견이나 부적정의견을 받은 회사의 분식회계 항목의 분포가 제시되어 있다. 회계감사기관이 한정의견이나 부적정의견을

〈표 7-1〉「기업회계기준」위배에 대한 한정의견 및 부적정의견 사유 분포

구 분	2002		2003		2004	
	회사수 (개)	비율 (%)	회사수 (개)	비율 (%)	회사수 (개)	비율 (%)
〈한정의견 사유〉						
감가상각비 과소·과대계상	124	23.4	122	23.1	105	25.0
퇴직급여 과소·과대계상	63	11.9	65	12.3	49	11.7
대손상각비 과소·과대계상	60	11.3	72	13.6	40	9.5
재고자산평가손실 과소·과대계상	20	3.8	26	4.9	13	3.1
유가증권(투자유가증권) 평가·처분 등 관련손익 과소·과대계상(지분법 미적용 포함)	45	8.5	39	7.4	25	6.0
세법상 준비금의 계상	17	3.2	14	2.7	11	2.6
매출·매출원가 과소·과대계상	17	3.2	28	5.3	21	5.0
계속기업으로서의 존속능력에 대한 불확실성	54	10.2	49	9.3	48	11.4
기타의 위배사항	130	24.5	113	21.4	108	25.7
〈부적정의견 사유〉						
감가상각비 과소·과대계상	15	15.8	10	18.2	12	19.4
퇴직급여 과소·과대계상	7	7.4	2	3.6	7	11.3
대손상각비 과소·과대계상	19	20.0	8	14.5	10	16.1
재고자산평가손실 과소·과대계상	4	4.2	3	5.5	1	1.6
투자유가증권 평가손실 과소·과대계상(지분법 및 감액손실 미적용 포함)	12	12.6	11	20.0	8	12.9
기타의 위배사항	38	40.0	21	38.2	24	38.7

자료 : 금융감독원,『외부감사 조사대상회사 감사의견분석』, 2006. 1. 3.

표명한 회계기준 위배사유로 가장 빈번하게 지목되는 항목들로는 감가상각비의 과소·과대계상, 퇴직급여의 과소·과대계상, 대손상각비의 과소·과대계상 등이 있다. 또한 재고자산평가손실 과소·과대계상이나 투자유가증권평가손실 과소·과대계상 등과 관련한 회계처리 위배사항도 많이 발생하는 항목이다.

(4) 재무제표분식의 폐해

첫째, 재무제표분식은 우선 선의의 투자자들에게 피해를 준다. 재무제표분식을 통해 작성된 왜곡된 정보가 투자자들에게 전달되어 그릇된 의사결정을 초래할 수 있다.

둘째, 회사의 채권자 및 거래처에 대하여 직·간접적인 손실을 끼친다. 채무의 상환능력이나 회사의 수익성 및 성장성에 기반하여 자금을 공급하는 금융기관이나 물품과 용역을 제공하는 거래처들은 재무제표에 근거하여 기업의 신용도를 판단하게 마련이다. 그러나 분식회계로 인해 금융기관이나 채권자들은 기업의 신용도를 잘못 판단하게 되고 그 결과 부실채권이 양산된다.

셋째, 분식은 해당 기업과 종업원들에게 피해를 준다. 부진한 경영실적과 악화된 재무상태를 분식회계로 은폐하는 것은 기업이 가진 문제를 곪게 만들어 결국 회사를 회생불능의 늪에 빠뜨린다. 또한 그 피해는 회사의 종업원들에게 고스란히 돌아가게 된다.

넷째, 경제 전체의 신뢰도를 떨어뜨린다. 신용평가기관은 기본적으로 회사의 재무제표에 기반하여 신용평가를 할 수밖에 없는데, 신뢰할 수 없는 재무제표가 작성된다면 이를 기초로 한 신용평가결과의 신뢰성도 의심받게 되며, 결국에는 그 국가경제 전체가 신뢰성을 상실하게 된다.

다음에서 소개할 대우그룹과 엔론의 분식회계는 국가경제의 위기를 초래하고 기업 이미지를 실추시킨 대표적인 사례라고 할 수 있다.

사례 1 : 대우그룹의 분식회계로 인한 폐해

대우그룹은 (주)대우, 대우자동차, 대우중공업을 중심으로 계열사 41개, 국내 종업원 10만 5,000여 명, 해외법인 396개를 거느린 우리나라를 대표하는 기업이었다. 그러나 외형 부풀리기 위주의 차입경영과 방만한 회사운영으로 인하여 대우 계열사들은 매년 적자가 누적되는 등 점차 부실을 드러내기 시작하였고, 외환위기기간인 1997~1998년에는 경영상태와 재무구조가 최악으로 치달았다. 대우는 이러한 상황에서 금융기관들로부터의 자금차입조건이 악화되어 자금조달이 어려워지자 회사가 흑자를 낸 것처럼 회계장부를 조작하기 시작하였다.

대우그룹이 1997~1998년 부채를 줄이고 가공자산을 만드는 등의 분식회계수법으로 부풀린 자본금은 (주)대우 27조 원, 대우자동차 4조 5,600억 원, 대우중공업 5조 원, 대우전자 11조 7,000억 원, 대우통신 8,300억 원 등 총 49조 900억 원이었다. 또 우량그룹으로 위장한 상태에서 금융기관으로부터 받아 낸 불법대출액은 (주)대우 5조 2,200억 원, 대우자동차 1조 8,500억 원, 대우중공업 1조 3,925억 원, 대우전자 9,557억 원, 대우통신 5,800억 원 등 모두 9조 9,982억 원이었다.

(주)대우는 인도 자동차공장 등 10개 국가에서 실제로 있지도 않은 해외건설공사를 수주받아 공사를 진행한 것처럼 꾸며 5,000억 원이 넘는 당기순이익을 허위로 늘렸다. 국내 건설부문에서는 부산 다대포항 배후도로공사 등 29개 공사현장에서 발생한 손실충당금을 허위로 줄이는 등의 방법으로 4,500여 억 원의 자본을 부풀렸다. 또 (주)대우가 해외현지법인 주식을 계열사에 일괄 매각해 받은 3조 원의 투자자산처분이익을 영업외수익으로 허위 계정분류하는 등의 방법도 사용했다.

(주)대우는 무역·관리부문에서 정상 회계처리되어 있던 부분에 대해 마이너스(-) 전표를 전산입력하는 방법으로 매출원가, 외환차손, 지급이자 등 수십 개의 계정을 자유자재로 과대·과소계상, 1997년 한 해 동안 이 방법으로만 무려 4조 원을 부풀렸다. 국내 건설부문에서는 장기 미회수나 거래처 부도 등으로 회수가 불확실한 매출채권을 비용항목인 대손충당금으로 계상하지 않고 회사의 부실 기능성이 작은 것처럼 보이기 위해 고의로 누락시켰다.

굴포천 하수처리장공사, 부산 다대포항 배후도로공사, 신문로 빌딩 공사 등 2년 동안 국내 330여 개 공사에 같은 유형의 수법이 동원되었다. 이같은 방법은 해외건설현장에서도 사용되어 리비아 공사현장에서는 2,000억 원 상당의 공사대금채권에 대해 리비아 재무성과 대금을 감액해 주기로 합의했지만 대우는 이를 대손상각비에서 제외했다.

(주)대우는 주식평가의 기준을 자의적으로 변경하기도 했는데, 실질적으로 평가할 수 없어 원가법을 적용해야 될 계열사의 주식평가에 지분법을 적용, 1조 원이 넘는 투자주식평가이익을 만들었다. 또 3조 원의 투자자산처분이익을 영업외수익으로 허위 계정분류하고, 이를 숨기기 위해 지급이자와 외환차익을 7,000억 원 상당 허위로 감소시키고 매출원가 및 매출로 대체하는 치밀함을 보이기도 했다.

대우그룹의 분식회계 사태가 발생한 1999년 당시까지만 하더라도 국내 대기업들 사이에서는 분식회계가 관행처럼 되어 있었던 것이 사실이다. 그러나 분식회계가 비록 우리 경제의 압축적인 고도성장의 과정에서 일어난 불가피한 관행이었다고 하더라도 결코 정당화될 수 없는 것이다.

사례 2 : 엔론의 분식회계로 인한 폐해

엔론은 1990년대 미국 에너지시장의 규제 완화 바람을 타고 에너지 유통(Transportation & Distribution)업체에서 에너지 중개업체로 급성장한 회사이다. 엔론의 2000년 매출액 규모는 1,008억 달러(약 131조 원)로, Fortune 글로벌 500대 기업에서 16위를 차지하였던 기업이다. 엔론의 매출 규모는 국내 최상위 대기업집단의 전체 매출액보다 컸다.

엔론은 2001년 3/4분기 실적을 발표하기 이전까지 투자자, 경영학자, 언론의 주목을 받는 소위 잘 나가는 회사였다. 엔론은 Fortune지가 조사한 세계에서 가장 존경받는 기업 25위에 랭크되었고, 5년 연속으로 '가장 혁신적인 기업'으로 선정되었으며, 최고경영자이자 설립자인 레이(Lay)는 미국에서 가장 우수한 CEO 25인 중 한 명으로 뽑혔다. 또한 영국의 Financial Times는 2000년 최고의 에너지 업체로 엔론을 선정하는 등 언론의 엔론에 대한 평가는 오랜 기간 동안 상당히 호의적이었다.

하지만 2001년 3/4분기 저조한 실적 발표 이후 SEC의 내부자거래조사, 회계장부 재작성, 합병 실패 등 잇따른 악재가 터져 나오고, 결국 파산보호신청을 하게 되면서 엔론은 주주, 채권자, 협력업체, 종업원들에게 엄청난 피해를 끼쳤다. Business Week는 엔론의 파산보호신청으로 주주는 630억 달러, 채권자는 176억 달러, 파생상품 거래 파트너는 40억 달러의 손해를 입은 것으로 추정하고 있다.

엔론의 매출액은 1996년 132억 달러에서 1997년 203억 달러, 1998년 313

억 달러, 1999년 401억 달러, 2000년 1,008억 달러로 늘어나 연평균 66%의 성장세를 과시하였다.

하지만 이러한 매출액의 급성장과는 대조적으로 엔론의 수익성은 급감하였다. 엔론의 자기자본이익률(ROE)은 1996년 15.7%에서 2000년에는 8.5%로 줄어들었다. 매출액이 급성장한 5년(1996~2000년) 동안 자기자본이익률이 절반 정도로 줄어든 것이다.

엔론은 매출액 성장세에 비해 수익성 증가가 뚜렷이 나타나지 않자 회계조작을 통해 이익을 부풀렸다.

엔론은 자회사지분 보유가 50%가 되지 않으면 연결재무제표를 작성할 의무가 없다는 점을 이용하여 모회사의 실적을 돋보이게 하였다. 연결재무제표를 작성하게 되면 모회사와 자회사의 거래는 하나의 실체로 보기 때문에 모회사와 자회사 간 거래로 이익이 발생하지 않는다. 하지만 자회사가 모회사와 독립적인 회사로 판단되어 연결재무제표 작성대상이 되지 않으면 자회사와 거래를 통해 이익을 발생시킬 수 있다.

또한 엔론은 공정한 가격이 형성되어 있지 않은 투자자산을 자회사에 양도하여 이익을 증가시켰다. 1997년부터 2001년 3/4분기까지 엔론의 투자자산 처분이익이 순이익에서 차지하는 비중은 28%나 되었다.

엔론은 매출의 인식에 있어서도 분식회계를 자행하였다는 의혹을 받고 있다. 가스와 전력 등 에너지 거래에서 상품의 양수도 시점이 아니라 계약 체결 시점에서 매출과 이익을 반영함으로써 이익을 부풀렸다는 것이다.

미국 SEC가 엔론의 사설 펀드에 대해 조사가 들어간 2001년 10월 이후 엔론은 1997년부터 2001년 3/4분기까지의 재무제표를 재작성하였다. 재무제표의 재작성으로 1997년부터 2001년 3분기까지 엔론의 순이익이 29억 달러에서 23억 달러로 줄어들었다. 5년간 엔론은 순이익을 6억 달러, 약 20% 정도 부풀린 것이다.

엔론의 회계감사인인 앤더슨의 도덕적 해이도 파산의 큰 원인이었다. 회계감사법인인 앤더슨은 엔론의 회계감사와 컨설팅 서비스를 동시에 수행함으로써 엔론의 분식회계를 방조했다는 의혹을 받고 있다. 앤더슨은 2000년 한 해에만 회계감사수임료로 2,500만 달러를 받았고, 컨설팅 서비스 대가로 2,700만 달러를 받았다.

엔론은 2001년 3/4분기의 저조한 실적 발표(2001. 10. 16.) 이후 두 달도 채 되지 않은 단시일에 파산보호신청(2001. 12. 2.)을 하였다. 엔론이 이렇게 단시일에 파산을 하게 된 가장 결정적인 원인은 시장 신뢰의 상실로 인한 주가폭

락이었다. 3분기의 실적 발표 당시 33.8달러였던 주가가 신용등급이 투기등급으로 하향조정된 2001년 11월 28일에는 1.1달러로 급락하였다. 실적 악화, SEC의 내부자거래조사, 분식회계 발표 등 악재가 잇달아 발표되면서 투자자들은 엔론에 대한 신뢰를 완전히 상실하였고, 이로 인해 신규 자금조달이 불가능해진 엔론은 더 이상 재기의 기회를 갖지 못했다.

분식회계, 내부자거래 등으로 인한 시장에서의 신뢰 상실은 즉각적인 주가 폭락이나 신용등급 하향조정을 초래할 뿐만 아니라, 신규 자금조달을 불가능하게 하여 결국 기업도산으로 연결될 가능성이 더욱 높아지고 있다. 시장 신뢰의 상실에 대한 대가는 과거보다 빠르게 일어날 것이고, 그 파장 또한 훨씬 커지게 될 소지가 있다. 지금은 투명경영, 책임경영과 든든한 내부통제시스템의 확립을 통한 신뢰 구축이 가장 든든한 자본(trust capital)이 되는 시대가 되었다.

(5) 재무제표분식의 발견

분식은 고의로 이루어지므로 외부감사 등을 통해서 적발해 내기란 쉽지 않다. 따라서 경영환경변화와 기업의 대응 및 경영실적을 분석해서 분식의 가능성을 예측한 후 재무제표에 대한 분석을 실시해야 한다. 재무제표의 분석은 개별항목의 분석과 재무비율의 분석을 모두 포함한다.

개별항목의 분석에서는 재무제표의 각 항목을 면밀히 검토하여 계상된 금액 및 적용된 회계방법의 타당성을 평가하고, 회계수치와 경영실태를 비교하여 분식의 유무를 확인한다.

그리고 특정 기업을 대상으로 분식 유무를 확인하기 위해 재무비율을 분석할 때에는 그 기업의 재무비율의 추세를 살펴보거나, 또는 그 기업의 재무비율을 산업 전체나 다른 기업의 재무비율과 비교했을 때 발견되는 특이한 사항을 가지고 분식의 징후를 판단한다.

7.2 기업환경 및 기업의 질적 분석

재무분석에서 이용되는 기본적인 자료는 회계자료, 통계자료 등과 같은 계량화된 자료이다. 그러나 경영자의 능력, 종업원의 능력과 기술수준, 종업원의 인간관계와 기업 내부의 사기, 거래처의 유대관계 등과 같은 인적 요인은 물론 기업의 신용상태, 공장의 입지, 관리체계 등과 같은 계량화시킬 수 없는 질적 요인도 경영활동에 결정적인 영향을 미칠 수 있다. 따라서 계량적 분석에서 얻은 정보만을 가지고 기업의 재무상태와 경영성과에 대하여 성급한 평가를 하거나 결론을 내리는 것은 지극히 위험한 일이다. 이 절에서는 기업의 재무상태와 경영성과에 영향을 미칠 수 있는 질적 요인으로 경제요인, 산업요인, 기업요인에 대하여 살펴보자.

1. 거시경제분석

기업의 미래 현금흐름은 미래의 경제활동수준에 따라 영향을 받기 때문에 기업경영은 경제활동수준을 대변하는 경제성장률, 경제정책, 물가, 통화량, 금리수준 등과 같은 거시경제요인과 밀접한 관련이 있다. 경제활동이 활발하면 생산량, 매출액, 고용, 이익, 개인소득 등이 증가한다. 그러나 경제활동이 위축되는 경우에는 생산량이 줄어들고 실업이 증가하며, 이에 따라 이익이 감소한다. 거시경제분석에 이용되는 경제지표에는 여러 가지가 있다. 그러나 경제지표의 분석은 그 범위가 넓을 뿐만 아니라, 정형화된 분석방법이 존재하지 않기 때문에 충분한 경험과 판단력이 요구된다. 따라서 연구기관, 정부, 중앙은행, 기타 전문분석기관 등에서 제공하는 경제 관련자료를 수집하여 기업의 경영전략 등과 연계시켜 분석해야 한다. 거시경제분석에서 고려하고 있는 경제요인을 국민소득과 경기, 통화량, 금리, 물가, 환율 등으로 구분하여 살펴보기로 한다.

(1) 국민소득과 경기

한 나라의 경제수준과 국민들의 생활수준을 종합적으로 파악할 수 있는 가장 대표적인 지표는 바로 국민소득이다. 국민소득이란 한 나라의 가계, 기업, 정부 등 모든 경제주체가 일정 기간에 생산한 재화와 서비스의 가치를 시장가격으로 평가하여 합산한 것으로서 흔히 국내총생산(gross dornestic product ; GDP)이 사용된다. 경제성장률은 국민소득으로부터 산출되며 일정 기간에 한 나라 경제가 이룩한 성과를 측정하는 중요한 척도로 경기 및 생산활동동향을 나타내는 경제지표이다. 경제성장률이 높을 경우에는 생산, 매출, 고용, 소득이 모두 증가하며, 이에 따라 기업의 이익도 큰 폭으로 상승하게 된다. 반면에 경제성장률이 낮을 경우에는 생산과 매출이 감소하고 실업이 증가함으로써 소득이 줄어들며 기업의 이익도 감소한다. 이와 같이 경제성장은 생산, 매출, 고용, 소득 등의 요인과 직접적으로 관련되어 있기 때문에 경제성장 전망이 좋을 때에는 증권시장에서 주가가 큰 폭으로 오르지만, 경제성장 전망이 어두울 때에는 주가가 떨어지는 것이 보통이다.

국민경제의 총체적인 활동수준은 경기에서 나타난다. 일반적으로 경기가 좋다는 것은 생산, 투자, 소비 등의 경제활동이 대부분의 부문에서 통상적으로 기대하는 평균수준 이상으로 활발한 경우를 말하며, 경기가 나쁘다는 것은 그 반대현상을 뜻한다. 장기적인 관점에서 볼 때 경기는 안정되어 있는 것이 아니라 '호황 → 후퇴 → 침체 → 회복' 과정을 반복하면서 끊임없이 변동한다. 이러한 경기의 순환과정은 호황과 침체가 교차하면서 발생하는 반복성, 다수의 경제활동을 포괄하는 다양성, 확장 또는 수축양상이 시차를 두고 경제 각 부문에 전달되는 파급성, 그리고 일정한 방향으로 계속 확대해 나가는 누적성 등의 특징을 갖고 있다.

국민경제가 안정적인 성장을 지속하도록 하기 위해서는 경기의 움직임을 사전에 보다 빠르고 정확하게 예측하여 알맞은 조절정책을 적기에 실시하는 것이 대단히 중요하다. 현재의 경기상황을 파악하거나 장래의 경기를 예측하는 데에는 다음과 같은 여러 가지 방법이 사용되고 있다.

첫째, 산업생산지수나 도·소매판매액지수 등과 같이 경기와 관련성이 높은 개별경제지표들의 움직임을 주의 깊게 살펴보는 방법이 있다.

둘째, 경기 반영도가 높은 개별경제지표들을 선정한 후 직질한 동계석 분석기법에 의해 가공하여 합성한 종합경기지표를 사용하는 방법을 들 수 있는데, 현재 주요국에서 널리 이용되고 있는 종합경기지표로는 경기종합지수(CI)가 있으며, 사용목적에 따라 선행종합지수, 동행종합지수, 후행종합지수 등이 있다.

셋째, 경제주체(기업과 소비자)들의 경기에 대한 판단이나 전망 등을 수집하여 전반적인 경기동향을 파악하는 설문조사방법이 있는데, 기업경기실사지수(BSI)와 소비자태도지수(CSI)가 이에 해당된다.

이 밖에 각종 경제변수들의 상호 의존관계를 계량경제학적인 측면에서 규명하여 경기를 분석하는 계량모형방법도 사용되고 있다.

(2) 통화량

돈은 시중에 필요 이상으로 많이 풀려 있어도 국가경제에 나쁜 영향을 주고, 반대로 너무 적게 풀려 있어도 국민경제에 어려움을 주게 마련이다. 각 나라의 중앙은행들이 자국 내에 유통되는 돈의 총량인 통화량을 적정한 수준으로 유지될 수 있도록 최선의 노력을 기울이고 있는 것도 이 때문이다.

시중에 유통되는 통화량을 효과적으로 조절하기 위해서는 먼저 돈의 총량을 파악하여야 하는데, 이를 파악할 수 있는 척도가 바로 통화지표이다. 돈이란 개념에는 일반적으로 생각할 수 있는 현금뿐만 아니라 은행예금 등도 포함되어 있어 한 가지 지표만으로는 그 총량을 파악하기 어렵다. 따라서 각국은 여러 종류의 통화지표를 편제하고 그 나라의 실정에 알맞은 지표를 선정한 후, 이를 중심으로 통화량을 관리하고 있다.

한편, 1990년대 이후에는 금융환경에 새로운 변화가 나타나면서 통화지표에 영향을 미치고 있다. 금융혁신의 진전으로 새로운 금융상품이 크게 늘어나면서 금융권 간의 극심한 자금이동현상이 나타났고, 경제의 개방화와 자본자유화가 진전되면서 국가 간에 빈번한 자본 유출·유입현상이 발생하게 되어 통화신용정책 수행에 교란요인으로 작용하게 되었다.

이러한 금융환경변화에 따라 한국은행에서는 양적 지표라고 할 수 있는 통화량 외에도 금리, 환율 등의 여러 지표를 과거에 비해 보다 중시하는 빙향으로 통화신용정책을 수행해 나가고 있다. 통화를 관리하는 방식으로 과거에는 개별은행의 자금공급 규모를 한국은행이 결정하는 이른바 직접규제방식

을 주로 사용하여 왔으나, 최근 들어서는 금융자율화의 진전 등으로 공개시
장조작 등의 간접규제방식을 주로 활용하고 있다.

케인스(Keynes, J. M.)의 견해에 의하면 통화량이 증가할수록 이자율이 하락
하여 설비투자가 확대되고 국민소득이 늘어나서 기업가치가 상승한다고 한
다. 하지만 한편으로는 통화량의 지속적 증가 때문에 오히려 기업가치가 하
락한다는 주장도 있다. 통화량이 지속적으로 증가할 경우에는 일시적인 이자
율의 하락으로 투자를 증대시키고 그 결과 유효수요가 증대되어 생산량이 증
가하지만, 일시적인 생산량의 증대는 화폐에 대한 수요뿐만 아니라 물가를
상승시키는 결과를 가져와서 이자율 상승의 원인이 되기 때문에 기업가치가
하락한다는 것이다. 이 두 가지 견해는 상반되지만 통화량이 기업의 기대현
금흐름과 이자율에 영향을 미치기 때문에 결국 기업가치에 영향을 미친다고
보는 점에서는 공통적이다. 통화량과 기업가치의 관계는 경제상황에 따라 달
라질 수 있으므로 그 관계를 이론적으로 명확하게 정립하기는 어려운 일이다.

(3) 금리

금리는 자금을 빌린 데 대한 대가로 지불하는 돈의 가격이다. 일반시장에
서 물건을 사고 팔 때 가격이 존재하듯이, 돈을 빌려 주고 빌려 받는 금융시
장에서도 일종의 가격이 형성되게 마련이다. 금리도 일반상품가격과 마찬가
지로 돈을 빌려 줄 사람이 상대적으로 많으면 떨어지고 적으면 올라간다. 또
한 거래되는 금융시장이 다르면 금리수준에도 차이가 생긴다.

금리수준의 변동이 기업경영에 미치는 영향은 매우 크다. 금리수준이 인상
될 경우 부채를 많이 활용하는 기업은 금융비용의 부담이 늘어나 기업의 실
적이 악화됨으로써 주가가 하락한다. 반대로 금리수준이 하락할 경우에는 그
만큼 금융비용의 부담을 덜게 되어 실적이 호전됨으로써 주가는 상승한다.
또한 금리변동은 투자자의 유가증권에 대한 요구수익률을 변동시킴으로써
주가를 변동시킨다. 따라서 일반적으로 금리수준의 상승이 예상되면 주가는
하락하게 되고, 금리수준의 하락이 예상되면 주가는 상승하게 된다. 이와 같
이 금리는 일반상품들의 가격과는 달리 국민경제에 미치는 영향이 크기 때문
에 대부분의 나라에서는 금리가 금융시장에서만 결정되도록 방임하지 않고
정부나 중앙은행이 직접 규제하거나 시장개입 등을 통하여 간접적으로 영향

력을 행사하고 있다.

우리나라에서는 그동안 금융기관의 여·수신금리 등 각종 금리를 정부와 중앙은행이 상당 부분 직접 규제하여 왔으나, 1990년대부터 시장금리의 하향안정화로 규제금리와의 격차가 줄어드는 등 금융시장에서 금리자유화 여건이 성숙됨에 따라 단계적으로 금리자유화 조치를 추진해 왔다. 이에 따라 금융기관은 현재 일부 초단기수신금리를 제외한 거의 모든 여·수신금리를 금융시장여건 등을 감안하여 자율적으로 결정하고 있다. 이와 같이 금리가 금융시장의 가격으로 시중자금사정을 잘 반영하게 되면 통화량과 함께 통화신용정책의 지표로 보다 유용하게 활용할 수 있다.

(4) 물가

물가란 시장에서 거래되는 개별상품의 가격을 경제생활에서 차지하는 중요도 등을 감안하여 평균한 종합적인 가격수준을 말한다. 물가지수는 이러한 물가의 움직임을 한눈에 알아볼 수 있도록 기준 시점을 100으로 정하여 지수화한 것이다.

개별상품의 가격이 그 상품에 대한 수요와 공급의 관계에 의해서 결정되고 변동되듯이, 개별상품가격을 종합한 물가도 경제 전체의 총수요와 총공급의 관계에 의해 결정되고 변동된다. 따라서 물가의 변동은 공급측의 생산이나 수요측의 소비, 투자 등 한 나라의 모든 경제활동의 결과를 반영하는 것이기 때문에 물가지수는 경제동향을 분석하거나 경제정책을 수립하는 데 필수적인 기초통계가 된다.

물가가 지속적으로 오르는 현상을 인플레이션(inflation)이라고 하는데, 이 인플레이션은 소득분배 및 자원배분을 왜곡시키고 민간의 저축과 투자를 위축시킨다. 또 국제경쟁력을 약화시킴으로써 국민경제의 건전한 성장에 걸림돌이 되기 때문에 어느 나라에서나 물가안정은 매우 중요한 정책적 과제로 인식되고 있다. 인플레이션이 발생하는 원인에는 상품에 대한 수요나 공급에 영향을 미쳐 물가를 변동시키는 수요-공급요인과, 상품원가의 변동을 초래하여 물가를 변동시키는 비용요인이 있다.

인플레이션이 원자재가격 상승, 금융비용 상승 등의 비용요인에서 비롯된 경우에는 소비자의 실질소득이 감소되어 수요가 감소하며, 또한 제품가격의 상승으로 해외에 대한 수출여건이 급격히 악화된다.

물가가 오르면 일정한 돈으로 살 수 있는 물건의 양이 줄어들게 되므로 실질소득이 감소한 것과 같은 효과가 발생하게 된다. 또한 사람들마다 현금을 갖고 있으면 손해를 본다고 생각하여 부동산을 사거나 앞으로 가격이 오를 것으로 생각되는 물건을 미리 사두려고 하기 때문에 금융저축이 감소한다. 저축이 감소하면 금융기관은 대출재원 확보를 위하여 금리를 인상하게 되며, 이러한 금리인상은 기업투자를 위축시킨다. 따라서 자금 여유가 있는 기업도 생산활동에 투자하기보다는 당장 재산증식이 기대되는 부동산에 투자하게 되어 생산능력과 일자리가 줄어들고 실업자가 늘어난다. 그리고 이에 따라 늘어나는 소득격차는 계층 간 위화감을 증대시키고 국민경제의 체질을 약화시키는 결과를 초래한다.

또한 인플레이션은 소득 및 부의 분배에 악영향을 미친다. 물가가 오르면 금융자산의 가치가 하락하므로 예금·채권 등의 금융자산을 보유한 사람은 손해를 보는 반면, 채무자는 갚아야 할 부담이 줄기 때문에 물가상승으로 이익을 보게 된다. 그런데 금융자산을 소유하고 있는 부문은 주로 가계이고 이들 자산에 대한 채무자는 주로 기업과 정부이기 때문에 인플레이션은 가계의 부를 기업과 정부로 재분배하는 경제적 효과를 유발시킨다.

한편, 인플레이션은 국제수지에도 악영향을 준다. 즉, 국내 물가가 오르면 해외시장에서 우리나라 상품가격이 외국상품가격보다 비싸지기 때문에 가격경쟁력이 떨어져 수출이 어려워지는 반면, 국내 시장에서는 수입상품가격이 상대적으로 저렴해지므로 수입은 증가하게 되어 경상수지가 악화된다.

(5) 환율

환율은 자국통화와 외국통화의 교환비율로, 외국통화와 비교한 자국통화의 가치이다. 환율은 기본적으로 외환시장에서 외환에 대한 수요와 공급에 의해 결정되나 물가상승률, 내·외 금리차, 정치·사회의 안정 여부 등 복합적인 요인에 의해 영향을 받는다. 해외수출이나 수입의존도가 높은 기업의 경우 환율변동의 영향은 중요한 분석대상이 된다.

환율이 하락하여 원화가치가 절상되면 수출기업들은 채산성 유지를 위하여 외국통화로 표시한 수출상품이 가격을 인상하므로 외국으로부터의 수출

주문량이 감소한다. 또한 수출업체가 가격경쟁력 유지를 위해 수출상품의 가격을 올리지 않는다고 하더라도 원화의 절상 폭이 클 경우에는 채산성이 악화되어 결국 수출을 줄일 수밖에 없게 된다. 수출이 줄어들면 경제성장이 둔화되고 고용사정이 불안해진다. 반면에 상품 수입에서는 환율 하락분만큼 수입상품가격이 인하되므로 수입품의 소비가 늘게 되어 수입이 증가하는 것이 일반적이며, 이에 따라 경상수지는 악화된다.

그러나 원화절상의 효과가 부정적인 것만은 아니다. 환율이 하락하면 수입상품의 가격도 하락할 뿐만 아니라 외국으로부터 원료를 수입하여 생산하는 기업의 경우에는 제조원가도 하락하므로, 결과적으로 국내 물가가 내려가는 긍정적인 측면도 있다. 특히 우리나라는 제조업 부문에서 원유·철강재·비철금속 등 수입원자재의 투입비율이 크기 때문에 환율이 물가에 미치는 영향은 매우 크다고 할 수 있다. 또한 우리나라는 경제개발계획을 추진하는 과정에서 많은 자본을 외국으로부터 차입하였는데, 환율이 하락하면 외국채무를 부담하는 기업에 있어서는 그만큼 원금상환부담이 줄어들고, 이는 결국 원가를 절감시켜 일반소비자에게 싼 가격으로 물건을 판매할 수 있게 된다.

이와 같이 원화가치가 상승하면 일반적으로 수출은 줄어들고 수입은 늘어나 경상수지를 악화시키는 면도 있지만, 한편으로는 수입물가도 하락하기 때문에 국내 물가안정을 기할 수 있고, 국내 기업의 외채상환부담이 경감되는 등의 긍정적인 효과도 발생한다.

이와 반대로 환율이 올라 원화가치가 하락하면 국내 수출업체의 채산성이 호전되어 수출이 활발해지고, 수입상품가격의 상승에 따라 수입이 감소하여 경상수지의 개선을 기대할 수 있다. 하지만 원자재 및 부품의 해외의존도가 높은 우리나라 기업의 경우 원자재 수입가격의 상승으로 인해 수익성은 그다지 개선되지 못하므로, 환율상승으로 인한 긍정적 효과는 제한적일 수밖에 없는 측면도 있다. 또한 환율상승으로 수입원자재가격이 상승함에 따라 국내 물가가 올라가게 되고, 외국채무를 지고 있는 기업들의 원금상환부담이 가중되는 효과도 발생하게 된다.

2. 산업분석

자국 내 경쟁기업뿐만 아니라 전 세계의 기업을 상대로 치열한 경쟁을 하는 현실에서 기업의 활동과 성과는 국내의 거시경제요인들 및 해외요인들의 영향을 받는다. 또한 모든 기업의 수익성과 위험은 기업 자체의 특성이나 능력 이외에도 그 기업이 속한 산업의 특성과 동향에 큰 영향을 받게 된다.

산업 중에는 성장산업이 있는가 하면 사양산업도 있고, 경쟁이 별로 없는 산업이 있는가 하면 경쟁 강도가 매우 치열하여 기업의 진입과 퇴출이 빈번한 산업도 있다. 따라서 중·장기에 걸쳐 특정 기업에 자금을 빌려 주거나 특정 기업이 발행한 사채의 인수를 고려하고 있는 금융기관은 물론이고, 유망한 종목을 선택하고자 하는 주식투자자의 경우에도 특정 기업이 속한 산업을 분석하는 일은 매우 중요하다.

(1) 산업분석을 위한 일반적 검토요인

산업을 분석할 때 검토해야 할 주요 요인들로는 산업연혁, 수요구조, 생산구조, 판매구조, 재무구조, 정부의 산업에 대한 정책, 해외산업동향, 산업의 경쟁상황 등이 있다.

1) 산업연혁
특정 산업이 언제 시작되었고, 시작된 이후 어떠한 발전단계를 거쳤으며, 또 현재는 어떤 상태에 있는가를 검토한다. 구체적인 검토사항으로는 매출액 신장률, 수익성, 수출 비중, 경제 내에서의 중요성 등이 있다.

2) 수요구조
제품에 대한 수요가 단기적인 관점, 장기적인 관점에서 볼 때 어떻게 변화해 갈 것인가를 제품별·소비자별·지역별로 검토한다. 아울러 이같은 수요가 경기변동에 의해서 어떤 영향을 받을 수 있는지를 분석한다. 또한 최근의 급속한 기술혁신, 소비자 욕구의 다양화에 비추어 볼 때 제품이 라이프사이클상 어느 단계에 위치하고 있는가도 분석해야 한다.

3) 생산구조

제조공정, 생산기술, 생산능력, 가동률 등에 대해 업계 전체의 동향을 파악하는 한편, 설비투자의 내용과 규모, 주요 원자재가격의 동향, 생산량 카르텔의 유무, 해외진출상황 등도 검토한다.

4) 판매구조

판매조직 및 물적 유통구조를 명확하게 파악하는 한편, 유통과정의 재고수준, 판매가격의 추이, 가격 카르텔의 유무 등을 검토한다. 업종마다 대금의 결제조건, 유통경비의 부담 등과 관련하여 독특한 상관습이 존재하므로 이에 대해서는 추가적인 분석이 필요하다.

5) 경영성과와 재무구조

산업의 성장성, 수익성, 자본구성, 원가구조 등에 대하여 검토하고, 필요하다면 관련산업과의 비교를 실시한다.

6) 정부의 산업정책

특정 산업에 대하여 정부가 어떤 태도를 가지고 있는가를 검토한다. 가령 정부가 정책적으로 육성시키고자 하는 산업이라면 세제, 재정, 금융 등의 지원을 받게 된다. 그러나 불황산업 등으로 분류된 낙후된 산업이라면 이에 속하는 기업은 자연히 정리되거나 업종 전환이 이루어질 가능성이 높다.

7) 해외의 산업동향

분석대상업종에 대한 주요국의 동향을 조사한다. 이때는 주요 제품별로 가격, 품질, 기술력, 생산방식 등을 검토한다. 또한 기업별로 규모, 수익력, 연구개발투자, 시장점유율 등을 조사한다. 중요한 것은 해당 국가의 산업이 어느 정도의 국제경쟁력을 가지고 있는가를 판단하는 것이다.

8) 산업의 경쟁상황

특정 산업 내의 경쟁이 얼마나 치열한가에 따라 그 산업의 수익성과 위험도가 결정된다. 특정 산업의 경쟁환경을 파악하기 위해서는 신규 진입, 도산, 철수, 전업, 폐업, 합병 등에 의한 기업수의 변동 추이, 규모별·지역별 기업의 분포, 기업별 시장점유율, 그리고 자본, 기술, 판매 등에 의한 계열기업의 존재 유무 등을 분석하여야 한다.

(2) 산업의 라이프사이클 분석

특정 산업의 시장 규모와 투자기회의 크기는 그 산업이 라이프사이클의 어떤 단계에 있는가에 따라 달라진다. 일반적으로 산업은 [그림 7-1]과 같은 라이프사이클에 따라 발전 또는 쇠퇴하며 각 단계에 따른 특징을 보인다.

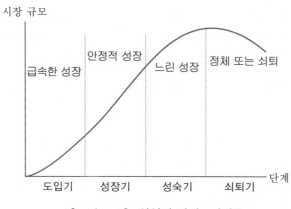

[그림 7-1] 산업의 라이프사이클

도입기에는 산업 전체가 매우 빠르게 성장하지만 기업 간 경쟁이 치열하므로 어떤 회사가 산업을 주도하게 될 것인지 불분명하고 고정비를 부담함에 따라 손실이 발생한다.

성장기에는 제품이 확고한 시장기반을 형성하고 산업 내 선도기업이 점차 명확해진다. 선도기업의 위치가 안정되므로 시장점유율도 좀더 쉽게 예측할 수 있다. 산업 전체 및 선도기업의 성장률과 투자수익률은 경제 전반보다 훨씬 높은 수준이다.

성숙기에는 제품이 충분한 시장을 확보하게 되면서 성장률이 현저히 둔화되어 경제 전반과 유사한 수준에 머무르게 된다. 또한 제품이 표준화되고 기업 간의 가격경쟁이 격화된다. 기업들은 성장의 지속을 위해 고부가가치를 창출하기 위해 노력하거나 새로운 업종으로 다각화를 모색한다.

쇠퇴기에는 제품의 진부화, 대체제품의 등장, 비용 절약적인 신기술의 도입 등으로 산업의 규모가 정체하거나 쇠퇴한다. 기존 업종 내에서는 수익성이 좋은 투자기회가 드물기 때문에 기업은 산업에서 완전히 철수하거나 다각화를 모색하게 된다.

(3) 산업의 경쟁구조분석

산업분석의 첫걸음은 분석하고자 하는 산업의 경쟁구조 및 그 강도를 분석하는 것이라고 할 수 있다. 미국의 경영학자 포터(Poter, M. E.)는 특정 산업의 경쟁구조 및 강도는 동일 산업 내의 기존 기업과의 경쟁, 새로운 진출기업의 위협, 대체제품이나 서비스의 위협, 공급자의 교섭력, 구매자의 교섭력 등과 같은 다섯 가지 요인(force)이 결정한다는 5요인 모형(5 forces model)을 제시하였다. 이 모형은 경제학의 산업조직론에서 발전된 산업구조분석을 기업에 적용하기 쉽도록 변형시킨 것으로 그 체계는 [그림 7-2]와 같다.

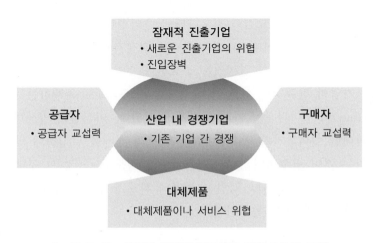

[그림 7-2] 산업의 경쟁구조분석을 위한 5요인 모형

1) 산업 내 경쟁기업

동일 산업에 속한 기업들은 경쟁기업에 비해 산업 내에서 유리한 위치를 선점하기 위해 경쟁을 벌이게 된다. 동일 산업에 속한 기존 기업 간의 경쟁은 제품, 연구개발, 홍보 및 판촉, 가격 등 매우 다양한 측면에서 이루어질 수 있는데, 비슷한 규모를 가진 기업들이 제품가격을 위주로 경쟁하는 경우 출혈경쟁이 야기되어 수익성이 격감하기도 한다.

일반적으로 산업 내 기존 기업들 간의 경쟁구조 및 강도를 결정하는 요소로는 경쟁기업의 규모와 수, 제품차별화 정도와 교체비용의 크기, 산업의 성숙도, 고정비 비중, 개별기업의 전략의 유사성, 퇴출장벽의 정도 등을 들 수 있다. 경쟁기업의 규모가 비슷하고 기업수가 많을수록, 제품차별화 정도가 낮고 구매자의 제품 교체비용이 작을수록, 산업이 성숙기에 접어들어 성장성이 낮을수록, 고정비의 비중이 높을수록, 기업들의 경영전략이 유사할수록, 퇴출장벽이 높아서 해당 산업에서의 철수가 어려울수록 산업 내 기존 기업 간의 경쟁은 치열해진다.

2) 새로운 진출기업의 위협과 진입장벽

만일 어떤 산업의 수익성이 매우 높다면 이는 아직까지 해당 산업에 진출하지 않은 다른 기업들에 있어서는 유망한 사업기회로 인식될 것이다. 그러나 해당 산업에 진입하기 위해서 일정한 규모 이상의 설비가 필요하거나, 정부의 허가나 일정한 가격요건이 필요하다면 수익성이 높다고 해도 많은 기업들이 진입할 수 없을 것이다. 따라서 새로운 경쟁기업의 진출 가능성은 해당 산업의 경쟁구조 및 강도를 결정짓는 중요한 요소가 된다.

새로운 기업의 진출 가능성은 각 산업마다 구조적으로 존재하는 진입장벽(barner to entry)이 얼마나 높은가에 따라서 결정된다. 이러한 진입장벽은 진입 초기에 막대한 설비투자가 필요한 경우, 규모의 경제를 달성하여 낮은 원가로 생산하는 것이 필수적인 경우, 제품차별화 정도가 큰 경우, 구매자의 제품 교체비용이 큰 경우, 배타적인 유통망의 확보가 필요한 경우, 정부의 진입규제가 심한 경우 등에 높아진다.

3) 대체제품이나 서비스의 위협

특정 산업에서 생산하는 제품이나 서비스에 대한 대체제품을 손쉽게 구할 수 있다면 해당 제품이나 서비스의 가격이 상승할 경우 대체제품의 소비가 증가할 것이다. 따라서 특정 산업에서 생산하는 제품이나 서비스에 대한 대체제품이나 서비스의 종류가 다양하고, 그것들을 손쉽게 구매할 수 있다면 해당 산업의 수익성은 제한될 수밖에 없다. 이러한 이유로 특정 산업에서 생산하는 제품이나 서비스의 대체제품의 유무는 해당 산업의 경쟁구조 및 강도를 결정하는 중요한 요인이 된다.

4) 공급자의 교섭력

특정 산업에서 필요로 하는 원자재 등을 제공하는 공급자가 구매자에게 높은 교섭력을 행사할 수 있다면 해당 산업 및 소속 기업의 수익성은 공급자의 선택에 따라 매우 달라질 수 있다. 설령 해당 산업이 호황기를 맞아 생산을 많이 하고자 해도 공급자가 원자재를 공급해 주지 않거나 원자재가격을 일방적으로 상승시킨다면 해당 산업의 수익성은 낮아질 수밖에 없을 것이다. 따라서 공급자의 교섭력 역시 특정 산업의 경쟁구조에 상당한 영향력을 미치게 된다.

일반적으로 공급자가 속한 산업의 집중도가 높아서 소수의 공급자가 다수의 구매자에게 제품이나 서비스를 공급하는 경우, 공급자가 다양한 산업에 속한 구매자에게 제품이나 서비스를 공급하면서 수익성이 높은 산업에 우선적으로 공급하는 경우, 공급자가 제공하는 제품이나 서비스에 대한 대체제품이 없거나 상당한 교체비용이 드는 경우, 공급자에 의한 구매자 전방통합(forward integration)의 가능성이 높은 경우 등에 공급자의 교섭력은 증가한다.

5) 구매자의 교섭력

특정 산업이 생산하는 제품이나 서비스에 대해 구매자가 공급자에게 어느 정도의 교섭력을 갖는가도 해당 산업의 경쟁구조를 결정하는 중요한 요인이 된다. 구매자의 교섭력은 소수의 구매자가 다수의 공급자가 공급하는 제품이나 서비스를 구매하는 경우, 공급자의 제품이나 서비스에 대한 소비가 구매자에게 중요하지 않은 경우, 공급자가 제공하는 제품이나 서비스에 대한 대체재가 다양하고 교체비용 역시 낮은 경우, 구매자에 의한 공급자 후방통합(backward integration)의 가능성이 높은 경우 등에 구매자의 교섭력은 증가한다.

3. 기업분석

기업의 재무상태와 경영성과는 경제요인과 산업의 구조적 요인에 의해 영향을 받을 뿐만 아니라 기업 내·외부의 질적 요인에 의해서도 영향을 받는다. 기업 내·외부의 질적 요인을 분석하기 위해서는 제품이 시장에서 차지하는 지위를 분석해야 한다. 또한 기업의 경쟁적 우위, 연구개발력, 경영기능과 조직 등에서 갖는 내부 강점과 약점을 파악하고 이를 외부환경과 고려하여 전략을 수립해야 한다.

(1) 제품의 시장지위분석

기업의 수익원천은 제품의 판매에 있으므로 제품을 평가함으로써 기업의 능력을 평가할 수 있다. 제품 판매에 대한 전략을 수립하기 위해서는 그 제품이 시장에서 차지하고 있는 지위를 분석해야 한다.

제품이 시장에서 차지하는 지위는 기업의 현금흐름과 자원배분을 분석하는 제품포트폴리오관리(product portfolio management ; PPM)를 통하여 파악할 수 있다. 제품의 시장지위에 영향을 미치는 외부환경으로는 시장성장률이 있으며, 내부여건으로 제품의 시장점유율을 고려해야 한다. 제품의 시장점유율은 최대 경쟁기업의 시장점유율에 대한 상대적 비율로 표시되며, 시장성장률은 연평균 10%의 성장률을 기준으로 성장성이 높은 시장인지, 낮은 시장인지의 여부를 판단하여 나타낸다.

제품의 시장지위는 시장점유율과 시장성장률의 두 가지 지표에 의해 [그림 7-3]과 같이 네 가지로 구분할 수 있다.

의문부호(question marks)제품은 시장의 성장잠재력은 높으나 진입 초기이므로 시장점유율이 낮은 신제품을 의미한다. 이와 같은 제품은 연구개발에 대한 투자가 많기 때문에 현금유출과 위험이 크며 단위당 생산원가가 높다. 또

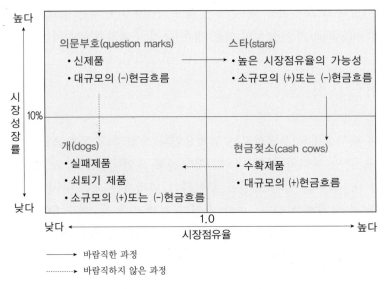

[그림 7-3] 제품의 시장지위

한 의문부호제품은 시장개척을 통하여 시장점유율이 높아지면 스타(stars)제품으로 발전되지만, 시장점유율이 높아지지 않은 상태에서 시장이 성숙단계로 넘어가는 경우에는 개(dogs)제품으로 전락하게 된다.

스타제품은 성장잠재력이 높은 시장에서 시장점유율도 높은 제품이다. 이들 제품은 현금유입도 많지만 성장을 위한 순운전자본과 자본적 지출에 대한 투자도 많기 때문에 순현금흐름이 크지 않다.

현금젖소(cash cows)제품은 시장이 성숙기에 도달하여 성장률이 낮고 순운전자본과 자본적 지출에 대한 현금유출이 감소하지만, 높은 시장점유율을 유지하고 있어 풍부한 현금흐름을 창출하는 제품이다. 따라서 현금젖소제품으로부터 창출되는 현금흐름을 의문부호제품에 투자하여 이를 스타제품으로 만드는 것이 현명한 자원배분방법이다.

개제품은 성숙단계나 쇠퇴단계에 있는 시장에 위치하며 시장점유율도 낮은 제품이다. 따라서 시장을 확장시키는 일이 쉽지 않을 뿐더러 수익성이 낮고 현금흐름이 적기 때문에 제품에 대한 추가적인 투자보다 적절한 시기에 제품을 철수시키는 것이 바람직하다.

현금젖소제품만 보유하고 있는 기업은 현금흐름이 풍부하여 현재의 수익성은 높지만 현금젖소제품이 개제품으로 전락하는 경우에는 현금흐름이 줄어드는 한편, 스타제품이 없기 때문에 미래의 수익성이 악화될 것이다. 의문부호제품과 스타제품만을 보유하고 있는 기업은 성장을 위한 기액의 현금유출로 현금 부족을 겪을 것이다. 따라서 현금젖소제품에서 창출되는 현금흐름을 의문부호제품, 스타제품 등에서 발생되는 현금 부족에 충당함으로써 신제품 개발에 따른 위험을 감소시키는 한편, 안정적인 현금흐름을 확보할 수 있다.

(2) SWOT 분석

경영자는 기업이 직면한 상황을 분석하고 경영전략수립에서 내부 및 외부요인을 중점적으로 분석하여야 한다. 경영자들이 기업 내·외부요인에 대해 가장 많이 사용하는 분석 가운데 하나가 SWOT 분석이다. SWOT란 기업의 강점(S : strength), 약점(W : weakness), 기회(O : opportunity), 위협(T : threat)이 약자로, SWOT 분석에서는 이 네 가지 요소를 행렬로 표현하여 나타낸다. SWOT 분석은 외부환경에 대응되는 기업의 내부역량을 파악하여 전략을 수립하고 선택하는 데 유용하다. [그림 7-4]의 **SWOT** 분석행렬에서 강점 및 약점은 내부적 요인에 해당하며, 기회와 위협은 외부적 요인에 해당한다.

	강점	약점
내부적 분석	• 특허권 보유 • 높은 브랜드 인지도 • 원가 우위	• 판매망의 부족 • 취약한 경영진 • 높은 부채비율
	기회	위협
외부적 분석	• 잠재적 고객 존재 • 신기술 개발진행 • 규제 완화	• 고객 취향의 변화 • 대체품의 등장 • 무역장벽

[그림 7-4] SWOT 분석행렬

내부적 요인에서 강점은 기업이 경쟁적 우위(competitive advantage)를 확보할 수 있는 자원 및 역량들을 포함한다. 강점요인으로는 제품의 특허권 보유, 기존 고객들에게 확산된 브랜드 인지도, 비용구조상 원가 우위 등이 있다. 약점요인으로는 강점에 대비하여 상대적으로 취약한 부분으로서 판매망의 부족, 낙후된 기업지배구조, 재무구조의 불안정성 등이 있다. 기회와 위협은 기업의 수익성과 성장에 영향을 미치는 외부적 요인으로, 기업 차원에서는 내부요인에 비해 통제가 어려운 영역에 속한다.

SWOT 분석을 이용하여 전략을 수립할 때에는 행렬을 구성하는 4분면에서 각 내부적 요인에 대응하는 외부적 요인을 조합한 전략수립이 가능하다. 따라서 수립 가능한 전략은 강점-기회전략, 약점-기회전략, 강점-위협전략, 약점-위협전략으로 구분된다.

① 강점-기회전략 : 기업의 내부 강점에 적합한 기회를 추구하는 전략
② 약점-기회전략 : 기회를 추구하기 위해 내부의 약점요인을 제거하는 전략
③ 강점-위협전략 : 외부적 위협으로 인한 위험 가능성을 최소화하기 위하여 내부역량을 활용하는 전략
④ 약점-위협전략 : 외부적 위협에 노출될 수 있는 기업의 약점을 방어하는 전략

SWOT 분석의 실효성은 결국 행렬을 구성하는 각 요인들을 어느 정도 정확히 규명하는가에 의존한다. 따라서 각 요인을 파악할 때 경영진의 관점에서뿐만 아니라 주주, 종업원, 고객, 공급자 등과 같은 기업의 내·외부 이해관계자들의 의견을 종합하는 것이 중요하다.

SWOT 분석을 활용하기 위해서는 경영전략을 수립할 때 고려해야 할 많은 요인들을 집약하여 명확히 분류해야 한다. 특히 강점과 약점 간의 관계는 동전의 양면과 유사하며, 기회 또한 위협요인적 성격을 동시에 내포하는 경우가 많다. 예를 들어, 기업이 대규모의 제조설비를 갖춘 생산기지를 확보하였을 경우에는 경쟁기업이 갖지 못한 강점으로 분석될 수 있다. 하지만 일단 이러한 대규모 투자가 실행된 경우에 기업이 향후 경영환경변화에 대해 신속히 대응하지 못한다면 치명적인 약점이 될 수도 있다.

연습문제

1_ 다음 진술을 읽고 맞으면 T, 틀리면 F로 표시하고 그 이유를 설명하시오.

(1) 고의적인 조작이 없다면 회계자료가 기업의 경제적 실질을 왜곡하는 경우는 있을 수 없다. (　)

(2) 인플레이션이 높아지면 역사적 원가로 측정된 자산은 과소계상되고, 손익계산서상의 이익은 과대계상될 가능성이 높아진다. (　)

(3) 왜곡된 재무제표 정보를 보고하는 행위를 분식회계라고 하는데, 일반적으로 기업의 경영성과를 부풀리거나 재무상태를 양호하게 보이게 하기 위해서 행해진다. (　)

(4) 제품차별화 정도가 낮고 구매자의 제품 교체비용이 작은 산업일수록 산업 내 기존 기업 간의 경쟁은 낮다. (　)

(5) 모든 산업은 '도입 – 성장 – 성숙 – 쇠퇴'와 같은 라이프사이클을 거치게 된다. (　)

(6) 시장성장률이 높은 제품들만 가지고 있는 기업일수록 현금흐름이 부족하여 유동성 위기에 빠질 가능성이 높다. (　)

1_ 유가증권시장이나 코스닥시장에 상장된 기업 중 분식 사례로 인해 폐해를 끼친 기업들을 열거하고, 어떠한 방식으로 분식회계를 하였는지 조사하시오.

2_ 유가증권시장이나 코스닥시장에 상장된 기업 중 하나를 선택하여 SWOT 분석을 하시오.

3_ 우리나라 반도체산업과 자동차산업에 대해 포터(Michael. E. Porter)의 5요인 모형에 따라 분석하시오.

제4편

재무분석의 실천적 과제

제8장

기업부실분석

개관

1997년에 발생한 외환위기는 부실화된 수많은 기업들의 도산을 초래하였으며, 이로 인해 국민경제에도 커다란 타격을 안겨 주었다. 기업이 부실화될 경우 해당 기업의 모든 이해관계자들이 손실을 입게 됨은 물론, 다른 기업의 도산을 연쇄적으로 초래하므로 기업부실로 인한 사회·경제적 손실은 막대하다. 외환위기를 계기로 금융기관들은 기업들의 부실화에 대한 심각성을 인식하게 됨에 따라 사전에 기업부실을 예측하는 방법에 대한 중요성이 부각되었다. 기업부실에는 그 원인 및 징후가 존재하므로 기업부실을 사전에 예측하여 이에 대처하면 기업의 부실화에 따른 막대한 피해를 감소시킬 수 있다. 이 장에서는 기업부실의 개념과 과정을 이해하고 기업부실을 예측하는 계량적 방법을 학습하게 된다.

8.1 기업부실의 개요

1. 기업부실의 개념

기업부실(corporate financial distress)은 실무적으로 또는 학문적으로 다양한 의미로 사용되고 있으며, 학자마다 정의하는 바에 따라 차이가 있으나 일반적으로 경제적 부실, 지급불능, 그리고 파산을 포괄하는 개념으로 사용된다.

경제적 부실(economic failure)은 경영부실(business failure)이라고도 하는데, 기업의 총수익이 총비용에 미달하여 적자를 지속하는 경우이거나 기업의 투자수익률이 자본비용보다 낮은 경우, 기업의 투자수익률이 업종 평균의 투자수익률에 미치지 못하는 경우 등 주로 기업의 수익성 저하가 원인이 되어 나타나는 경제적 문제를 말한다. 그러나 경제적 부실 자체가 기업의 도산으로 이어진다고는 할 수 없다. 경제적 부실현상이 발생하더라도 단기적 유동부채가 낮거나 기업의 부채상환능력이 유지될 수 있으면 기업은 계속 경제적 활동을 유지할 수 있기 때문이다.

지급불능(insolvency)에는 만기가 된 채무를 상환하지 못하는 기술적 지급불능(technical insolvency)과, 기업의 총부채가치가 총자산가치를 초과하여 실질순자산가치가 음수가 되는 실질적 지급불능(real insolvency)이 있다. 실무적으로 기업이 기술적 지급불능에 처하면 채무불이행(default)이나 부도가 발생한다. 기술적 지급불능은 도산의 직접적인 원인이 되기도 하지만 일시적인 유동성의 부족으로 부채를 상환하지 못하여 발생하는 것이므로 자금의 뒷받침이 있으면 곧 정상적인 영업활동을 재개할 수 있다. 실질적 지급불능상태에서는 자기자본이 음이므로 자본잠식이라고도 한다. 실질적 지급불능은 일시적 유동성 부족이 아닌 만성적인 적자에 의하여 발생하는 것이 일반적이고, 경우에 따라서는 파산으로 분류되기도 하므로 파산적 지급불능(bankrupt insolvency)이라고도 한다.

파산(bankruptcy)이란 실질적 지급불능에 이르렀을 때 채권자의 신청에 의해 법원이 파산선고를 내린 경우를 뜻하며 도산이라고도 한다. 우리나라에서는 기업의 자산가치가 부채가치에 미달하여 법원이 파산선고를 내려 기업의 해산에 이르는 상태를 파산이라고 정의하고 있다.

2. 기업부실의 과정

기업의 파산은 순간적으로 일어나는 것이 아니다. 기업의 경영성과가 악화
되어 지급능력이 저하되고 지속적인 지급불능상태에 이르렀을 때 법률적 파
산으로 이어지는 연속적인 과정을 거치게 된다. 일반적으로 기업부실은 다음
의 3단계 과정을 거쳐 이루어진다고 볼 수 있다.

제1단계는 총비용이 총수익을 초과하고 투자수익률이 자본비용에 미달하
여 수익성이 저하되는 등 경제적 부실이 심화되는 단계이다. 이 단계에서는
기업이 정상적인 영업활동을 위해 기업의 내부유보를 줄이고 비업무용 자산
을 처분하여 지급능력을 유지하여야 한다.

제2단계는 수익성 저하가 지속되어 내부유보나 매각할 자산이 바닥이 나
서 정상적 경영이 어려워지고 지급능력이 극도로 악화되는 단계이다. 이 단
계에서는 기업의 결손이 더욱 누적되어 공장이나 건물 등 업무용 자산의 상
당 부분도 처분하여야 하므로, 채권자의 도움이나 은행권에서의 금융지원을
받지 않는 한 기업의 존속이 사실상 불가능하게 된다.

제3단계는 실질적 지급불능상태가 지속되고 부도가 발생하여 영업활동이
정지되어 사적 정리나 법적 정리 등을 통해 회생이나 파산상태에 들어가는
단계이다. 이 단계에서는 존속할 가능성이 높은 기업에 대해서는 회생절차를
밟게 하며, 회생 가능성이 없는 기업은 파산신청을 하고 청산단계로 들어가
게 된다.

3. 기업의 부실 징후

기업의 부실화가 상당 기간에 걸쳐 진행될 경우 그 과정에서 여러 가지 재
무적·비재무적 징후들이 표면에 나타난다. 재무적 징후는 재무제표가 기업
의 경제적 실상을 정확히 반영할 경우에는 재무제표분석을 통해 파악할 수
있다. 재무제표를 분석하여 파악할 수 있는 재무적 부실 징후들을 살펴보면
〈표 8-1〉과 같다.

〈표 8-1〉 재무적 부실징후

손익계산서	1. 매출의 지속적 감소 2. 매출원가, 판매비 및 일반관리비의 급증 3. 과다한 금융비용 4. 이익률의 현저한 감소 5. 결손의 누적
대차대조표	1. 현금의 절대 부족 2. 순운전자본의 만성적 부족 3. 과대한 고정투자 4. 단기차입, 기타 유동부채 증가 5. 과다한 장기차입 6. 타인자본의존도 심화 7. 차입조건, 금리 면에서 불리한 신규 차입 증가 8. 매출채권 및 고정
현금흐름표	1. 순운전자본 감소 2. 영업활동에서 조달된 단기자금의 부족 3. 단기차입금조달로 장기부채상환 사례 빈발 4. 과다한 배당금 지급

비재무적 징후는 부실기업이나 그 기업이 속한 산업에 따라 아주 다양하기 때문에 일일이 열거하기 어렵고, 비재무적 증세를 통하여 기업부실을 예측할 수 있는 항목으로서 〈표 8-2〉에 제시된 한국신용평가회사의 자료로 대신하기로 한다. 표에 따르면 체크한 개수에 따라 10개 이상이면 부도 가능성, 15개 이상이면 부도 요주의대상, 20개 이상이면 부도위험, 25개 이상이면 부도 확실로 판단할 수 있다.

〈표 8-2〉 부실기업의 자기진단법

번호	항 목	체크
1	회사의 수위실이나 화장실이 지저분하다.	
2	사장과 경리사원의 부재가 잦다.	
3	사원들의 출근율이 저조하다.	
4	사내의 기강이 해이해졌다.	
5	어음거래가 불량하다.	
6	높은 이자의 어음이 나돈다.	

7	회의가 빈번하고 장기간이다.	
8	이상한 바겐세일을 한다.	
9	갑작스럽게 부동산을 처분한다.	
10	거래처가 자주 바뀐다.	
11	상품가격이 터무니없이 오른다.	
12	경기추세와 수요를 무시한다.	
13	주거래은행 등 거래금융기관이 변경된다.	
14	비상식적인 임원이동을 한다.	
15	간부와 사원의 퇴사가 잦다.	
16	대주주의 지분변동이 불안하다.	
17	후계자의 계승을 둘러싸고 분쟁이 있다.	
18	경영자가 공과 사를 혼동하고 있다.	
19	경영자의 성격이 내성적으로 바뀐다.	
20	낯선 사람들이 드나들기 시작한다.	
21	악성루머가 되풀이해서 떠돈다.	
22	경영자가 정치 같은 일에 너무 관심을 쏟는다.	
23	경영자가 분에 넘치는 호화생활을 한다.	
24	사무실에 비해 사장실이 호화롭다.	
25	경영자의 여성관계 소문이 그치지 않는다.	
26	무리하게 본사 사옥을 늘린다.	
27	회사 게시판에 부착된 내용들이 부정적이다.	
28	간판이 쓰러져 있거나 쇼윈도가 지저분하다.	

4. 부실기업의 진로

(1) 사업구조조정과 재무구조조정

부실기업이라고 하더라도 즉시 도산상태에 처해지는 것은 아니다. 부실기업도 주주와 채권자, 그리고 경영진이 어떻게 처리하느냐에 따라서 여러 가지 진로를 걷게 된다. 부실기업을 처리하는 대표적인 방법들은 다음과 같이 정리될 수 있다.

① 주요 자산의 매각

② 다른 기업과의 합병

③ 자본적 지출과 R&D 비용의 감축

④ 새로운 증권발행을 통한 자금조달

⑤ 채권자와의 협상을 통한 채무상환 시기와 방법 조정

⑥ 부채의 자기자본으로의 출자전환

⑦ 파산신청

부실기업을 회생시키기 위한 방안으로 기업의 사업구조조정(asset restructuring)과 재무구조조정(financial restructuring)을 들 수 있는데, 위의 처음 세 항목은 사업구조조정에 관한 것이고, 파산신청을 제외한 네 번째 이후의 항목들은 재무구조조정에 관한 것이다. 사업구조조정은 기존의 사업부분을 매각하거나 다른 사업을 영위하는 회사와 합병을 통하여 사업구조 자체를 변경시키거나 새로 바꾸는 것이다. 반면에 재무구조조정은 주식이나 채권의 신규 발행을 통해 자금을 새로 조달하여 지급능력을 향상시키거나 채권자와의 협상을 통해 채무상환 시기와 방법을 재조정하고, 부채의 출자전환을 통해 재무구조를 개선하는 것이다.

(2) 사적 정리와 법적 정리

부실기업의 구조조정은 경영자와 주주가 채권자와 협의하여 구조조정을 추진하는 사적 정리(private restructuring)와 법률에 의해 이루어지는 법적 정리(legal restructuring)로 나눌 수 있다. 사적 정리가 채권자와 채무자의 관계당사자를 중심으로 이루어지는 데 반해, 법적 정리는 법원을 중심으로 하여 재판 형식으로 추진된다. 우리나라의 경우 사적 정리는 채권금융기관들이 일시적인 자금난을 겪고 있는 부실기업의 정상화를 촉진하고, 부실채권의 효율적 정리를 위해 채무구성과 상환일정을 재조정하여 기업회생을 도모하는 기업개선작업(workout)과 구조조정촉진법에 의한 구조조정에 의해 이루어진다. 법적 정리는 통합도산법에 의한 회생 및 파산절차를 따라 진행된다.

8.2 우리나라의 부실기업 정리제도

이 절에서는 현재 우리나라에서 시행되고 있는 부실기업 정리제도에 대해 사적 정리와 법적 정리로 구분하여 살펴보기로 한다.

과거 법적 정리에 의한 부실기업의 처리는 회사정리법, 화의법, 파산법 등 이른바 도산 3법으로 다원화되었으나, 2006년 4월부터는 단일한 통합도산법 으로 개편되어 회생 및 파산절차가 일원화되었다. 부실기업의 처리과정을 요약하면 [그림 8-1]과 같다.

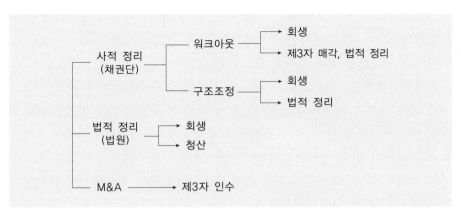

[그림 8-1] 부실기업 처리흐름도

1. 사적 정리

(1) 기업개선작업

기업개선작업은 워크아웃(workout)이라고도 하며, 부실기업에 대해 법적 절차에 들어가지 않고 경영자와 주주, 채권금융기관들이 협의하여 기업의 채무구성과 채무상환일정을 재조정하는 방식으로 기업을 회생시키는 절차이다. 기업개선작업은 법적 정리절차와는 달리 경영자와 주주, 그리고 채권자 간의 사적인 협의와 계약에 의해 이루어진다.

기업개선작업은 부실기업을 파산시키는 것보다는 부실요인을 제거하고 기업을 회생시키는 것이 낫다고 판단될 때 관련된 모든 채권금융기관들의 합의(채권액 기준 3/4 이상의 찬성)에 의해 이루어진다. 이 경우 기업은 영업활동을 계속할 수 있고 종업원들은 일자리를 보전할 수 있으므로 기업부실에 따른 사회 전체적인 비용을 줄일 수 있다.

기업개선작업에 들어가게 되면 대출금의 출자전환, 단기대출의 중·장기대출로의 전환, 대출원리금의 상환 유예, 이자 감면, 채무 면제, 신규 자금지원, 상호지급보증 해소, 감자, 주력사업의 선정, 외자유치 등의 활동이 이루어져 기업의 채무상환능력을 개선시키게 된다. 따라서 채권자의 입장에서는 기업개선작업이 진행되는 동안 채권자로서의 권리행사가 유보되고 담보권 등 권리의 일부 또는 전부를 상실할 수도 있게 된다. 기업의 경영자와 주주의 입장에서는 기업개선작업이 진행되는 동안 기업의 도산이 유예되므로 그 사이에 자구노력을 통해 회생을 도모할 수 있다.

기업개선작업은 지난 외환위기로 초래된 IMF 관리체제하에서 기업의 도산에 따른 사회적 손실을 최소화함으로써 회생 가능성이 있는 대기업들이 신속히 정상화되도록 하기 위해 도입되어 진행되었다. 기업개선작업이 본래의 목적을 다하기 위해서는 기업이 워크아웃 계획과 자구계획을 명확히 수립하고 집행해야 하며, 채권단과 기업 간의 손실부담원칙이 준수되어야 한다.

2004년 7월에는 중소기업에도 워크아웃제도가 도입되었다. 중소기업 워크아웃은 기업경영과정에서 과도한 이자비용으로 인해 정상적인 경영이 어려운 중소기업에 대해 금융기관과 중소기업이 상호 협의하에 채권만기 및 금리 등을 조정함으로써 정상기업으로 회생시키는 제도이다. 중소기업 워크아웃제도에서는 기업의 대출금이 한 은행에 75% 이상 집중될 경우 자체 워크아웃으로 분류하며, 그 밖의 경우에는 공동 워크아웃으로 분류한다. 공동 워크아웃은 채권금융기관들의 합의에 따라 진행되며, 자체 워크아웃은 개별금융기관별로 시행되고 있는 워크아웃 프로그램에 따라 진행된다.

(2) 기업구조조정

「기업구조조정촉진법」에 의한 기업구조조정은 법적인 강제성이 없이 채권단과 기업 간 약정에 의하여 진행되는 워크아웃이 가진 문제점을 보완하기 위한 목적으로 2001년에 제정된 제도이다. 「기업구조조정촉진법」은 금융기관이 부실 징후가 나타나는 기업에 대해 신속한 구조조정조치를 취할 수 있도록 규정하고 있으며, 금융기관에 대해 500억 원 이상의 채무액을 가진 기업을 대상으로 신용위험을 정기적으로 평가하여 사후조치를 취하도록 하고 있다.

주채권금융기관은 정기적으로 기업의 신용위험을 평가한 결과, 부실화 징후가 나타나는 기업에 대해서는 사업계획서 등을 심사하여 경영 정상화가 가능할 것으로 판단되면 채권금융기관의 공동관리나 주채권은행의 관리에 들어간다. 또한 부실화 징후가 나타나지는 않지만 부실화 가능성이 높은 기업에 대해서도 주채권은행은 경영개선을 취할 필요가 있다는 권고를 하여 부실화를 사전에 예방하도록 하고 있다. 만일 부실징후기업의 경영 정상화 가능성이 없다고 판단되면 주채권은행은 법원에 파산신청을 하여 법적 정리절차를 밟도록 하게 한다.

「기업구조조정촉진법」에 의한 구조조정의 특징은 금융기관이 기업의 부실위험을 효율적으로 관리할 수 있으므로 구조조정과정이 신속하고 원활하게 이루어질 수 있다는 점이다. 즉, 기업의 부실위험이 조기에 인식되므로 기업구조조정이 상시적으로 신속하게 이루어질 수 있다. 기업의 구조조정주체는 채권금융기관이므로 워크아웃과 달리 기존 주주나 경영진이 배제된 상태에서 일방적인 구조조정을 추진하는 것이 특징이다.

사례 1 : 워크아웃의 추진성과

2007년 중 국내은행들은 952개 중소기업을 워크아웃 대상기업으로 신규 선정하였으며, 그리고 1,010개 중소기업이 경영을 정상화하는 등 중소기업 워크아웃제도가 성과를 거둔 것으로 나타났다.

한편 2004년 7월 중소기업 워크아웃제도 도입 이후 총 5,257개 업체가 워크아웃 대상으로 신정되어 이 중 50.2%에 해당되는 2,637개사가 경영을 정상화(워크아웃 졸업)하였다. 특히 2006년부터는 그동안 선정된 기업의 구조조정 추진성과가 가시화됨에 따라 워크아웃 졸업업체수가 크게 증가하였고, 또한 워크아웃 중단 기업의 수도 워크아웃 졸업기업의 수를 크게 하회하는 것으로 나타났다.

〈중소기업 워크아웃 추진〉

(단위 : 개 사)

구 분	'04.7.~12월	'05년	'06년	'07년	누계('04.7.~'07.12월 말)
신규 선정	769	2,120	1,416	952	5,257 (100.0)
졸 업	144	322	1,161	1,010	2,637 (50.2)
중 단	216	259	330	342	1,147 (21.8)
기말 진행 중	409	1,948	1,873	1,473	1,473 (28.0)

주 : (   ) 속은 구성비(%)임.

2007년 중 국내 은행의 워크아웃 중소기업에 대한 금융지원 규모는 총 3조 2,462억 원으로 지원형태별 순위는 만기연장 2조 5,542억 원(78.7%), 신규여신 6,628억 원(20.4%), 이자 감면 103억 원(0.3%) 등으로 나타났다. 그간의 추세를 보면 만기연장 비중이 감소하고 적극적인 채무재조정수단인 신규여신 비중이 점차 증가하는 등 중소기업 워크아웃제도가 정착되어 가고 있는 것으로 보인다.

사례 2 : 기업구조조정의 추진성과

2001년 9월부터 2005년 9월까지 「기업구조조정촉진법」에 따라 구조조정을 추진한 부실징후기업은 25개사로, 이 중 10개사는 경영 정상화 또는 제3자 매각을 통해 구조조정이 종료되었으며, 12개사는 구조조정을 진행 중이다. 또한 회사정리절차 또는 파산절차 개시로 인한 채권단 관리 종료기업은 3개사이다.

채권금융기관은 부실징후기업 구조조정을 위하여 출자전환 13.5조 원, 만기연장 14.5조 원, 신규 자금지원 4.7조 원 등 총 37조 원 규모의 채무재조정을 실시하였으며, 부실징후기업들도 비핵심사업부문 정리 및 부동산 매각 등을 통해 5.7조 원 규모의 자구노력을 이행한 것으로 나타났다.

이처럼 「기업구조조정촉진법」을 통한 채권금융기관과 대상기업의 공동 노력에 따라 짧은 기간 내에 많은 문제기업을 정상화하고 채권금융기관의 채권 회수율을 제고하는 등 금융시장의 안정과 사회·경제적 비용 최소화를 달성할 수 있었던 것으로 평가되었다.

<부실징후기업 구조조정 추진현황('01. 9.~'05. 9. 기간 중)>

(단위 : 개 사)

부실징후기업 선정	관리 종료				구조조정	
	경영 정상화	매각	중단	소계	진행 중	종료 예정
25	5	5	3	13	12	6

<부실징후기업 자구계획 이행실적>

(단위 : 억 원, %)

기업명	자산매각				계열사, 사업부문 정리		유상 증자	기타	합계
		부동산	유가 증권	기타 자산	사업 부문	계열사 주식			
금 액 (구성비)	25,895 (45.8)	11,386 (20.1)	8,403 (14.9)	6,106 (10.8)	16,624 (29.4)	13,906 (24.6) 2,718 (4.8)	12,105 (21.4)	1,912 (3.4)	56,536 (100.0)

<부실징후기업에 대한 채무재조정 실적('05. 6월 말 기준)>

(단위 : 억 원, %)

채무상환 유예	출자전환	채무 면제	기타	합 계	신규여신
144,754 (44.7)	134,956 (41.6)	23,631 (7.3)	20,767 (6.4)	324,108 (100.0)	47,181 (-)

2. 법적 정리

부실기업에 대한 법적 처리과정은 통합도산법에 그 기초를 두고 있다. 통합도산법은 파산위기에 처한 기업과 개인 채무자들의 신속한 회생을 지원할 목적으로 기존의 법적 정리인 회사정리법, 화의법, 파산법, 개인채무자회생법 등을 단일한 법률로 통합하여 2006년 4월부터 시행되었으며, 정식 명칭은 「채무자 회생 및 파산에 관한 법률」이다.

통합도산법이 제정되기 전까지 부실기업의 법적 정리제도는 회사정리법, 화의법, 파산법으로 분리되어 있었으며, 부실기업들은 파산절차를 직접 신청하지 않고 화의나 회사정리를 선택할 수 있었다. 회사정리법에 의해 규정된 회사정리제도는 기존 경영진으로부터 경영권을 박탈하여 도덕적 해이를 방지할 수 있다는 장점은 있었지만, 경영진이 신청을 기피하는 경향이 있었다. 반면에 화의법에 의해 규정된 화의제도는 부실책임을 가진 기존 경영진이 계속 경영권을 유지하므로 기업들이 선호하였지만, 경영진의 도덕적 해이문제가 심각하다는 점이 지적되었다. 외환위기 직후인 1998년 법원에 신청된 총 993건의 법적 정리 중에서 728건이 화의제도를 통해 신청되었다. 하지만 IMF 관리체제하에서 화의를 신청한 기업들 중 대부분은 경영권을 유지하지 못하고 파산하거나 제3자에 인수되었다.

통합도산법은 기존의 부실기업처리와 관련된 법들이 분산됨으로써 발생하는 비효율성을 극복하고자 부실기업의 회생절차 및 파산절차를 일원화하여 규정하고 있다.

(1) 회생절차

통합도산법은 회생절차에서 '현행관리인 유지제도'를 채택하고 있다. 현행관리인 유지제도란 원칙적으로 기존의 대표이사를 관리자로 임명하되, 재산 유용 등 부실경영의 책임이 있거나 채권자협의회가 요청하는 예외적인 경우에는 제3자를 관리인으로 임명하는 제도이다. 제3자를 관리인으로 임명하는 경우에는 경영진에게 중대한 부실경영의 책임이 있는 경우, 채권자협의회의 요청이 있는 경우, 부채가 자산보다 현저히 많은 경우, 회사의 갱생에 필요한 경우 등이 해당된다.

통합도산법이 제정되기 전에는 기업이 채무지급불능상태에 들어가 파산위기에 빠져 있는 경우 회사정리법에 따라 법원의 감독 아래 제3자를 결정하고, 각 이해관계인들의 이해를 조정하여 사업을 계속하면서 기업을 회생시키는 절차인 법정관리를 신청해야 했다. 법정관리에서는 법원의 감독을 받는 제3자가 관리인으로 선임되어 경영을 담당할 경우 경영진이 경영권 박탈을 우려하여 회생절차를 기피하고 경영 노하우를 활용하지 못하는 문제점이 제기되어 통합도산법에서 현행관리인 유지제도를 채택하게 되었다.

통합도산법의 회생절차에서는 채권자협의회의 기능이 강화되었다. 개인이나 중소기업을 제외한 법인의 경우에는 채권자가 회생절차와 파산절차에 참여하기 위해 채권자협의회를 의무적으로 구성한다. 이는 현행관리인 유지제도로부터 발생할 수 있는 경영자의 도덕적 해이를 견제하는 기능이라고 할 수 있다. 채권자협의회는 채무자의 감사 선임에 대해 의견을 제시할 수 있으며, 회생계획에 대한 인가가 이루어진 다음에 회사의 경영상태에 대한 실사

청구권을 갖는다. 채권자협의회는 경영진이 회생계획을 제대로 수행하지 못하거나 회생절차의 종결 또는 폐지 여부의 판단이 필요한 경우, 회생계획의 변경을 위한 경우에는 채권자협의회가 신청을 하여 회생채무자의 재산 및 영업상태에 대한 실사를 할 수 있다.

(2) 파산절차

파산이란 채무자가 경제적으로 변제능력을 상실하여 채권자에 대한 채무를 도저히 이행할 수 없게 되었을 때, 또는 그러한 상태에 대처하기 위해 법률적 수단으로 채무자의 전 재산을 관리하여 채권자에게 채권비율에 따라 공평한 금전적 배분을 목적으로 하는 재판상의 절차를 말한다. 파산은 법률적 판단에 의해 공평하게 이해관계자들에게 잔여재산을 분배하는 장점이 있으나, 파산한 기업의 전 재산관계의 청산이라는 엄격한 절차가 따른다. 따라서 이를 완결할 때까지는 상당한 시간과 노력을 필요로 하고, 일단 파산선고에 의해 사업을 잃은 파산자가 다시 신용을 회복하여 경제적으로 재기하기는 사실상 어려워진다.

8.3 ⟶ 기업부실예측의 접근방법

기업부실을 사전에 예측하기 위한 접근방법은 다양하다. 그렇지만 기업부실이 발생하는 원인은 매우 복잡하고 여러 가지 요인이 얽혀 있기 때문에 어느 한 가지 방법에 의존하기보다는 상호 보완적으로 이용해야 비교적 정확한 예측결과를 얻을 수 있다. 기업부실을 예측하기 위해 일반적으로 시도되고 있는 방법으로는 재무제표분석(financial statement analysis)을 비롯하여 시장정보분석(market information analysis), 경영전략분석(corporate strategy analysis) 등이 있다.

1. 재무제표분석

재무제표분석은 기업부실을 예측하기 위한 가장 기본이 되는 분석방법으로, 기업의 재무제표가 그 기업의 경영성과와 재무상태를 정확히 반영한다는 가정하에 기업의 수익성, 유동성, 장·단기 지급능력, 현금흐름, 재무구조 등에 관한 각종 재무비율을 분석함으로써 부실화 가능성을 판별한다. 재무비율이나 재무변수들의 기업 간 상호 비교와 기간별 비교를 통하여 특정 기업의 부실 가능성을 예측할 수도 있다. 특히 기업의 부실은 유동성 부족에 의한 지급불능에 기인하므로 현금흐름의 분석이 중요하다. 대차대조표나 손익계산서를 이용한 재무제표분석은 발생주의에 기초하여 기업의 경영성과나 재무상태를 나타내므로 현금흐름에 관한 내용은 충실히 반영하지 못하지만, 현금흐름표에서 기업의 장·단기 현금흐름을 면밀하게 관찰한 결과 현금유출이 현금유입보다 많은 기업은 그만큼 부실 가능성이 높다고 판단할 수 있다. 따라서 현금흐름표를 이용한 분석은 대차대조표나 손익계산서분석의 단점을 보완하여 기업부실 여부를 판정하고 예측하는 데 유용하다.

재무제표는 일정한 회계기준에 의하여 정기적으로 작성되므로 자료를 쉽게 입수하여 이용할 수 있어 객관성이 높다. 반면에 재무제표는 단지 기업경영의 상태를 수치로써 표시하기 때문에 질적 정보를 반영하지 못하며, 과거 정보만을 포함한다는 한계가 있다.

2. 시장정보분석

기업에 관한 정보가 신속히 반영되는 효율적인 증권시장에서는 기업이 부실화되거나 부실 가능성이 예측되면 주가나 회사채의 등급, CP 등급 등에 즉시 반영되어 나타난다. 실제 상장된 기업으로 부실화가 진행되고 있거나 예상되는 기업은 부실상태에 대한 정보가 주가에 반영되어 도산 발생 시점 수개월 전에 이미 주가가 하락하는 경우가 많다. 또한 신용평가기관은 채무불이행위험이 높은 기업이 발행하는 회사채나 CP에 대해서는 각종 분석을 통해 낮은 등급을 부여하고, 부실화가 예상되면 그만큼 채권등급을 낮추어 발표하게 된다. 따라서 기업의 가치를 나타내는 증권시장지표의 변화를 분석하면 기업부실화 가능성을 효과적으로 예측할 수 있을 것이다. 이와 같은 시장정보는 재무제표 정보에 비해 훨씬 빠른 속도로 기업부실 정도를 반영하므로 재무제표 정보를 보완하는 역할을 한다.

3. 경영전략분석

기업이 부실해지는 원인은 환경변화에 대응하기 위한 기업의 장·단기전략이 적절하지 못했기 때문으로도 볼 수 있다. 경영전략분석은 국내외 경제환경의 변화, 산업경쟁구조의 변화, 경쟁업체의 동향, 기업의 비용구조, 경영자의 자질이나 경험 등과 같은 기업경영의 기본적 요인들을 분석하여 부실가능성을 예측하려는 것이다. 기본적 요인에 관한 정보는 기업의 재무적 자료만으로는 파악할 수 없고, 비재무적 자료나 질적 자료들을 포함하여 광범위한 자료가 축적되어 있어야 그 파악이 가능하다. 이들 자료는 재무적 자료에 비해 획득하기도 어렵고 주관적으로 분석될 우려가 있는 반면, 기업부실에 대한 근본적인 원인을 파악할 수가 있으므로 면밀히 검토·분석할 필요가 있다.

사례 : 시장정보에 의한 기업부실예측방법

다음 그림은 2004년 5월에 부도가 발생한 삼도물산의 주가와 신용등급 추이를 보여준다. 부도가 발생하기 약 2년 전인 2002년 6월에는 채권의 신용등급이 BB-였으나 기업부실화와 함께 단계적으로 하락하여 부도 직전 1개월 전에는 C등급을 기록하였으며, 부도가 발생한 2004년 5월에는 채무불이행등급인 D등급을 기록하였다. 2002년 6월 이전에는 12,000원 이상이었던 주가 또한 신용등급의 하락과 유사하게 지속적으로 하락하여 부도 시점에서의 주가는 불과 5원에 매매되고 있는 것으로 나타났다. 이와 같이 삼도물산의 부실화 과정은 시장정보인 주가와 회사채의 등급하락 등에 반영되어 진행되고 있음을 확인할 수 있다.

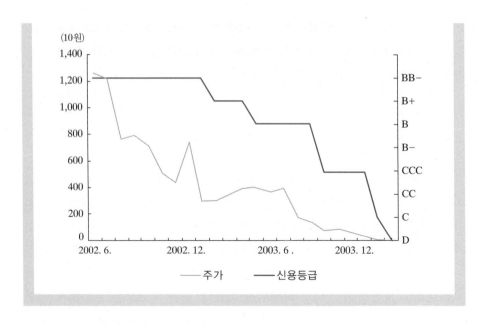

8.4 ● 계량적 기업부실예측방법

기업부실을 예측하기 위한 방법은 이용하는 정보의 원천이나 분석방법에 따라 계량적 방법과 비계량적 방법으로 구분해 볼 수 있다. 계량적 방법은 주로 재무제표자료나 증권시장지표 등과 같은 재무적 변수를 이용하여 통계적 방법으로 기업부실을 예측하는 방법이다. 반면에 비계량적 방법은 질적 자료들을 이용하여 기업부실의 요인들을 분석하고 기업의 부실 가능성을 예측하는 방법으로, 앞 절에서 설명한 경영전략분석이 이에 속한다. 여기에서는 계량적 방법으로 재무변수들을 통계적 방법론에 기초를 두고 기업부실을 예측하는 방법과, 최근에 등장한 인공지능모형의 일종인 신경망분석(neural network analysis)을 이용한 기업부실예측방법에 대해 살펴본다.

1. 단일변량 부실예측방법

단일변량분석(univariate analysis)이란 기업부실예측에 적합한 재무변수 하나만을 이용하여 기업부실을 예측하는 방법이다. 즉, 기업부실과 관련한 여러 재무변수 또는 재무비율들 중에서 부실예측에 가장 적합하다고 판단되는 변수를 선정하고, 이 변수를 분석하여 부실예측의 기준을 설정함으로써 부실 가능성을 판정하는 방법이다. 그러므로 단일변량분석을 통해 기업부실을 예측하기 위해서는 다음의 두 가지 작업이 필요하다.

첫째, 기업부실예측에 적합하다고 판단되는 재무비율을 선정하고, 정상기업과 부실기업을 체계적으로 구분하는 재무비율을 찾아낸다.

둘째, 선정된 재무비율을 분석하여 부실기업과 정상기업을 판정할 수 있는 구분점을 찾는다.

단일변량분석으로 활용되는 기법으로는 재무비율평균의 차이분석, 프로파일분석, 이원분류법 등이 있다.

(1) 집단 간 재무비율평균의 차이분석

이 방법은 부실기업과 정상기업을 두 집단으로 나누어 두 집단의 체계적인 차이를 나타내는 재무변수를 찾아내어 부실예측에 이용하는 방법이다. 부실기업과 정상기업의 체계적 차이를 검증하기 위해서는 먼저 기업의 부실예측에 효과가 있는 재무비율을 선정하여야 한다. 재무비율을 선정할 때에는 기업부실에 대한 선행 연구의 결과, 기업평가실무, 분석자의 판단 등을 종합하여 표본을 추출한 후 부실기업과의 비교를 위해 업종, 기업 규모 등이 유사한 정상기업을 대응기업으로 선정한다.

재무비율과 표본기업이 선정되면 각 표본기업별로 재무비율을 계산한다. 계산된 재무비율에 대해 부실기업에 속하는 집단의 평균과 정상기업에 속하는 집단의 평균을 구하여 통계적 검증방법(t-test)을 사용하여 유의성을 검증한다. 즉, 부실기업의 재무비율과 정상기업의 재무비율 간에 통계적으로 유의적인 차이가 있는지를 판단하기 위해서는 다음과 같은 귀무가설(H_0)과 대립가설(H_A)을 설정하여 검정하는 것이다.

$$H_0 : \mu_A = \mu_B$$
$$H_A : \mu_A \neq \mu_B \tag{8-1}$$
$$\mu_A : 부실기업\ 재무비율의\ 평균$$
$$\mu_B : 정상기업\ 재무비율의\ 평균$$

예를 들면, 정상기업집단과 부실기업집단에서 각각 5개씩의 기업을 선정하여 재무비율 ROE를 계산했더니 다음과 같았다고 하자.

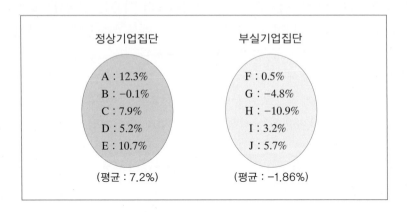

정상기업집단   부실기업집단

A : 12.3%   F : 0.5%
B : −0.1%   G : −4.8%
C : 7.9%   H : −10.9%
D : 5.2%   I : 3.2%
E : 10.7%   J : 5.7%

(평균 : 7.2%)   (평균 : −1.86%)

각 집단의 평균값을 구한 결과 정상기업집단의 경우 7.2%, 부실기업집단의 경우 −1.86%였다. 그리고 두 집단 간의 평균값이 유의적으로 차이가 나는지를 t-test를 통해 검정한 결과, t값이 2.62로 95%의 신뢰도로 유의하다는 결론을 도출하였다. 따라서 ROE가 부실예측에 유용한 지표가 된다는 것을 알 수 있다고 해석할 수 있다.

(2) 프로파일분석

프로파일분석(profile analysis)이란 기업의 부실을 예측할 수 있는 재무비율을 발견하기 위하여 부실화 과정의 진전에 따라 부실기업과 정상기업의 재무비율이 각각 어떻게 변화하는지를 그래프를 통하여 조사·분석하는 방법이다. 이러한 프로파일분석은 기업의 부실이 점진적으로 진행된다는 점에 착안하여 시각적으로 재무비율의 변화 추이를 관찰함으로써 기업부실을 예측한다. 프로파일분석은 다음과 같은 절차에 따라 수행된다.

① 부실기업들과 이에 대응하는 정상기업들의 도산 1년 전에서 수년 전 사이의 재무제표자료를 입수한다.
② 기존의 부실예측연구, 기업평가실무, 분석자의 판단 등에 의하여 기업부실예측에 유용하다고 여겨지는 재무비율을 계산한다.
③ 부실기업집단과 정상기업집단의 각 재무비율의 평균을 시계열 그래프

로 나타내어 연도별 변화 추이를 비교한다.

④ 도산 1년 전에서 도산 수년 전 사이에 걸쳐서 두 집단 간에 뚜렷한 차이
를 나타내는 비율들을 선정한다.

이와 같은 절차가 끝나면 어느 재무비율의 부실예측력이 가장 좋은지를 구
체적인 예측력 검증을 하기 전에 개략적으로 파악할 수 있다.

사례 : 프로파일분석

다음 그림은 2004년 5월에 법정관리를 신청한 세원텔레콤의 프로파일분
석이다. 부실기업의 대응이 되는 건전기업으로는 SK텔레콤을 선정하였다. 부
도 5년 전부터 추적하여 부실기업과 건전기업을 구분할 수 있는 여러 재무비
율을 탐색하고, 성장성비율을 나타내는 매출액순이익률과 유동성비율을 나타
내는 당좌비율의 추이를 살펴보도록 한다.

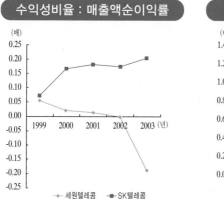
수익성비율 : 매출액순이익률

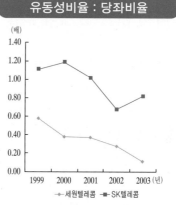
유동성비율 : 당좌비율

부도 5년 전에는 매출액순이익률이 건전기업과 부실기업 모두 유사한 수
준이었으나 이후 기간에 세원텔레콤은 하락하는 반면, SK텔레콤은 점진적으
로 증가함을 확인할 수 있다. 한편, 양 기업의 당좌비율의 차이는 부도 5년
전부터도 크게 나타나고 있음이 확인된다. 세원텔레콤은 부도 5년 전부터 지
속적으로 감소하는 반면, SK텔레콤은 하락추세가 있었으나 2003년에는 회
복되는 모습을 보이고 있다.

(3) 이원분류법

재무비율을 사용하여 기업부실을 예측하는 경우 부실화의 여부를 판단할 수 있는 일정한 기준이 있어야 한다. 이러한 기준을 정하여 부실기업과 정상기업을 구분하는 절사점(cut-off point)을 정하는 데 이용하는 방법이 이원분류법이다. 이원분류법을 적용하는 절차는 다음과 같다.

① 표본기업들에 대한 재무비율을 크기에 따라 순서대로 배열한다.
② 순서대로 배열된 재무비율 사이의 중간점을 산출하여 각 중간점에 대한 예측오류를 계산한다.
③ 예측오류가 최소인 중간점을 최적 판별점으로 선정한다.

예측오류(forecasting error)에는 두 종류가 있다. 하나는 제1종 오류(type I error)로서 실제는 부실기업인데 정상기업으로 예측하는 오류이고, 다른 하나는 제2종 오류(type II error)로서 실제는 정상기업인데 부실기업으로 예측하는 오류이다.

2. 다변량 부실예측방법

단일변량분석에 의한 기업부실예측의 문제점은 선택된 재무비율에 따라 서로 다른 결과가 나올 수 있다는 것이다. 이러한 문제점을 해결하기 위해서는 하나의 변수가 아닌, 기업부실예측에 유용하다고 판단되는 여러 개의 변수를 동시에 고려하여 종합적으로 분석하는 방법인 다변량분석(multivariate analysis)을 시행할 수 있다. 이와 같이 여러 개의 관찰되는 변수를 사용하여 부실기업을 예측하는 다변량분석기법 중에서 대표적인 것이 판별분석(discriminant analysis)과 로짓분석(logit analysis)이다.

(1) 판별분석

판별분석은 기업의 재무비율을 사용하여 기업의 부실상태를 분류하는 대표적인 방법이다. 이것은 개인의 소득 및 재산수준에 따라 개인의 신용상태를 등급화하는 신용평가분야에서도 활용된다. 판별분석에서는 자료를 이용하여 집단을 가상 잘 구분할 수 있는 판별함수를 추정하는 것이 중요하다.

부실기업을 예측하기 위해 판별분석을 시행하는 절차는 다음과 같다.

① 판별분석에 필요한 표본기업들의 자료를 수집하고, 분류하려는 집단과 분류에 적합한 설명변수들로 기업의 특성을 반영하는 재무비율들을 선정한다. 일반적으로 집단은 부실기업과 정상기업으로 분류된다.

② 연구목적에 적합하고 분류오류를 최소화시키는 판별함수를 추정하는 작업이다. 판별함수는 식 (8-2)로 표현된다.

$$Z_i = \beta_1 X_1 + \beta_2 X_2 + \beta_3 X_3 + \cdots + \beta_k X_k \tag{8-2}$$

여기서 Z_i는 판별점수이며 X_k와 β_k는 각각 설명변수와 판별계수이다. 판별계수는 정상기업의 판별점수의 평균과 부실기업의 판별점수의 평균의 차이가 최대화하도록 추정된다.

③ 판별함수를 통하여 산출된 판별점수의 추정치가 구해지면 다음으로 부실기업인지 정상기업인지 판별해 주는 기준이 되는 절사점을 정한다.

④ 판별함수식을 이용하여 실제 자료를 바탕으로 예측력을 평가한다.

다음에서는 판별분석에 의한 기업부실예측에 관한 대표적인 연구를 살펴보기로 하자.

1) Z-score 모형

판별분석을 이용한 계량적 기업부실예측에 관한 대표적인 연구는 알트만 (Altman, E. I.)이 1968년에 발표한 논문에서 소개되었다. 알트만은 1946년부터 1965년까지 사이에 미국에서 파산법에 의해 파산을 신청한 33개 기업과, 이들과 동일 업종에 속하고 자산 규모가 비슷한 정상기업 33개 기업을 표본으로 선정하여 판별분석을 실시하였다. 그리고 선행 연구에서 기업평가를 위한 유의적인 지표로 사용된 22개의 재무비율을 선정하여 그 중 기업부실예측에 효력이 있다고 판단되는 부문별 5개의 재무비율을 최종적으로 선정하였다. 그 5개 비율은 순운전자본/총자산, 이익잉여금/총자산, 영업이익/총자산, 자기자본의 시장가치/총부채의 장부가지, 매출액/총자산 등이며, 각 비율은 유동성, 수익성, 시장가치, 활동성을 대표한다고 볼 수 있다. 자기자본의 시장가치는 재무제표 발표 시점의 주가에 보통주 발행주식수를 곱하여 산출한다.

알트만이 파산 1년 전 자료를 이용하여 추정한 판별함수인 Z-score 모형(Z-score model)은 식 (8-3)과 같다.

$$Z = 1.2X_1 + 1.4X_2 + 3.3X_3 + 0.6X_4 + 1.0X_5 \tag{8-3}$$

Z : 판별점수
X_1 : 순운전자본/총자산
X_2 : 이익잉여금/총자산
X_3 : 영업이익(EBIT)/총자산
X_4 : 자기자본의 장부가치/총부채의 장부가치
X_5 : 매출액/총자산

Z-score 모형의 최적 판별점은 $Z = 2.675$로 추정되었으며, 알트만이 제시한 부실기업에 대한 구체적인 판별기준은 다음과 같다. Z-score가 판정유보영역(gray zone)에 해당하는 경우에는 정상기업이나 부실기업으로 명확히 판정할 수 없으므로 추가적으로 면밀한 분석이 요구되는 상태이다.

$Z > 2.99$: 정상기업
$Z < 1.81$: 부실기업
$1.81 \leq Z \leq 2.99$: 판정유보

이 모형의 예측능력을 파악하기 위하여 도산 1년 전의 자료인 추정표본을 이용한 경우 예측 정확도는 95%, 2년 전의 자료인 추정표본을 이용한 경우 83%로 높게 나타났다. 또한 알트만은 재무비율 X_4를 '자기자본의 장부가치/총부채의 장부가치'로 대체하여 비상장기업에 적용할 수 있는 새로운 판별함수 Z'-score 모형을 제시하였다.

$$Z' = 0.717X_1 + 0.847X_2 + 3.107X_3 + 0.420X_4 + 0.998X_5 \tag{8-4}$$

Z'-score 모형에 의한 부실기업의 판별기준은 다음과 같다.

$Z > 2.90$: 정상기업

$Z < 1.23$: 부실기업

$1.23 \leq Z \leq 2.90$: 판정유보

추정표본에 대한 Z'-score 모형의 예측 정확도는 파산 1년 전 자료를 이용할 경우 94%로 Z-score 모형의 예측능력과 거의 유사하게 나타났다.

사례 : Z-score 모형을 이용한 부실기업예측

이번 사례에서는 코스닥 상장기업 중에서 2004년에 도산하여 법정관리를 신청한 기업인 세원텔레콤에 대한 부실예측을 Z-score를 이용하여 분석하기로 한다. 세원텔레콤은 부도 이전에 코스닥에 등록된 기업이므로 상장기업을 대상으로 적용하는 판별분석으로 Z-score를 구한다. 또한 모형 Z-score를 구하기 위해서는 먼저 Z-score 모형을 구성하는 다섯 가지 재무비율을 구하여야 한다. 도산 1년 전인 세원텔레콤의 2003년 재무비율은 다음과 같다.

$$X_1 = \frac{유동자산 - 유동부채}{총자산} = \frac{1,645억\ 원 - 271억\ 원}{4,016억\ 원} = -0.2639$$

$$X_2 = \frac{이익잉여금}{총자산} = \frac{206억\ 원}{4,016억\ 원} = 0.0513$$

$$X_3 = \frac{영업이익}{총자산} = \frac{-337억\ 원}{4,016억\ 원} = -0.0839$$

$$X_4 = \frac{보통주지분의\ 시장가치}{총부채} = \frac{332억\ 원}{3,892억\ 원} = 0.0853$$

$$X_5 = \frac{매출액}{총자산} = \frac{5,504억\ 원}{4,106억\ 원} = 1.3405$$

위에서 산출한 다섯 가지 재무비율의 값을 Z-score 모형에 대입하여 Z점수를 계산한다. 2003년의 세원텔레콤의 Z-score는 0.8700으로 부실기업의 절사점인 1.81보다 낮으므로 부실기업상태에 접어들었음을 확인할 수 있다.

$$Z = 1.2(-0.2639) + 1.4(0.0513) + 3.3(-0.0839) + 0.6(0.0853) + 1.0(1.3405)$$
$$= 0.8700$$

2) K-score 모형

알트만, 엄영호, 김동원은 1995년에 발표한 논문에서 우리나라 기업의 부실예측을 위한 별도의 모형을 제시하였다. 이들은 1990년부터 1993년까지 국내 상장회사 중에서 34개의 부실기업들과 61개의 정상기업들을 표본으로 선정하였으며, 20개의 재무변수를 대상으로 판별모형인 K-score 모형을 도출하였다. K-score 모형에는 최종적으로 기업부실을 예측할 수 있는 4개의 재무변수가 선정되었으며, 비상장기업과 상장기업에 모두 적용할 수 있는 $K1$-score 모형과 상장기업에만 적용할 수 있는 $K2$-score 모형으로 구분된다.

$$K1 = -17.862 + 1.472X_1 + 3.041X_2 + 14.839X_3 + 1.516X_4 \tag{8-5}$$

$$K2 = -18.696 + 1.501X_1 + 2.706X_2 + 19.760X_3 + 1.146X_4' \tag{8-6}$$

X_1 : log(총자산)
X_2 : log(매출액/총자산)
X_3 : 이익잉여금/총자산
X_4 : 자기자본의 장부가치/총부채
X_4' : 자기자본의 시장가치/총부채

$K1$-score 모형과 $K2$-score 모형에 사용된 변수 중 네 번째 변수는 다르다. 즉, $K1$-score 모형은 자기자본의 장부가치를 사용하고 있으나 $K2$-score 모형은 자기자본의 시장가치를 사용하고 있다는 점에서 차이가 있다. K-score 모형 추정 시 주의해야 할 사항은 설명변수 X_1은 총자산을 10억 원 단위로 환산하여 자연로그를 취해야 한다는 것이다.

위 두 모형의 판정기준은 각각 다음과 같다.

$K1$-score 모형		$K2$-score 모형	
$K1 > 0.75$	: 정상기업	$K2 > 0.75$	: 정상기업
$K1 < -2.0$	: 부실기업	$K2 < -2.30$	: 부실기업
$-2.0 \leq K1 \leq 0.75$	: 판정유보	$-2.30 \leq K2 \leq 0.75$	: 판정유보

이 두 모형은 도산 2년 이상의 기간에서 우수한 판별 정확성을 가진 것으

로 나타났다. 특히 업종에 따라 다른데 건설, 자동차, 석유 및 플라스틱, 금속산업이 피혁 및 의복, 가공금속제품, 목재, 펄프 및 제지산업에 비해 비교적 높은 정확도를 보인 것으로 나타났다.

사례: K-score 모형을 이용한 부실기업예측

세원텔레콤에 대한 부실예측을 K-score를 이용하여 분석하기로 한다. 세원텔레콤은 부도 이전에 코스닥에 등록된 기업이므로 $K1$-score 모형과 $K2$-score 모형을 모두 적용하여 모형예측력을 검정할 수 있다. K-score를 구하기 위해서는 Z-score를 산출할 경우와 마찬가지로 K-score 모형을 구성하는 다섯 가지 재무비율을 구하여야 한다. 도산 5개월 전인 세원텔레콤의 2003년 재무비율을 구하면 다음과 같다.

$$X_1 = \log(총자산) = \log(402) = 5.9965$$

$$X_2 = \log\left(\frac{매출액}{총자산}\right) = \log\left(\frac{5,504억\ 원}{4,016억\ 원}\right) = 0.2930$$

$$X_3 = \frac{이익잉여금}{총자산} = \frac{206억\ 원}{4,016억\ 원} = 0.0513$$

$$X_4 = \frac{자기자본의\ 장부가치}{총부채} = \frac{124억\ 원}{3,892억\ 원} = 0.0319$$

$$X_4' = \frac{자기자본의\ 시장가치}{총부채} = \frac{332억\ 원}{3,892억\ 원} = 0.0853$$

위에서 산출한 다섯 가지 재무비율의 값을 $K1$-score 모형과 $K2$-score 모형에 대입하여 판별점수를 계산한다. $K1$-score 모형에는 X_4를 대입해야 하고, $K2$-score 모형에는 X_4'를 대입하여야 한다. $K1$-score 모형과 $K2$-score 모형으로 산출한 점수는 각각 −7.3345와 −7.7910으로 부실기업에 해당한다.

$$K1 = -17.862 + 1.472(5.9963) + 3.041(0.2930) + 14.839(0.0513) + 1.516(0.0319)$$
$$= -7.3345$$

$$K2 = -18.696 + 1.501(5.9963) + 2.706(0.2930) + 19.760(0.0513) + 1.140(0.0853)$$
$$= -7.7910$$

(2) 로짓분석

로짓분석은 판별분석과 더불어 부실예측모형에 활용되고 있는 계량적 분석기법이다. 로짓분석에 의한 부실예측모형은 특정 기업의 도산 가능성을 도산확률(probability of default)로 표현함으로써 판별분석에 비해 해석이 훨씬 쉽고 직관적으로 이해할 수 있다. 또한 로짓분석에서 추정된 회귀계수의 부호와 통계적 유의수준으로 어떠한 재무비율이 부실예측에 중요한지를 판단할 수 있다. 로짓분석에서 도산확률은 식 (8-7)의 로지스틱스함수(logistics function)로 표현된다.

$$P(Z_i) = \frac{1}{1+e^{-Z_i}} \tag{8-7}$$

$$\text{단, } Z_i = \beta_0 + \beta_1 X_1 + \beta_2 X_2 + \cdots + \beta_k X_k \tag{8-8}$$

$$e\text{는 자연대수로 } 2.71828\cdots$$

기업이 도산할 확률인 $P(Z_i)$를 알기 위해서는 로지스틱스 회귀모형인 식 (8-8)을 추정해야 한다. 로짓분석을 이용한 기업부실을 예측하기 위해서는 판별분석과 마찬가지로 도산기업과 정상기업으로 분류한다. 로지스틱스 회귀모형을 추정할 때에는 종속변수인 Z_i에 도산기업일 경우에는 1, 정상기업일 경우에는 0의 값을 부여한다. X_k는 설명변수로 도산의 징후에 대한 설명력이 높은 재무비율을 도입하여 Z_i를 추정한다. 특정 기업의 부도확률은 추정된 로지스틱스함수에 해당 기업의 재무비율을 대입하여 산출된다. 식 (8-7)에서 알 수 있듯이 Z_i의 값이 증가할수록 부도확률은 높아진다.

실무에서는 로짓모형을 이용하여 추정한 부도확률예측치가 일정 확률 이상일 경우에는 부실기업으로 판단한다.

3. 옵션가격결정모형을 이용한 기업부실예측

(1) 옵션가격결정모형의 응용

블랙(Black, F.)과 숄즈(Scholes, M.)가 개발한 옵션가격결정모형(option pricing

model)에 따르면 기업이 발행한 주식은 기업이 보유한 자산을 기초자산으로 하여 발행한 콜옵션(call option)과 같다. 따라서 기업의 소유주지분의 시장가치인 주가는 주주가 보유한 콜옵션의 가격이다. 이 경우 행사가격은 기업이 상환해야 하는 부채금액이며, 콜옵션의 만기일은 부채의 만기일이 된다. 만일 부채의 만기일에 기업의 자산가치가 부채를 초과하면 채무를 상환하고, 잔여가치는 주주에게 귀속된다. 또한 만기일에 기업의 자산가치가 부채에 미달한다면 이는 기업의 부도로 간주되며, 주주는 소유주지분을 포기하고 채권자에게 양도하게 된다. 따라서 기업의 부도확률은 옵션가격결정모형에서 자산의 시장가치가 부채의 장부가치에 미달할 확률과 같다.

(2) 부도확률의 추정

옵션가격결정모형으로 부실기업을 예측하기 위해서는 기업이 상환해야 할 부채 규모를 재무제표를 통하여 추정하고, 주가를 이용하여 자기자본의 시장가치를 추정한다. 여기에서 자기자본의 시장가치는 부채가치보다 클 때 가치를 가지는 콜옵션으로 해석될 수 있다. 따라서 추정된 자기자본의 시장가치와 나머지 다른 변수들을 블랙-숄즈 옵션모형에 대입하면 기업자산의 시장가치를 계산할 수 있다. 이렇게 측정된 기업자산의 시장가치(V)를 특정 기간 내에 상환해야 할 부채의 장부가치인 D와 비교하면, 자산의 시장가치가 부채 규모 이하로 하락할 확률인 부도확률 $P(V<D)$를 계산할 수 있다. 옵션모형을 이용하여 부도확률을 예측하기 위해서는 주식의 시장가격을 이용해야 하므로 주식시장에 상장된 기업에 적합하다.

이상의 내용을 정리하면 옵션가격결정모형인 식 (8-9)에 의해 기업의 자산가치가 부채가치에 미달할 확률인 식 (8-10)의 부도확률이 산출된다. 부도확률에 영향을 미치는 요인은 기업의 자산가치, 부채의 장부가치, 만기, 자산가치의 변동성 등이다. 기업의 자산가치가 높을수록, 부채가치가 낮을수록, 만기까지의 기간이 길수록, 변동성이 높을수록 부도확률은 감소한다.

$$E=VN(d_1)-De^{-rt}N(d_2) \tag{8-9}$$

$$P(V<D)=N(-d_2)=1-N(d_2) \tag{8-10}$$

$$d_1=\frac{\log_e\left(\dfrac{V}{D}\right)+\left(r+\dfrac{1}{2}o_a^2\right)t}{o_a\sqrt{t}}, \ d_2=d_1-o_a\sqrt{t}$$

E : 자기자본의 시장가치

V : 만기 시 자산의 시장가치

D : 부채의 시장가치

r : 무위험이자율

t : 만기

o_a : 자산가치의 변동성

4. 신경망분석을 통한 기업부실예측

(1) 신경망분석의 의의

인공지능(artificial intelligence)은 인간의 지능적 활동(사고, 시각, 청각, 자연언어)을 컴퓨터에서 재현시키고자 하는 연구활동이다. 즉, 인공지능에 대한 연구는 인간이 가진 뇌의 구조와 기능을 이해함으로써 뇌가 수행하는 연산기능의 원리로부터 새로운 개념을 추출하여 구현하는 것을 말한다. 인공지능은 인간의 지적인 활동을 필요로 하는 다양한 분야에 응용될 수 있는 잠재력을 가지고 있으며, 기업부실분석에 활용되는 대표적인 방법이 신경망분석(neural network analysis)이다.

신경망분석을 이용한 기업부실분석방법의 특징은 부실예측변수로 사용되는 설명변수들이 서로 영향을 줄 수 있다는 점과 변수들 간의 비선형관계(nonlinearity)를 표현할 수 있다는 점이다. 판별분석이나 로짓분석 등의 다변량분석에서는 여러 설명변수들이 모형에 투입되지만 변수들 간의 상호 영향관계는 고려하지 않는다. 하지만 신경망모형은 부실예측함수에 투입되는 변수들이 서로간에는 영향을 주지 않는다는 기존의 다른 모형들이 가진 가정대신에, 투입변수들 간의 잠재적으로 숨겨진 상관관계를 찾아내어 그것을 추가적인 투입변수 또는 설명변수로 사용한다.

(2) 신경망분석의 실행

기업부실예측에서 신경망분석은 인간의 두뇌와 마찬가지로 학습과정을 연결시킬 수 있다는 것이다. 신경망의 실행과정은 투입물(input), 신경단위와 산출물(output)로 구성된다. 각 신경단위는 외부로부터 투입물을 전달받는다. 투입물은 재무비율, 시장추세와 관련된 정보, 그 외 다른 투입변수들도 가능하다. 여기서 중요한 점은 투입물이 이 신경단위와 연결된 또 다른 투입변수들과 관련이 있을 수도 있고, 이 신경단위와 연결된 다른 신경단위로부터 나온 산출물일 수도 있다는 것이다. 즉, 투입물들 간의 상호관계를 고려한다는 것이다.

이런 투입물들 간의 관계를 고려하여 투입물들을 가중평균한 결과인 전체 투입물을 구할 수 있다. 신경망은 전체 투입물을 받아들이고 그것에 대하여 반응을 하는데, 그 반응을 기준이 되는 반응과 비교하고 시행착오를 통하여 투입물들의 고정된 가중치를 구한다. 그 가중치만큼 투입물들은 서로 영향을 미치면서 신경단위의 반응을 거쳐 부실예측에 대한 산출물이 발생하는 것이다.

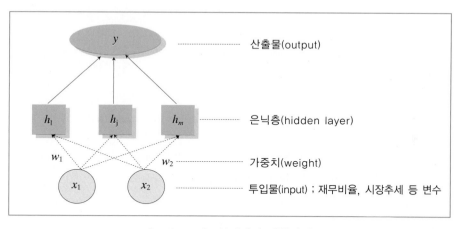

[그림 8-2] 신경망의 실행과정

신경망분석에 의한 부실기업분석의 유의성 검증은 적중률을 기준으로 실시할 수 있다. 즉, 비교집단을 대상으로 한 결과를 실험집단의 결과와 비교함으로써 유의성을 검증할 수 있다. 또한 기존의 통계적 모형과 동일 표본집단으로 비교·분석을 하여 유의성을 검증할 수도 있다.

1_ 다음 자료를 이용하여 물음에 답하시오.

〈S자동차회사의 재무제표〉
(단위 : 100만 달러)

요약대차대조표(2000. 12. 31. 현재)			
자 산		부채와 자본	
유동자산	3,121	유동부채	3,232
기타 자산	3,532	비유동부채	1,597
		부채총계	4,829
		우선주	219
		보통주[1]	417
		자본잉여금	692
		이익잉여금	496
		자본총계	1,605
자산총계	6,653	부채와 자본총계	6,653

주 : 1) 2000. 12. 31. 현재 발행주식수는 66.7백만 주이고, 2000년 중의 평균주가는 8.50달러임.

요약손익계산서(2000. 1. 1.~2000. 12. 31.)	
매출액	12,004
총비용(감가상각비, 지급이자 제외)	12,710
감가상각비	181
지급이자	215
법인세	(5)
당기순손실	(1,097)

(1) 알트만의 Z-score 모형에 들어가는 다섯 가지 재무비율의 값을 구하시오.

(2) Z점수를 구하여 이 회사의 부실 여부를 판정하시오.

(3) Z'-score 모형을 이용하여 이 회사의 부실 여부를 판정하시오.

2_ 다음은 경북의류(주)의 2009년 재무제표자료이다. 알트만의 Z-score 모형과 K-score 모형을 이용하여 판별점수를 계산하고, 부실기업 여부를 판단하시오.

대차대조표		손익계산서	
자 산	6,653	매출액	5,097
유동자산	3,121	매출원가	3,104
비유동자산	3,532	판매비 및 관리비	1,540
부 채	5,048	영업이익	453
유동부채	3,232	법인세	136
비유동부채	1,816	당기순이익	317
자 본	1,605		
자본금	1,109		
이익잉여금	496		

주 : 발행주식수는 100만 주이며, 2009년 말 주가는 1,500원임.

연구과제

1_ 상장기업 중에서 법정관리를 신청한 기업을 선정하여 어떠한 경로를 거쳐 기업부실화가 진행되었으며, 기업부실화의 주된 원인은 무엇인지 조사하시오.

2_ 상장기업 중에서 법정관리를 신청한 기업을 선정한 다음, 법정관리를 신청하기 전 3년간 Z-score 모형, K-score 모형을 이용하여 각 모형의 부실 예측력을 검정하시오.

기업부실분석 – 현대모비스

1단계 : 사례대상기업들을 대상으로 우선적으로 3단계의 Altman의 *Z*-score 모형과 *K*2-score 모형에 포함되는 재무변수들의 2001~2007년간 7개년도 자료를 확보

〈2001~2007년간 현대모비스의 재무변수〉

구 분	2001	2002	2003	2004	2005	2006	2007
총자산(100만 원)	2,714,602	3,262,981	3,785,392	4,659,282	5,465,485	6,211,000	6,777,619
순운전자본/총자산	0.0390	0.1034	0.0936	0.0918	0.0918	0.1212	0.1383
이익잉여금/총자산	0.1361	0.2214	0.2792	0.3527	0.4300	0.4681	0.5271
영업이익/총자산	0.1317	0.1307	0.1603	0.1614	0.1438	0.1315	0.1217
자기자본의 시장가치/총자산	0.5988	0.5693	1.4365	1.2024	1.4492	1.1870	1.1257
매출액/총자산	1.0921	1.26721	1.4019	1.3813	1.3810	1.3151	1.2528
자기자본의 시장가치/부채	0.9473	0.9908	2.7504	2.3930	3.1969	2.7592	3.0196

〈2001~2007년간 현대모비스의 재무변수 산출자료〉 (단위 : 100만 원)

구 분	2001	2002	2003	2004	2005	2006	2007
순운전자본	105,867	337,292	354,385	427,892	501,695	752,754	937,644
유동자산	979,752	1,376,417	1,552,657	1,894,021	2,300,475	2,763,552	2,703,804
유동부채	873,885	1,039,125	1,198,272	1,466,129	1,798,780	2,010,798	1,766,160
총자산	2,714,602	3,262,981	3,785,392	4,659,282	5,465,485	6,211,000	6,777,619
이익잉여금	369,554	722,587	1,056,849	1,643,205	2,350,346	2,907,218	3,572,758
매출액	2,964,734	4,134,698	5,306,639	6,435,972	7,547,724	8,168,036	8,490,912
영업이익	357,438	426,419	606,799	751,783	786,050	816,635	824,522
부채총계	1,716,130	1,874,854	1,977,046	2,341,097	2,477,502	2,671,925	2,526,759
자본시장의 시장가치	1,625,628	1,857,615	5,437,617	5,602,349	7,920,333	7,372,440	7,629,873

〈자본시장의 시장가치 ; 연도 말 발행주식수에 시점의 종가를 곱하여 시가총액을 계산〉

구 분	2001	2002	2003	2004	2005	2006	2007
시가총액(100만 원)	1,625,628	1,857,615	5,437,617	5,602,349	7,920,333	7,372,440	7,629,873
보통주 시가총액(100만 원)	1,625,002	1,856,897	5,436,833	5,601,509	7,918,922	7,371,248	7,628,121
우선주 시가총액(100만 원)	626	718	784	840	1,410	1,191	1,752
보통주(주)	85,978,926	85,178,771	84,817,987	85,519,222	85,702,622	85,811,972	87,478,457
우선주(주)	25,458	25,458	25,458	25,458	25,458	25,458	25,458
보통주 연도말종가(원)	18,900	21,800	64,100	65,500	92,400	85,900	87,200
우선주 연도말종가(원)	24,600	28,200	30,800	33,000	55,400	46,800	68,800

2단계 : 사례대상기업들을 대상으로 Altman의 *Z*-score 모형 및 *K2*-score 모형에 포함되는 재무변수들의 2001~2007년간 추세분석

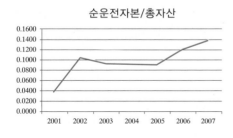

순운전자본/총자산

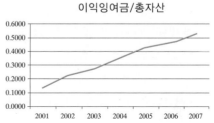

이익잉여금/총자산

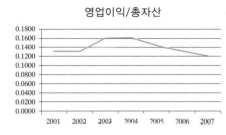

영업이익/총자산

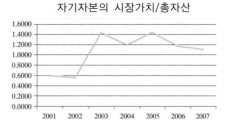

자기자본의 시장가치/총자산

매출액/총자산	자기자본의 시장가치/부채
	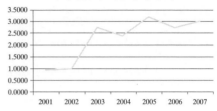

2001~2007년간 현대모비스 재무변수들의 추세

- 순운전자본/총자산(순운전자본 구성비율 : 유동성)은 2002년부터 2005년까지 거의 같은 수준으로 유지되다가 2006년과 2007년에는 다소 증가함.
- 이익잉여금/총자산(이익잉여금 구성비율 : 재투자이익수준)은 연도 경과에 따라 지속적으로 증가하고 있음.
- 영업이익/총자산(총자산영업이익률 : 순수한 수익성)에서는 뚜렷한 추세를 발견할 수가 없으며, 그 비율의 값은 0.1217(2007년)에서 0.1614(2004년)의 범위에 있음.
- 자기자본의 시장가치/총자산 비율은 2001년 0.5988, 2002년 0.5693에서 2003년에는 1.4365로 크게 높아졌으며, 2004년에서 2007년까지 추세는 다소 기복을 보이고 있으나 그 비율의 값이 크게 낮아지지는 않음.
- 매출액/총자산(총자산회전율 : 경쟁상황에 대처하는 경영자의 능력)은 뚜렷한 추세를 나타내지 않으며, 그 비율의 값은 1.0921(2001년)에서 1.4019(2003년)의 범위 내에 있음.
- 자기자본의 시장가치/부채(레버리지비율 : 재무레버리지)는 다소 기복이 있으나 전반적으로 증가추세를 나타내고 있음.

3단계 : 사례대상기업들을 대상으로 Altman의 Z-score 모형 및 K2-score 모형을 이용하여 2001~2007년간 점수 계산

- 알트만의 Z-score 모형을 이용하여 2001~2007년간 점수 계산
  - 판별함수 : $Z = 1.2 \times ($순운전자본/총자산$) + 1.4 \times ($이익잉여금/총자산$) + 3.3 \times ($영업이익/총자산$) + 0.6 \times ($자기자본의 시장가치/총자산$) + 1.0 \times ($매출액/총자산$)$

- 판별기준

  $Z > 2.99$: 정상기업, $Z < 1.81$: 부실기업, $1.81 \leq Z \leq 2.99$: 판정유보
- 점수 계산

과 목	2001	2002	2003	2004	2005	2006	2007
순운전자본/총자산	0.0390	0.1034	0.0936	0.0918	0.0918	0.1212	0.1383
이익잉여금/총자산	0.1361	0.2214	0.2792	0.3527	0.4300	0.4681	0.5271
영업이익/총자산	0.1317	0.1307	0.1603	0.1614	0.1438	0.1315	0.1217
자기자본의 시장가치/총자산	0.5988	0.5693	1.4365	1.2024	1.4492	1.1870	1.1257
매출액/총자산	1.0921	1.2672	1.4019	1.3813	1.3810	1.3151	1.2528
Z값	2.1234	2.4741	3.2960	3.2392	3.4373	3.2619	3.2337

※ 2001~2002년간은 판정유보, 2003~2007년간은 정상기업이라고 할 수 있음.

- $K2$-score 모형을 이용하여 2001~2007년간 점수 계산
  - 판별함수 : $K2 = -18.696 + 1.501 \times \ln(총자산) + 2.706 \times \ln(매출액/총자산) + 19.760 \times (이익잉여금/총자산) + 1.146 \times (자기자본의 시장가치/부채)$
  - 판별기준

    $K2 > 0.75$: 정상기업, $K2 < -2.30$: 부실기업, $-2.30 \leq K2 \leq 0.75$: 판정유보
  - 점수 계산

과 목	2001	2002	2003	2004	2005	2006	2007
ln(총자산)	14.8142	14.9982	15.1467	15.3544	15.5140	15.6418	15.7291
ln(매출액/총자산)	0.0881	0.2368	0.3378	0.3230	0.3228	0.2739	0.2254
이익잉여금/총자산	0.1361	0.2214	0.2792	0.3527	0.4300	0.4681	0.5271
자기자본의 시장가치/부채	0.9473	0.9908	2.7504	2.3930	3.1969	2.7592	3.0196
$K2$값	7.5542	9.9682	13.6220	14.9363	17.6251	17.9348	19.4001

※ 점수 계산결과 현대모비스는 정상기업이라고 할 수 있음.

4단계 : 사례대상기업이 속한 산업의 부실상태를 파악하기 위해 Z-score와 K2-score에 포함된 산업표준비율 산출

〈2004~2007년간 산업표준비율(운수장비 제조업)〉

구 분	2004	2005	2006	2007
총자산(백만 원)	75,969,981	81,151,024	89,134,174	111,354,061
순운전자본/총자산	−0.0073	−0.0218	−0.0178	−0.0060
이익잉여금/총자산	0.1734	0.2087	0.2207	0.2229
영업이익/총자산	0.0448	0.0304	0.0370	0.0546
자기자본의 시장가치/총자산	0.4506	0.8063	0.6539	0.8910
매출액/총자산	1.0698	1.0740	1.0624	0.9641
자기자본의 시장가치/부채	0.8059	1.4459	1.1776	1.5389

〈2004~2007년간 소속 산업의 재무변수 산출자료(운수장비 제조업)〉

(단위 : 100만 원)

구 분	2004	2005	2006	2007
순운전자본	−552,778	−1,767,496	−1,589,799	−668,541
유동자산	31,148,552	32,682,807	36,179,530	47,744,346
유동부채	31,701,330	34,450,303	37,769,329	48,412,887
총자산	75,969,981	81,151,024	89,134,174	111,354,061
이익잉여금	13,174,615	16,936,853	19,675,817	24,822,386
매출액	81,270,562	87,154,217	94,698,905	107,357,869
영업이익	3,400,597	2,469,112	3,295,018	6,080,546
부채총계	42,481,059	45,253,898	49,493,783	64,473,945
시가총액	34,235,871	65,432,129	58,282,153	99,221,158

〈2004~2007년간 소속 산업의 재무변수 산출자료(자동차 및 트레일러 제조업)〉

(단위 : 100만 원)

구 분	2004	2005	2006	2007
순운전자본	2,171,317	1,849,415	1,964,432	2,678,122
유동자산	17,238,637	18,419,142	18,505,333	19,929,730
유동부채	15,067,320	16,569,727	16,540,901	17,251,608
총자산	48,877,838	52,816,704	54,968,137	60,196,204

이익잉여금	11,590,078	15,320,684	17,068,298	19,183,260
매출액	60,193,944	63,052,218	65,890,253	68,958,615
영업이익	3,529,779	2,518,604	2,244,251	2,944,542
부채총계	24,054,585	25,296,412	25,571,157	27,527,016
시가총액	확인 불가	확인 불가	37,269,726	37,661,302

5단계 : 산업을 대상으로 Altman의 *Z-score* 모형 및 *K2-score* 모형에 포함되는 재무변수들의 2004~2007년간 추세분석

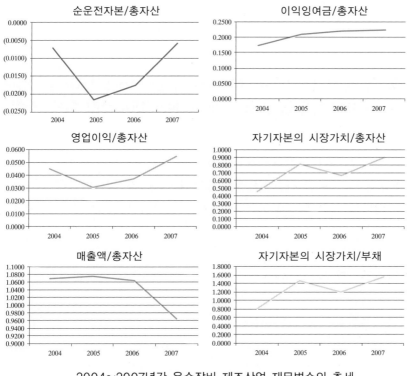

2004~2007년간 운수장비 제조산업 재무변수의 추세

- 순운전자본/총자산(순운전자본 구성비율 : 유동성)은 2004년 −0.0073에서 2005년 −0.0218까지 떨어졌다가 2006년과 2007년에 증가함.
- 이익잉여금/총자산(이익잉여금 구성비율 : 재투자이익수준)은 연도 경과에 따

라 증가추세를 나타내고 있음.

- 영업이익/총자산(총자산영업이익률 : 순수한 수익성)에서는 2004년 0.0448에서 2005년 0.0304까지 떨어졌다가 2006년과 2007년에 증가함.
- 자기자본의 시장가치/총자산 비율은 다소 기복이 있으나 전반적으로 증가추세를 나타내고 있음.
- 매출액/총자산(총자산회전율 : 경쟁상황에 대처하는 경영자의 능력)은 감소추세를 보이고 있음.
- 자기자본의 시장가치/총자산 비율은 2001년도 0.5988, 2002년도 0.5693에서 2003년도에는 1.4365로 크게 높아졌으며, 2004년도에서 2007년도까지의 추세는 다소 기복을 보이고 있으나 그 비율의 값이 크게 낮아지지는 않음.
- 자기자본의 시장가치/부채(레버리지비율 : 재무레버리지)는 다소 기복이 있으나 전반적으로 증가추세를 나타내고 있음.

6단계 : 산업을 대상으로 Altman의 *Z*-score 모형 및 *K*2-score 모형을 이용하여 2004~2007년간 점수 계산

- 알트만의 *Z*-score 모형을 이용하여 2004~2007년간 점수 계산
  - 판별함수 : $Z = 1.2 \times$ (순운전자본/총자산) $+ 1.4 \times$ (이익잉여금/총자산) $+ 3.3 \times$ (영업이익/총자산) $+ 0.6 \times$ (자기자본의 시장가치/총자산) $+ 1.0 \times$ (매출액/총자산)
  - 판별기준
    $Z > 2.99$: 정상기업, $Z < 1.81$: 부실기업, $1.81 \leq Z \leq 2.99$: 판정유보
  - 점수 계산

과 목	2004	2005	2006	2007
순운전자본/총자산	−0.0073	−0.0218	−0.0178	−0.0060
이익잉여금/총자산	0.1734	0.2087	0.2207	0.2229
영업이익/총자산	0.0448	0.0304	0.0370	0.0546
자기자본의 시장가치/총자산	0.4506	0.8063	0.6539	0.8910
매출액/총자산	1.0698	1.0740	1.0624	0.9641
*Z*값	1.7219	1.9242	1.8644	1.9838

※ 2004년은 부실기업, 2005~2007년간은 판정유보

– *K*2-score 모형을 이용하여 2004~2007년간 점수 계산
  - 판별함수 : $K2 = -18.696 + 1.501 \times \ln(총자산) + 2.706 \times \ln(매출액/총자산) + 19.760 \times (이익잉여금/총자산) + 1.146 \times (자기자본의 시장가치/부채)$
  - 판별기준
    $K2 > 0.75$: 정상기업, $K2 < -2.30$: 부실기업, $-2.30 \leq K2 \leq 0.75$: 판정유보
  - 점수 계산

과 목	2004	2005	2006	2007
ln(총자산)	18.0551	18.1458	18.2118	18.3057
ln(매출액/총자산)	0.0674	0.0714	0.0606	−0.0365
이익잉여금/총자산	0.1734	0.2087	0.2207	0.2229
자기자본의 시장가치/부채	0.8059	1.4459	1.1776	1.5389
*K*2값	12.93751	4.51511	4.51521	4.8503

※ 점수 계산결과 *K*2값이 0.75를 초과하므로 정상기업이라고 할 수 있음.

7단계 : 1~3단계에서 측정한 사례대상기업의 부실상태와 4~6단계에서 측정한 해당 산업의 부실상태를 비교하고, 원인 및 모형 적합도에 대한 설명

〈사례대상기업과 해당 산업의 부실상태 비교〉

구분	현대모비스				운수장비 제조산업			
	2004	2005	2006	2007	2004	2005	2006	2007
Z-score	3.2392	3.4373	3.2619	3.2337	1.7219	1.9242	1.8644	1.9838
	정상	정상	정상	정상	부실기업	판정유보	판정유보	판정유보
*K*2-score	14.9363	17.6251	17.9348	19.4001	12.9375	14.5151	14.5152	14.8503
	정상	정상	정상	정상	정상	정상	정상	정상

판별분석을 활용한 기업부실예측방법은 부실기업과 정상기업을 잘 구분할 수 있는 재무비율을 선택하여 이 재무비율로 부실기업과 정상기업을 구분하는 판별함수식을 도출한다. 판별분석은 분석대상기업의 재무변수를 개별적으로 검토하는 것이 아니라, 여러 재무변수를 동시에 고려하는 종합적인 재무분석 기법이다. 판별분석이 가진 한계점은 과거의 재무자료에 의해 사후적으로 판별함수를 추정하기 때문에 전체적인 기업환경이 변화하거나 기업의 경영패턴이

변화하는 경우 모형의 예측력이 떨어지게 된다는 것이다.

알트만이 제시한 Z-score 모형은 판별분석을 이용한 기업부실예측모형으로 1946~1965년 미국에서 33개의 도산기업과 이에 대응하는 33개의 건전기업을 선정하였다. 판별분석에 사용된 재무비율들은 22개가 우선적으로 선정되었으며, 이들은 유동성, 수익성, 레버리지, 지급능력, 활동성 등 다섯 가지 범주로 구분되었다. 최종적으로 각 범주에서 하나의 재무비율을 선정하여 판별함수를 도출하였는데, 각 변수들은 순운전자본/총자산, 유보이익/총자산, 영업이익/총자산, 자기자본의 시장가치/총부채, 매출액/총자산 등이다.

$K2$-score 모형은 우리나라 기업의 부실예측을 위한 별도의 모형으로 1990~1993년 동안 34개 부실기업들과 61개의 정상기업들을 대상으로 4개의 재무변수를 선정하였다. 각 변수들은 총자산, 매출액/총자산, 이익잉여금/총자산, 자기자본의 시장가치/부채 등이다.

알트만이 제시한 Z-score 모형에서 운수장비 제조산업은 2004년에는 부실기업으로, 2005~2007년까지는 판정유보로 판별되고 있다.

$K2$-score 모형에서는 재무변수 중 총자산이 차지하는 비중이 너무나 크며, 그 계산된 점수가 18점 이상으로 산출된다. 따라서 운수장비 제조산업 전체를 대상으로 판별하는 경우 $K2$-score의 값은 정상으로 판별될 수밖에 없는 한계를 갖는다.

제9장

신용평가

개관

은행이 기업에 대출결정을 내리거나 투자자들이 기업이 발행한 채권에 투자할 때는 기업의 재무적·영업적 특성과 관련된 각종 정보를 수집·분석하여 신용위험, 즉 채무불이행위험(default risk)을 평가하고 이를 토대로 대출결정이나 투자의사결정을 하게 된다. 신용평가는 신용분석과 채권등급평가를 포함한다. 신용분석은 금융기관에서 대출결정을 내릴 때의 위험도와 기업의 상환능력을 평가하는 것을 말한다. 신용평가기관은 투자자들의 채권에 대한 의사결정에 도움을 줄 수 있도록 채권등급평가를 담당한다. 이 장에서는 금융기관의 신용분석기능과 종합평점제도를 소개한다. 또한 채권등급평가에 있어서 신용평가기관의 역할과 신용등급평가과정을 이해하도록 한다.

1. 신용분석의 목적

신용분석(credit analysis)이란 금융기관에서 대출결정을 내릴 때 대출에 따른 위험도와 원리금상환능력을 평가하는 것을 말한다. 신용분석의 대상이 되는 신용위험(credit risk)이란 채무계약을 위반할 가능성을 의미한다. 신용위험은 신용의 주체에 따라 개인신용위험과 기업신용위험으로 구분되며, 금융기관 입장에서는 특히 기업신용위험이 중요한 위험으로 인식된다. 기업신용위험은 산업에 속한 기업들이 연쇄적으로 동반 부실화되는 특성을 가지므로 기업들에 대출을 한 금융기관의 생존에 매우 중요하기 때문이다.

과거 우리나라에서의 금융기관 대출결정은 관치금융의 일환으로 이루어지거나, 담보나 지급보증 위주로 이루어져 왔기 때문에 대출대상기업의 신용위험을 객관적으로 평가하는 제도나 방법이 미비했다. 대출금리도 대출대상기업의 신용도와 관계없이 일률적으로 적용되어 왔다. 결과적으로 금융기관이 떠안게 되는 부실채권이 급증하여 금융기관의 수익성이 악화되었고, 자금흐름의 왜곡현상이 오랫동안 계속되었다. 이로 인해 외환위기 이후 많은 금융기관들이 부실로 파산하거나 외국금융기관에 매각되는 신세가 되었다. 오늘날 금융의 세계화 속에서 국제적인 기준에 맞는 재무 건전성을 확보하기 위해 신용분석의 중요성은 더욱 높아졌다.

정책기관이나 금융 관련 감독기관의 입장에서도 금융기관의 신용분석기능을 강화시키는 것이 주요 정책목표가 되고 있다. 국민경제적 차원에서 볼 때 한정된 자금이 신용위험이 낮고 수익 전망이 높은 기업에 유리한 조건으로 공급되고, 반대로 신용위험이 높은 기업에 대해서는 불리한 조건으로 공급되는 것이 자원의 효율적 배분을 높이는 길이 된다.

2. 신용분석의 중요성

금융기관의 경영 측면에서 대출결정의 신용분석이 중요한 의미를 갖는 몇 가지 이유를 살펴보면 다음과 같다.

첫째, 총자산 중 대출금이 차지하는 비중이 크다는 점이다. 금융기관은 대부분의 수익을 대출에 따른 이자수익으로 얻고 있다. 부채상환능력이 높은 기업에 자금을 대출하는 경우에는 수익률은 낮지만 대손위험이 줄어드는 반면, 부채상환능력이 낮은 기업에 자금을 대출하는 경우에는 수익률은 높지만 필연적으로 높은 대손위험을 부담해야 한다. 따라서 수익률과 대손위험을 적절히 고려하여 신중하게 대출결정을 해야 한다.

둘째, 기업과 원만한 거래관계를 유지함으로써 영업환경을 개선시킬 수 있다는 점이다. 우량기업을 선별하여 그들 기업에 필요한 자금을 대출해 줌으로써 장기적으로 안정된 수익을 확보할 수 있을 뿐만 아니라, 안정된 예금을 확보할 수 있기 때문이다. 원만한 거래관계의 유지는 기업과의 계속적인 금융거래를 통해서 이루어지며, 이 경우 대출을 통한 거래관계가 금융기관의 영업실적을 제고시키는 가장 좋은 매개수단이 된다.

셋째, 기업의 자금수요를 충족시켜 준다는 점이다. 금융기관은 영리기업이지만 공익성을 무시할 수 없다. 따라서 대출수요를 충족시켜 주는 일은 금융기관의 사회적 책임을 완수한다는 측면에서 중요한 의미를 갖는다. 이러한 역할을 원활히 수행할 때 금융기관의 사회적 신인도가 높아지게 되고 결국 금융기관의 가치도 올라가게 된다.

3. 신용분석의 기능

신용분석이 적절하게 이루어지면 대출결정이 합리적으로 수행될 수 있다. 따라서 신용분석은 다음과 같은 여러 가지 기능을 담당한다고 볼 수 있다.

첫째, 금융기관의 대출에 따른 위험을 극소화시켜 부실채권을 줄여 줌으로써 금융기관의 수익성을 개선시키는 바탕이 된다.

둘째, 대출업체의 신용도에 따라 차등금리를 적용하거나 대출조건에 추가적인 요구조건을 부과하는 기준이 되므로 금융기관의 효율적 대출포트폴리오 구성을 가능하게 한다.

셋째, 신용도에 따라 대출금리와 대출조건이 차등적으로 적용되는 것은 국민경제의 관점에서 한정된 금융자원을 효율적으로 배분하여 기업으로 하여

금 효율적 경영을 하도록 유도하는 계기를 마련해 준다.

넷째, 투자자에게 신용위험에 대한 정보를 제공하여 정보 부족에서 오는 손실로부터 투자자를 보호한다.

다섯째, 증권인수업무를 수행하는 증권회사 등의 인수기관에는 발행이자율 등 발행조건을 쉽게 결정할 수 있고, 증권 판매를 촉진하는 수단이 된다.

여섯째, 증권발행기업, 특히 우량기업은 자금조달비용을 절감할 수 있다.

일곱째, 감독기관의 입장에서는 금융기관의 건전경영을 유도하는 기준으로 사용할 수 있다.

9.2 대출결정과정과 신용위험관리시스템

금융기관이 대출을 결정하는 과정은 단순히 대출승인으로 끝나는 의사결정이 아니다. 대출결정과정은 대출 후 부실채권이 될 가능성이 없는지를 지속적으로 감시·감독하고, 만기에 대출금을 회수하거나 신용등급에 따라 대출을 연장하거나 재대출을 결정하는 일련의 동적이고 연속적인 과정이다. 금융기관에 따라 이러한 대출결정과정은 다소 차이를 보이지만, 이는 크게 대출승인단계(loan approval process), 대출관리단계(loan monitoring process), 대출회수단계(loan termination process)로 구분되며, 각 단계에 따라 신용위험관리시스템을 적용하고 있다.

신용위험관리시스템은 금융기관이 개별기업의 신용상태를 등급화하여 각 등급에 따른 위험에 따라 대출의사결정 및 사후관리를 실행할 수 있도록 지원하는 시스템이다. 신용위험관리시스템은 신용평점시스템, 행동평점시스템, 상환평점시스템으로 구분된다. 국내 은행은 외환위기 이후 대출에 대한 신용위험관리를 선진화하기 위해 신용위험관리시스템을 개발하여 대출의사결정 및 사후관리업무에 활용하고 있다. 금융감독원에 따르면 2005년 말 당시 은행과 거래하는 우리나라의 기업은 총 26만 4,007개이며, 이 중 71.8%의 기업에 대해 은행은 신용위험관리시스템을 적용하고 있다. 일반적으로 금융기관은 최초 대출단계에서 기업에 신용등급을 부여하고, 그 후 정기적으로 신용상태의 변화를 반영하여 재평가한 후 새로운 신용등급을 부여하는 방식을 택하고 있다.

1. 대출승인단계

기업이 대출을 요청하면 금융기관은 기업에 자금을 대출해 줄지의 여부를 결정하는 대출승인단계에서 신용평점시스템(credit scoring system)을 사용한다. 금융기관은 신용평점시스템을 활용하여 신속하게 대출 여부를 결정할 수 있으며, 신용도가 낮은 불량기업을 제외시킴으로써 대출자산의 부실화를 사전에 제거할 수 있다. 이 단계의 신용평점시스템은 기업의 대출신청을 심사하는 데 활용되므로 신청평점시스템(application scoring system)이라고도 한다.

신용평점시스템은 기업에 대한 여러 가지 정보를 이용하여 기업의 신용 정도를 평점의 형태로 분석한다. 즉 대출을 요청한 기업의 재무정보, 거래실적 등의 평가항목을 통계적으로 분석하고 비재무정보를 고려하여 종합적으로 평점을 산출한다. 금융기관들은 산출된 평점을 기준으로 우량기업 및 불량기업을 판별하고 대출한도와 이자율 등을 결정한다. 이 단계에서 과거에는 기업을 종합적으로 평가하는 방법인 종합평점제도가 주로 활용되었지만, 최근에는 판별분석, 로짓분석, 인공지능모형 등과 같이 기업부실예측모형에서 활용되는 계량적 방법들이 보편화되고 있다.

2. 대출관리단계

금융기관이 대출 이후 기업들의 사후적인 거래 행태를 분석하여 부실대출을 방지하고 대출금의 상환이나 재대출조건을 차등적으로 적용하기 위한 모형은 행동평점시스템(behavior scoring system)이다. 신용평점시스템은 최초로 대출하는 기업에 대해서만 신용상태를 평가하므로 대출 이후의 신용상태의 변화를 추적할 수 없는 한계점이 있다. 행동평점시스템은 일단 대출이 실행된 기업의 대출 후 행태 변화와 신용도 변화를 점검하여 부실 가능성을 예측하고 연체 및 부실을 방지하기 위해 활용된다. 금융기관은 행동평점시스템을 적용하여 대출 이후에도 우량한 기업에 대해서는 재대출한도를 조정하거나 금리를 낮추고, 부실 가능성이 높은 기업에 대해서는 차후에 재대출을 할 경우 금리를 상향조정할 수 있다.

금융기관이 대출한 자산은 부실화 정도에 따라 정상, 요주의, 고정, 회수의문, 추정손실의 5단계로 나뉜다. 정상은 기업이 연체 없이 이자를 상환하는 대출, 요주의는 1~3개월의 연체된 대출, 고정은 3개월 이상의 연체된 대출이거나 부도 또는 법정관리기업에 대한 대출금 중에서 담보가 확보되는 상태의 대출이다. 회수의문은 고정 가운데 담보가 없는 부분이며, 추정손실은 회수 불가능한 대출이다. 우리나라에서는 정상과 요주의를 제외한 나머지 3단계를 부실채권으로 처리하고 있으며, 각 단계에 따라 금융기관은 대출금의 0.5%, 2%, 20%, 50%, 100%를 각각 대손충당금으로 적립하도록 하고 있다.

금융감독원에 따르면 국내 은행의 총대출금에서 고정 이하로 분류된 대출금이 차지하는 비율인 부실채권비율은 1999년 당시 12.9%에서 2005년에는 1.22%로 매년 지속적으로 감소하였으며, 부실채권 규모도 1999년 말 61조 원에서 2005년에는 9조 7,000억 원으로 대폭 낮아졌다.

3. 대출회수단계

대출회수단계에서는 대출자산의 부실화 정도에 따라 기존 기업과의 관계를 계속 유지할 것인지 아니면 중단할 것인지를 결정하고 부실화된 채권을 회수하여야 한다. 대출회수단계에서는 금융기관이 상환평점시스템(recovery scoring system)을 활용하여 연체대출이나 부실대출에 대해 상환 가능성을 점수화하여 회수할 수 있는 대출과 회수가 불가능한 대출로 분류한다.

> ### 사례 : 우리나라 은행의 기업신용위험 상시평가제도
>
> 국내 은행은 정기적(매 반기) 또는 수시로 부실화 가능성이 있다고 판단되는 기업의 신용위험을 평가하고, 그 평가결과에 따라 구조조정 등 사후관리를 추진한다. 부실화 가능성이 있다고 판단되는 기준은 최근 3년 연속 이자보상배율 1배 미만인 기업, 자산 건전성이 '요주의' 이하인 경우, 외부감사의견 부적정 판정을 받은 기업 등이다. 은행들은 이러한 기업들에 대해 산업위

험, 영업위험, 경영위험, 재무위험, 현금흐름 등을 평가한다. 정기평가는 상반기와 하반기로 구분되어 실시되지만 신용도의 급격한 악화 등 긴급한 사유가 발생한 기업에 대하여는 정기평가 일정에 관계없이 수시평가를 실시한다. 평가결과는 A·B·C·D등급으로 분류되며, 은행은 이에 대해 각 등급별로 적정한 사후조치를 취하게 된다.

〈기업신용위험 상시평가제도의 등급 분류〉

등급	내 용	사후관리
A	정상적인 영업이 가능한 기업	–
B	부실징후기업이 될 가능성이 높은 기업	경영개선 권고 등으로 부실화 예방
C	부실징후기업	채권금융기관 공동관리, 채권은행 공동관리, 주채권은행관리 등을 통해 경영 정상화 추진
D	경영 정상화 가능성이 없는 기업	담보물 처분 등을 통해 정리

9.3 신용평점제도

1. 신용평점제도의 의의

신용평점제도는 금융기관의 대출심사에서 기업을 종합적으로 평가하는 수단으로 많이 활용되는 방법이다. 이 방법은 중요도에 따라 선정된 심사항목에 가중치를 부여하고 차입자의 특성에 따라 심사항목별로 배점한 다음, 이 점수를 합하여 종합점수를 산출한다. 신용평점제도에서는 일반적으로 심사항목이 크게 재무평점과 비재무평점부문으로 구분되며, 각 부문별 평점을 합산하여 종합점수가 산출된다. 재무평점항목으로는 이미 제3장과 제4장에서 학습한 재무비율이 해당하며, 비재무평점항목은 경영능력이나 사업전략과 같은 기업 내부의 질적 요소에 초점을 두고 있다. 금융기관은 산출된 종합점수를 일정한 기준과 비교함으로써 여신결정을 하거나 여신등급의 재분류를 하게 된다.

2. 신용평점제도의 절차

신용평점제도는 금융기관마다 다소 차이가 있지만, 일반적으로 다음과 같은 4단계를 거쳐 이루어진다.

첫째, 신용평가에 중요하다고 판단되는 주요 평가요소를 선정한다. 주요 평가요소는 산업 특성에 따라 다르지만, 일반적으로 고려될 수 있는 평가요소는 〈표 9-1〉와 같다.

〈표 9-1〉 신용평점제도의 주요 평가요소의 내용

재무평점 (양적 요소)	기업의 수익성, 재무구조, 유동성, 현금흐름, 활동성, 성장성, 생산성
비재무평점 (질적 요소)	• 조직 · 인사요소 : 경영관리체계의 합리성, 기업지배구조, 경영자 능력, 노사관계, 후생시설 및 근로조건 • 생산요소 : 생산시설, 영업레버리지, 공장자동화, 품질 및 기술개발상태, 원자재 조달 • 재무요소 : 거래신뢰도, 채무상환능력, 회계자료의 신뢰도 • 전략요소 : R&D, 최고경영진, 대 정부관계, 기업다각화 • 산업요소 : 산업의 라이프사이클, 경쟁상황, 진입장벽

둘째, 선정된 각 평가요소의 중요도에 따라 가중치 또는 배점을 부여한다. 가중치 또는 배점을 부여하는 방법으로는 통계적 기법을 사용할 수도 있고, 경험에 입각한 주관적 판단에 의존할 수도 있다.

셋째, 평가요소별로 분석하여 기업의 강·약점을 파악하고, 이를 산업 내의 타기업과 비교하여 등급을 매긴 후 평가요소의 가중치를 고려하여 점수를 산정한다. 예를 들어, 평가요소의 등급을 A, B, C, D, E의 5등급으로 구분할 경우 평가요소의 등급별 점수는 평가요소의 배점에 A등급은 5/5, B등급은 4/5, C등급은 3/5, D등급은 2/5, E등급은 1/5을 곱하여 산출한다. 특히 재무비율의 등급을 정할 때에는 해당 산업에 속한 기업들의 통계적 분포를 기초로 산출하여야 한다.

넷째, 평가요소별로 산정된 점수를 모두 합하여 신용평점을 구한다. 신용평점은 기업의 신용도를 종합적으로 평가하는 것으로서 대출결정의 기준이 된다. 예를 들어, 신용평점이 일정한 점수를 초과할 때 대출승인을 하거나,

구간을 정하여 기업의 신용등급을 분류할 수 있다.

3. 재무평점제도

신용평점제도에서 재무평점은 개별적인 재무비율을 종합적인 지표로 나타내어 평가한다는 점에서는 제4장에서 학습한 지수법과 유사하다. 하지만 지수법에서는 종합지수를 산출하기 위해 표준비율이 사용되는 반면, 재무평점제도는 표준비율이 아닌 해당 등급의 점수로 평가된다.

〈표 9-2〉는 한국은행의 제1차 철강산업 업종의 기업체 종합평가표에서 재무평점등급표를 응용하여 작성한 사례이다. 표에서는 기업에 대한 신용분석에 대해 자본구성, 유동성, 수익성, 활동성, 성장성의 5개 평가부문으로 정하였으며, 총 8개 재무비율을 선정하고 있다. 재무비율에 따른 등급은 최상위등급인 A부터 최하위 등급인 E까지 5개로 구분된다. 만일 어떤 기업이 모든 부문에서 최상위 등급에 해당한다면 이 기업의 종합재무평점은 50점이다. 그

〈표 9-2〉 재무평점제도의 예

부문	항목	A	B	C	D	E
자본구성	자기자본비율(%)	62.2 이상 (15)	62.1~38.1 (12)	38.0~19.3 (9)	19.2~9.4 (6)	9.4 미만 (3)
유동성	유동비율(%)	175.4 이상 (15)	175.3~126.3 (12)	126.2~86.7 (9)	86.6~68.9 (6)	68.9 미만 (3)
수익성	총자본순이익률(%)	10.1 이상 (5)	10.0~4.5 (4)	4.4~1.8 (3)	1.7~0.4 (2)	0.4 미만 (1)
	매출액경상이익률(%)	8.1 이상 (5)	8.0~4.0 (4)	3.9~1.7 (3)	1.6~-1.6 (2)	-1.6 미만 (1)
활동성	총자본회전율(회)	2.07 이상 (2.5)	2.06~1.42 (2)	1.41~1.01 (1.5)	1.00~0.85 (1)	0.85 미만 (0.5)
	매출채권회전율(회)	11.7 이상 (2.5)	11.6~8.7 (2)	8.6~5.8 (1.5)	5.7~4.3 (1)	4.3 미만 (0.5)
성장성	총자본증가율(%)	37.8 이상 (2.5)	37.7~20.3 (2)	20.2~4.0 (1.5)	3.9~-4.0 (1)	-4.0 미만 (0.5)
	매출액증가율(%)	38.9 이상 (2.5)	38.8~21.3 (2)	21.2~8.2 (1.5)	8.1~2.3 (1)	2.3 미만 (0.5)

리고 각 등급에서 재무비율의 범위는 균등하지 않고 차이가 있다. 예를 들어, 자기자본비율의 B등급의 범위는 38.1%부터 62.1%까지 분포하므로 19.3%부터 38.0%까지 분포하는 C등급의 범위보다 넓다. 표에서는 자본구성과 유동성의 평가비중이 15점으로 가장 높기 때문에 재무평점에서 우선시하는 항목임을 알 수 있다.

이와 같은 평점기준으로 제3장에서 사례대상기업으로 삼았던 포스코(주)의 2007년도 재무비율을 이용하여 평가를 해보자. 포스코(주)의 자본구성의 평가비율인 자기자본비율은 75.40%로 A등급에 해당하는 15점이며, 유동성 부문의 평가항목인 유동비율은 240.36%로 역시 A등급에 해당하는 15점으로 평가된다. 수익성 부문의 평가항목에서 총자본순이익률과 매출액경상이익률은 각각 19.24%와 26.43%로 모두 5점에 해당하므로 총 10점으로 평가된다. 활동성 부문에서 포스코(주)의 총자산회전율은 0.995회로 등급 D에 해당하는 1점이지만, 매출채권회전율은 11.72회로 등급 A에 해당하는 2.5점이다. 성장성 부문에서 총자본증가율은 16.08%로 C등급에 해당하는 1.5점이며, 매출액증가율은 37.84%로 2점이다. 따라서 각 재무비율의 등급에 해당하는 점수를 모두 합산한 포스코(주)의 재무평점은 47점이다.

예를 들어, 금융기관이 대출을 결정할 때 기업의 비재무평점과 재무평점을 합산한 종합평점을 기준으로 다음과 같은 신용등급으로 구분한다고 가정해보자

① 80점 이상 : 최우량기업
② 70점 이상 : 우량기업
③ 60점 이상 : 신용대출 고려대상기업
④ 50점 이상 : 요주의기업
⑤ 40점 이하 : 불량기업

만일 비재무평점부문에서 포스코(주)가 40점으로 평가되었다면 포스코(주)는 재무평점인 47점과 비재무평점을 합산하여 종합평점은 87점이며, 이 경우 포스코(주)는 최우량기업으로 분류된다.

4. 신용평점제도의 문제점

신용평점제도는 지수법과 달리 평가요소에 양적 요소는 물론 질적 요소까지도 포함시킬 수 있다는 장점이 있다. 이와 같은 평점제도는 우리나라 금융기관에서 가장 많이 사용하고 있는 신용평가방법의 일종으로, 단순히 재무비율만을 선택하여 평가하는 것이 아니라 기업의 이미지(image), 최고경영자의 인격 등 질적 요인도 고려하여 종합적인 평가를 하는 것이 일반적이다. 그러나 다음과 같이 평가요소의 선정, 가중치 부여, 등급에 따른 점수 산출 등에서 주관적 판단이 개입될 수 있다는 문제점들이 발생한다.

첫째, 재무평점 산출 시에 중요한 재무비율을 어떻게 객관적으로 선택하느냐의 문제가 있다.

둘째, 어느 비율에 얼마만큼의 비중을 두느냐의 문제가 있다.

셋째, 한 비율을 어떻게 구간을 나누어 점수를 배정하느냐에 대한 객관적인 기준의 설정이 어렵다는 문제가 있다.

넷째, 종합평점으로 기업을 최우량기업에서 불량기업 등으로 구분하는 데 자의성이 개입될 수 있다는 문제가 있다.

따라서 신용평점제도의 신뢰성을 높이기 위해서는 가능한 한 주관적 판단을 줄이는 제도적인 장치가 필요하다. 대부분의 금융기관에서는 신용평점에 대한 사후적인 기업의 신용형태를 분석하고 평가요소를 재조정하는 등의 정책을 수행하여 이러한 문제점을 최소화하고 있다.

9.4 채권등급평가

1. 채권등급평가의 의의와 목적

채권의 가치는 부채계약에 의해 채권투자자에게 지급될 미래 현금흐름에 대해 발행회사의 채무불이행위험을 반영한 할인율을 적용하여 평가할 수 있다. 채권의 미래 현금흐름인 액면이자와 만기에 상환될 원금은 계약조건에 명시되므로, 결국 채권가치평가의 핵심은 할인율을 어떻게 결정하는가에 있다. 채권을 발행한 기업의 위험은 신용등급을 통해서 할인율에 반영되므로 채권가격결정에서 채권등급평가는 필수적인 역할을 수행한다.

채권등급평가(bond rating)란 신용평가기관이 특정 채권의 원금과 이자가 정해진 기일에 상환될 수 있는지를 판정하여 이를 이해하기 쉬운 기호나 문장으로 등급을 매겨 투자자에게 전달하는 것을 말한다. 즉, 채권등급평가는 채권발행자의 채무불이행의 가능성을 측정하여 그 정도에 따라 해당 채권의 품질을 평가하는 데 목적이 있다. 채권등급평가는 특정 채권의 위험 정도를 파악하여 투자자에게 신용위험의 정보를 전달하는 것이지, 특정한 채권을 투자대상으로 추천하거나 또는 이를 통해 채권가격을 설정하려는 것이 아님에 주의해야 한다. 즉, 투자자들이 채권시장에서 채권을 선택할 때 고려하는 요소인 수익과 위험 중에서 위험에 대한 정보를 제공하는 것이 바로 채권등급평가의 목적이라고 할 수 있다.

2. 신용평가기관

신용평가기관(rating agency)은 채권을 발행하는 기업, 자치단체 또는 국가의 신용도(creditworthiness)를 평가하는 것을 주된 업무로 행하는 기관이다. 그리고 투자자들에게 예정된 기일 내에 원리금이 상환될 수 있는 가능성에 대해 정보를 제공하는 것이 신용평가기관의 목적이다. 즉, 신용평가는 부도의 가능성과 부도 발생 시 얼마만큼의 원리금을 보전할 수 있는지에 대한 정보를 제공하는 것이다.

우리나라에 신용평가제도가 도입된 것은 한국산업은행의 출자로 한국기업평가(주)가 설립된 1983년부터이다. 본격적인 도입은 1985년 2월에 투자금융회사를 중심으로 한 제2금융권의 출자로 한국신용평가(주)가 설립되면서 시작되었다. 같은 해 9월에 전국투자금융협회에서 한국신용평가(주)를 신종 기업어음(CP)에 대한 신용평가 전문기관으로 지정하면서 CP 발행적격업체의 선정기준으로 동사의 신용평가등급이 활발하게 이용되기 시작하였다. 그 후 1986년 9월 시중은행의 출자로 한국신용정보(주)가 설립되면서 3개의 전문 신용평가회사를 중심으로 한 현재의 신용평가체제가 확립되었다.

국내 신용평가기관이 평가하는 채권은 무보증회사채와 기업어음이며, 보증채권을 발행한 보증금융기관 등에 대해서도 신용등급을 평가한다. 반면에 국채, 정부가 보증한 채권, 지방채, 통화안정증권 등은 신용평가기관으로부터 별도의 평가를 받을 의무가 없다.

세계적으로 많은 신용평가기관이 존재하지만 가장 권위 있는 3대 신용평가기관은 미국의 스탠더드 앤 푸어스(Standard and Poors ; S&P)와 무디스(Moody's Investors Service), 피치 입카(Fitch IBCA)이다. 이들 신용평가기관은 국가 및 기업의 채권을 외화표시와 자국화폐표시, 장기와 단기의 4개 범주로 나누어 신용등급을 평가하는데, 일반적으로 '정부발행 외화표시 장기채권'이 한 국가의 포괄적 신용등급을 대표한다. 국제적 신용평가기관들의 영향력은 실로 대단한데, 이는 일단 국가신용등급이 조정되면 국제금융시장에서 그 나라의 주식, 채권환율 등에 지배적인 영향력을 미치기 때문이다.

3. 채권등급

채권등급은 채권가격을 결정하는 핵심요소이다. 신용평가기관의 채권등급에 대한 평가기준, 평가방식, 평가결과는 거의 비슷하지만 신용등급 기호에 다소 차이가 있다. S&P와 Moody's를 비롯한 해외 신용평가기관과 국내 신용평가기관이 제시한 회사채에 대한 등급과 그 내용은 〈표 9-3〉에 제시되어 있다.

S&P의 BBB-, Moody's의 Baa3, Fitch IBCA의 BBB- 이상의 등급을 받은 채권은 투자적격등급(investment grade ratings) 채권으로, 채무불이행이 상대적으로 낮은 채권으로 평가된다. S&P의 BB+, Moody's의 Ba1, Fitch IBCA의 BB+ 이하 등급의 채권은 요주의 및 투자부적격등급 채권으로, 채무불이행 가능성이 높은 채권으로 분류한다. 요주의 및 투자부적격등급을 투기등급(speculative grade ratings)이라고도 한다. 이 등급에 해당하는 채권을 정크본드(junk bond)라고 하는데, 이는 상대적으로 높은 수익률을 보장하지만 그만큼 채무불이행위험도 크다.

우리나라 신용평가기관의 채권등급평가도 S&P 또는 Moody's와 유사하다. 국내 신용평가회사인 한국신용평가(주)의 회사채 등급은 AAA부터 D까지 10

〈표 9-3〉 채권등급평가기관별 채권등급 구분

등급내용	투자적격 여부	Moody's	S&P	Pitch IBCA	국내 평가사
최상의 신용상태, 원리금 지급 가능	투자적격	Aaa	AAA	AAA	AAA
신용상태 안전, 약간의 투자위험		Aa1 Aa2 Aa3	AA+ AA AA−	AA+ AA AA−	AA
신용상태 양호, 미래 위험요소 내포		A1 A2 A3	A+ A A−	A+ A A−	A
신용상태 적절, 미래위험 존재, 불황 시 유의 필요		Baa1 Baa2 Baa3	BBB+ BBB BBB−	BBB+ BBB BBB−	BBB
투기적 요소, 미래 안전 불투명, 성과 불확실로 투자 시 주의	요주의 및 투자부적격	Ba1 Ba2 Ba3	BB+ BB BB−	BB+ BB BB−	BB
원리금 지급 불확실, 투자부적격 대상		B1 B2 B3	B+ B B−	B+ B B−	B
신용상태 불량, 원리금 지급불능위험		Caa Ca	CCC+ CCC CCC− CC	CCC+ CCC CCC− CC	CCC CC C
최악의 신용상태로 채무불이행등급 채권		C	C D	C, DDD, DD, D	D

개 등급으로 분류된다. 이 중에서 AAA부터 BBB까지는 원리금 상환능력이 인정되는 투자적격등급에 해당하지만, BB 이하 등급부터는 투기등급으로 분류된다. 또한 AA부터 B까지의 등급에 대해서는 +와 −를 추가하여 보다 세분된 등급으로 표시된다.

한편, 국가신용등급은 한 국가가 국제금융시장에서 자금을 조달할 때 적용받는 신뢰도를 나타낸다. 신용도가 높은 국가일수록 해외채권을 발행할 때 낮은 금리가 적용되며, 차관을 들여올 때도 낮은 금리가 적용된다. 이러한 국가신용등급의 평가대상은 정부가 발행하는 외화표시 장기채권이다. 국가신용등급은 국제적 신용평가기관이 정치적 위험, 소득 및 경제구조, 경제성장 전망, 재정정책의 유연성, 물가안정성, 외채 및 유동성 등을 감안하여 결정한다.

4. 채권등급평가과정

채권의 등급평가는 평가 시점에 따라 예비평가, 본평가, 정기평가, 수시평가로 구분된다. 신용평가기관은 본평가 이후에도 채권을 발행한 기업의 경영실적이나 재무상태가 변화함에 따라 정기평가나 수시평가에서 채권의 신용등급을 조정하여 발표한다. 즉, 채권의 발행 당시에는 지급능력이 양호하여 높은 등급으로 평가를 받았다고 하더라도 이후 회사의 재무구조가 악화되어 지급능력이 저하된다면 정기평가나 수시평가에서 신용등급이 하향조정될 수 있다.

① 예비평가 : 채권발행이 결정되지 않은 상황에서 채권평가를 의뢰한 기업의 장기적 신용도를 평가하는 단계이다. 회사채의 발행을 계획하고 있는 기업이 채권을 발행할 수 있도록 하기 위하여 예비적으로 실시하는 등급평가를 말한다.
② 본평가 : 예비평가단계 이후 회사채 발행이 결정된 상황에서 채권발행을 예정하고자 하는 기업의 요청에 의해 실시하는 평가이다.
③ 정기평가 : 본평가등급이 부여된 기업에 대하여 채권의 신용등급을 주기적으로 재검토하여 등급을 공시하는 단계로, 주로 재무제표자료를 기준으로 평가한다.
④ 수시평가 : 신용등급에 영향을 미칠 수 있는 중대한 상황변화가 발생한 때에 실시하는 평가로서 수시평가를 통해 운영하는 신용상태 감시대상 제도이다. 수시평가는 투자자 보호를 위해 실시하는 평가로서 기존의 신용등급은 변경되거나 취소될 수 있으며 일정 기간 동안 유보될 수도 있다.

5. 채권등급평가요소

회사채 신용등급평가는 특정 기업의 채무상환능력을 분석하여 등급화하는
것이다. 기업의 채무상환능력에 영향을 미치는 위험요소는 기업의 내부 및
외부환경에 따라 재무적 항목과 비재무적 항목들로 구분되며, 이들 요소를
종합적으로 고려하여 신용등급이 결정된다. 하지만 신용평가기관들은 신용
등급을 결정하는 구체적인 기준이나 평가방법은 공개하지 않고 있다.

회사채 신용등급결정에 고려되는 평가요소는 신용평가기관에 따라 다소
차이는 있으나 〈표 9-4〉와 같이 주로 평가대상기업의 경영관리능력, 계열기
업에 대한 분석, 산업분석, 평가대상기업의 사업 및 재무분석의 결과가 종합
적으로 고려된다. 재무적 평가항목에는 수익성, 안정성, 유동성, 현금흐름의
적정성, 재무적 탄력성, 회계정보의 질적 수준 등이 포함된다.

〈표 9-4〉 채권등급평가 항목

	주요 항목
계열분석	계열그룹의 주력사업의 현황 및 전망, 수평 및 수직계열화 정도, 계열그룹의 재무성과, 계열기업 간의 상호 의존성, 계열기업군의 자금사정, 주가차입 및 자금 창출능력 등
산업분석	산업의 특성, 경쟁상태 및 진입장벽 여부, 제품수명 주기상의 위치, 업종의 경기 민감도, 금리, 환율, 인플레이션, 경기, 국내외 시장의 성숙도, 국내 규제, 해외 수입규제, 수출장벽, 기호변화 등의 수요변화분석, 원재료 조달상의 문제점, 시설 과잉문제, 연구개발투자 등
사업분석	안정적인 수익성 확보 여부, 제품 또는 사업부문별 시장점유율과 영업능력, 판매 및 유통경로상의 장단점, 제품주기상 위치 및 제품 진부화, 거래처의 다양성 및 안정성, 기술개발투자 등을 통한 경쟁력, 생산원가구조, 노동생산성 및 투자효율성, 영업이익률의 유지·증대능력 등
재무분석	회계 변경, 감사의견을 통한 회계정보의 질적 분석, 고정비 부담능력 등과 같은 매출 및 수익구조분석, 안정성 분석, 유동성 분석, 활동성 분석 등

6. 재무비율과 채권등급 간의 관계

채권의 신용등급결정에서는 재무요인과 비재무요인 모두가 고려대상이 되

지만, 재무요인이 더욱 중요한 역할을 한다. 특히 재무요인들 중에서 재무비율들은 신용등급과 밀접한 상관관계를 갖는다. 따라서 신용등급별로 재무비율의 분포를 살펴보면 특정한 기업의 재무적 항목을 기준으로 어느 정도의 신용등급을 받을 수 있는가에 대한 대략적인 예측을 할 수 있다.

국내 신용평가기관에서 조사한 주요 재무비율과 채권등급 간의 관계를 〈표 9-5〉에서 보면 재무비율이 채권의 등급결정에 매우 중요한 영향을 미친다는 것을 알 수 있다.

〈표 9-5〉 신용등급별 주요 재무비율

(단위 : %)

	AAA	AA	A	BBB	BB	B	CCC	CC	C
부채비율	89.6	109.6	126.0	176.6	208.0	241.6	283.8	371.9	−108.7
재고자산회전율	18.3	15.8	13.3	10.1	6.6	8.6	5.8	5.3	5.9
매출액경상이익률	12.4	7.7	5.8	3.1	1.8	−3.5	−14.3	−37.9	−41.5
ROIC	17.8	16.0	11.9	8.4	8.1	3.3	0.6	−8.8	−10.2

AAA등급에 해당하는 기업들의 평균부채비율은 89.6%이지만, 등급이 낮을수록 부채비율이 상승하여 CC등급에서는 371.9%까지 증가한다. 가장 낮은 등급인 C등급에 해당하는 기업들의 평균부채비율은 −108.7%인데, 이는 자본잠식으로 인해 부채비율의 분모인 자기자본이 음수이기 때문이다. 재고자산회전율, 매출액경상이익률, 영업투하자본이익률(ROIC)도 채권등급이 높아짐에 따라 증가하는 것으로 확인되어 전반적으로 재무비율은 채권등급의 서열을 정확히 체계적으로 반영한다고 볼 수 있다.

사례 : 외환위기 이후 우리나라 국가신용등급 추이

우리나라의 국가신용등급은 외환위기가 발생하기 이전에는 AA−를 유지하고 있으나, 외환위기가 발생한 1997년 10월 말부터 신용등급이 급격히 하락하였다. S&P는 1997년 10월부터 12월까지 신용등급을 네 차례 하향조정한 결과, 국가신용등급은 투자부적격대상인 B+까지 하락하였다. 이후 우리나라 기업들의 지속적 구조조정의 추진에 대한 국제적 신뢰도가 향상되고 전반적인 경제여건이 개선됨에 따라 국가신용등급은 여섯 차례 상향조정되었다. 2005년 7월 이후 국가신용등급은 A등급을 유지하고 있으나 외환위기 이전 수준을 아직 회복하지 못하고 있는 상황이다.

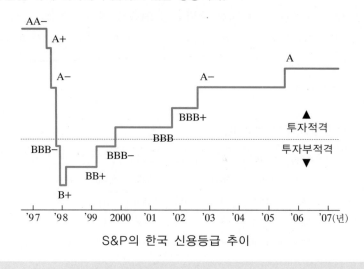

S&P의 한국 신용등급 추이

연습문제

1_ 금융기관이 G사의 재무자료를 근거로 재무평점시스템을 이용하여 등급판정을 내릴 경우 G사에 해당하는 등급은 무엇인가?

〈재무평점시스템〉

재무비율	만점	비율 구분 및 평점			
유동비율	40점	50% 10	50~150% 20	150~200% 30	200% 초과 40
부채비율	30점	500% 초과 5	500~200% 10	200~100% 20	100% 미만 30
매출액순이익률	20점	5% 미만 5	5~7% 10	7~10% 15	10% 초과 20
총자산회전율	10점	1회 미만 4	1~2회 6	2~5회 8	5회 초과 10

G사의 재무자료	총자산 : 700억 원 유동자산 : 150억 원 유동부채 : 80억 원 자기자본 : 300억 원 매출액 : 1,500억 원 당기순이익 : 140억 원
종합평가 점수 산정 및 등급	90점 이상 : 최우량기업 80점 이상 90점 미만 : 우량기업 70점 이상 80점 미만 : 신용대출 고려대상기업 60점 이상 70점 미만 : 요주의기업 50점 이상 60점 미만 : 불량기업

연구과제

1_ 국내 은행 중 특정한 은행을 선택하여 그 은행이 수행하고 있는 신용위험
평가시스템에 대해 조사하시오.

2_ 세계적 신용평가기관인 S&P, Moody's, Fitch IBCA 등이 국가의 신용등급
을 어떻게 평가하는지 조사하시오.

제 10 장

기업가치평가

개관

현대 경영분석에서 기업의 가치평가는 중요한 부분을 차지하고 있다. 기업가치평가는 기업의 경영자가 사업전략과 투자결정을 판단하는 데 기준이 되는 등 기업 내의 전반적인 의사결정과 관련된다. 증권사의 애널리스트는 물론 주식투자자도 현재 시장에서 형성된 주가가 과대평가되었는지, 과소평가되었는지의 판단 여부는 기업가치를 파악하면 알 수 있다. 기업의 인수 또는 합병도 진정한 기업가치의 평가에 근거할 때 가능하다. 이 장에서는 기업가치평가의 절차와 실무적으로 활용되는 가치평가의 제반 방법론과 특성에 대해 학습하도록 한다. 또한 사례를 통해 기업가치를 평가할 수 있도록 한다.

10.1 기업가치평가의 의의

1. 기업가치평가의 중요성

기업의 목표는 투자비용을 상회하는 생산성을 지속적으로 확보하여 기업가치를 극대화하는 데 있다. 외환위기가 발생하기 이전만 하더라도 국내 기업들은 매출액, 시장점유율, 당기순이익의 규모 등 외형적 성장을 목표로 하는 경영방식이 지배적이었다. 그러나 수익성이 뒷받침되지 않은 매출액의 증대는 진정한 기업가치창출에 기여하지 못하며, 이익 규모를 기업목표로 설정할 경우에도 그에 내포된 위험을 간과하기 때문에 진정한 기업의 목표로는 부적합하다. 하지만 외환위기를 경험하는 과정에서 우리나라 기업들의 목표는 기업가치(firm value)의 극대화에 초점을 둔 가치창조경영(value-based management)이라는 새로운 패러다임으로 전환되었다. 기업가치는 장기적 관점에서 미래 현금흐름(cash flow)을 대상으로 위험(risk)을 감안하여 측정하기 때문에 다른 어떤 지표보다 기업의 목표로 타당하다. 따라서 기업의 가치를 올바르게 평가하는 작업은 매우 중요하다.

기업에서 대부분의 의사결정은 가치평가(valuation)와 관련되어 있으며, 특히 기업가치평가는 경영자가 사업전략과 투자결정의 유효성을 판단하는 데 있어서 기준이 된다. 일반적으로 재무제표상에 표시되는 금액은 과거의 역사적 원가에 기초한 장부가치(book value)이므로 시장가치인(market value) 기업가치를 직접적으로 반영하지 못한다. 재무제표는 기업의 과거 활동에 대한 재무적 정보를 제공해 주는 반면, 기업가치는 기업이 미래에 창출할 현금흐름과 관련되어 있기 때문이다. 따라서 기업가치를 평가하는 것은 재무제표에서 기업의 총자산을 시장가치의 관점에서 평가하는 것이라고 할 수 있다. 기업이 보유한 총자산의 장부가치는 부채와 자기자본의 장부가치의 합이므로 기업의 시장가치도 부채의 시장가치와 자기자본의 시장가치로 구성된다. 일반적으로 부채의 장부가치와 시장가치는 큰 차이가 없으므로 전체 기업가치를 평가하는 과정은 자기자본의 시장가치를 평가하는 것과 관련이 깊다.

2. 기업가치평가의 기본방법

기업가치평가의 기본방법은 할인모형(discount model)을 이용한 가치평가법, 상대가치평가법, 그리고 실물옵션(real option)을 이용한 가치평가법으로 대별될 수 있다.

첫째, 할인모형을 이용한 가치평가법에는 배당할인모형(dividend discount model), 잉여현금흐름 할인모형(discounted free cash flow model), 경제적 부가가치평가모형(economic value added model)이 있다. 전통적인 가치평가방법인 할인모형을 이용한 가치평가법은 기업이 활용하는 자산으로부터 발생하는 미래 현금흐름의 현재가치로 기업가치를 평가하는 방법으로 가치평가의 소득접근법이라고도 한다. 재무관리에서 학습한 자본예산편성에서 투자안의 가치평가에 활용되는 순현재가치법(net present value ; NPV)도 이 할인모형에 기초를 두고 있다.

둘째, 상대가치평가법은 순이익, 현금흐름, 장부가격, 매출액 등과 같이 다른 기업과 공통적인 변수를 기준으로 비교대상자산의 가치를 살펴봄으로써 간접적으로 자산의 가치를 평가하는 방법이며, 시장가치평가법이라고도 한다.

셋째, 실물옵션을 이용한 가치평가법은 옵션과 유사한 특성을 가진 사업기회나 전략을 보유한 기업의 가치를 평가하는 방법으로 블랙-숄즈의 옵션가격결정모형에 기초하고 있다.

이처럼 자산의 가치를 평가하는 방법은 여러 가지가 있으며 어떤 방법을 사용하는가에 따라 그 결과가 상당히 다를 수 있으므로, 평가하고자 하는 기업의 특성에 따라 적절한 평가방법을 적용하여야 한다. 또한 평가의 목적에 따라 적합한 평가기준을 적용하여 기업의 이해관계자가 납득할 수 있는 공정한 가치로 산출되어야 한다.

할인모형을 이용한 가치평가

1. 기본개념

할인모형을 이용한 가치평가법은 기업가치를 기업이 활용하는 자산으로부터 발생하는 미래 현금흐름을 적절한 할인율(discount rate)로 적용한 현재가치로 평가한다는 원칙에 근거를 두고 있는 방법으로 가장 전통적인 가치평가방법 중의 하나이다.

미래에 발생할 것으로 예상되는 현금흐름은 기업에 출자한 자본의 소유주에게는 각각 다른 형태로 나타난다. 주식을 보유한 주주에게는 배당금이 현금흐름이며, 채권자에게는 채권을 보유함으로써 획득하는 이자와 만기에 상환될 원금이 현금흐름이다. 할인율은 기업의 입장에서는 자본조달의 대가인 자본비용이지만, 자본의 출자자의 관점에서는 기업이 자본을 활용하는 데 대한 요구수익률(required rate of return)이자, 기업이 수익을 달성할 것으로 기대하는 필수수익률이다. 할인율은 미래에 발생할 현금흐름에 관련된 위험이 반영되어 결정되므로 위험이 높은 산업에 속한 기업일수록 높은 할인율이 적용된다. 할인모형을 이용하여 평가한 기업가치는 식 (10-1)과 같다.

$$V = \sum_{t=1}^{\infty} \frac{CF_t}{(1+r)^t} \tag{10-1}$$

V : 기업가치

CF : 현금흐름

r : 할인율

2. 할인모형을 이용한 가치평가의 구성요소

할인모형을 적용하여 기업가치를 평가하기 위해서는 평가의 대상이 되는 기업의 경제적 수명, 예상되는 미래 현금흐름, 위험을 반영하는 적절한 할인율 등에 초점을 두어야 한다. 할인모형을 이용하여 기업의 가치를 평가할 경우 고려해야 할 구성요소는 다음과 같다.

(1) 기업의 경제적 수명과 현금흐름의 예측 가능기간

기업의 경제적 수명을 예측하는 일은 기업가치평가에서 가장 선행되어야 할 절차이다. 일반적으로 재무학에서는 사전적으로 예측할 수 있는 특별한 상황이 발생하지 않는 경우에는 기업은 영속적으로 활동하는 계속기업(going concern)의 가정하에 가치평가를 수행한다. 하지만 계속기업을 가정할 경우 기업의 경제적 수명은 영원히 존속한다고 추정해야 하는데, 그러면 특정한 기간 이후에 발생하는 현금흐름을 정확하게 추정하는 것이 어렵다. 이러한 경우에는 특정한 기간 이후에는 현금흐름이 일정한 성장률로 증가하거나, 그 기간의 마지막 연도의 현금흐름이 동일하게 지속하여 발생할 것으로 가정한다.

미래 현금흐름을 어느 정도 정확하게 추정할 수 있는 기간을 명시적 추정기간이라 하고, 이후 기간을 잔여 추정기간이라고 한다. 일반적으로 기업가치평가에서 명시적 추정기간은 3년에서 5년 정도로 설정한다. 만일 명시적 추정기간 이후에 동일한 현금흐름이 계속하여 발생하는 경우에는 명시적 추정기간의 말 시점에서 이후에 발생하는 현금흐름의 현재가치를 구하여 잔여 기업가치(continuing value)를 산출한다. 명시적 추정기간 이후에 발생하는 현금흐름이 동일하고 할인율이 일정하게 적용될 경우에는 영구연금(perpetuity)의 현재가치를 구하는 식에 따라 현금흐름을 할인율로 나눈 값이 된다. 이 경우 할인모형에 의한 기업의 가치평가는 식 (10-2)와 같이 명시적 추정기간의 기업가치 부분과 잔여 추정기간의 기업가치 부분의 합으로 산출된다.

$$V = \sum_{t=1}^{T} \frac{CF_t}{(1+r)^t} + \frac{1}{(1+r)^T}\left(\frac{CF_T}{r}\right) \tag{10-2}$$

(2) 현금흐름의 추정

기업의 미래에 발생하는 현금흐름의 추정은 기업가치평가에서 가장 핵심적인 작업이다. 기업가치평가에서 재무제표는 바로 이러한 미래 현금흐름을 추정하기 위해 이용된다. 일반적으로 미래 기대현금흐름의 예측에 이용되는 지표는 기업이 정상적인 영업활동을 통하여 현금흐름을 창출하는 것과 관련된다. 당기순이익은 기업의 회계연도 동안의 대표적인 경영성과의 지표이기는 하지만 비경상적인 영업활동에 의한 손익까지 포함되어 있기 때문에 진정한 미래 현금흐름을 예측하는 지표로는 부적절하다. 일반적으로 기업가치평가를 수행할 때에는 손익계산서에서 기업 본연의 활동만이 반영된 항목인 영업이익을 기초로 미래 현금흐름을 예측한다.

미래 현금흐름은 분석대상이 되는 최근의 재무제표를 이용하여 시장상황과 경제변화, 해당 기업의 성장 가능성 등을 검토하여 추정된 현금흐름에 일정 비율을 곱하여 산출한다.

(3) 자본비용의 추정

할인모형을 사용한 가치평가방법은 자본 소유주의 관점에 따라 두 가지로 분류될 수 있다. 하나는 기업에 출자한 자기자본의 가치만을 평가하는 방법으로 주주지분을 평가하는 것이고, 다른 하나는 자기자본 외에도 타인자본을 포함한 기업 전체의 가치를 평가하는 방법이다.

두 가지 기업가치평가에 이용되는 미래 현금흐름은 이에 대응되는 적절한 할인율을 적용하여 할인해야 한다. 기업가치평가에서 활용되는 적절한 할인율은 자본비용이다. 미래 기대현금흐름이 기업 전체 관점에서 추정되었다면 자본비용으로 가중평균자본비용(weighted average cost of capital ; WACC)을 이용해야 하며, 주주의 입장에서 추정되었다면 자기자본비용으로 현금흐름을 할인해야 한다. 채권자로부터 차입한 부채에 대한 자본비용을 타인자본비용(cost of dept)이라 하고, 소유주지분에 대한 자본비용을 자기자본비용(cost of equity)이라고 한다. 타인자본비용은 차입이자율이나 회사채유통수익률 등을 활용할 수 있다. 타인자본비용과 자기자본비용이 결정되고 나면 대차대조표의·타인자본의 가치와 자기자본의 시장가치의 구성비율에 따라 각각의 자본비용을 적용하여 가중평균자본비용이 산출된다.

3. 배당할인모형

(1) 배당할인모형의 개념과 가치평가

배당할인모형은 주주지분의 가치를 평가하기 위한 모형이다. 주주가 주식을 보유함으로써 기대하는 현금흐름은 배당금이므로, 주주지분의 가치를 나타내는 주가는 미래 배당금의 현재가치로 측정된다. 배당할인모형에서 적용되는 할인율은 자기자본비용으로 주식의 위험에 대응하여 주주가 요구하는 수익률을 의미한다. 계속기업을 가정할 경우 배당할인모형을 가치평가모형으로 나타내면 식 (10-3)과 같다.

$$V_{DIV} = \sum_{t=1}^{\infty} \frac{DIV_t}{(1+r_e)^t} \qquad (10\text{-}3)$$

V_{DIV} : 주주지분가치
DIV : 배당금
r_e : 자기자본비용

만일 계속기업의 가정하에서 매년 배당금이 일정한 경우 주주지분의 가치는 영구연금을 산출하는 공식을 적용하면 식 (10-4)와 같이 연간 배당금을 자기자본비용으로 나눈 값으로 표현된다.

$$V_{DIV} = \frac{DIV}{r_e} \qquad (10\text{-}4)$$

일반적으로 기업들은 이익을 전부 배당하지 않고 일부를 내부에 유보시켜 재투자활동을 하므로, 이러한 재투자는 미래의 순이익을 증가시킬 것이다. 순이익에 대한 사내유보율이 정해진 경우에는 순이익이 일정한 성장률만큼 증가하면 배당성장률과 동일하게 되므로, 계속기업을 가정할 경우 배당할인모형은 식 (10-5)와 같이 계산된다. 이 배당할인모형을 '지속성장모형 (constant growth model)' 또는 '고든(Gordon)의 성장모형'이라고 한다.

$$V_{DIV} = \frac{DIV_0(1+g)}{r_e - g} \tag{10-5}$$

예제 10.1　배당할인모형을 이용한 주주지분평가

혜화전자의 올해 보통주 배당금은 주당 5,000원이고 보통주 발행주식수는 1,000주이다. 자기자본비용이 10%이고 계속기업을 가정할 경우 혜화전자의 주가와 주주지분가치를 구하시오. 또한 혜화전자가 매년 2%씩 성장한다고 가정할 경우 혜화전자의 주가와 주주지분가치를 구하시오.

[풀이]

계속기업을 가정하고 향후 주당배당금이 올해와 같다고 가정할 경우, 현재가치 계산에 의해 혜화전자의 주가는 주당배당금을 자기자본비용으로 나눈 값이 된다. 또한 주주지분의 시장가치는 주가에 발행주식수를 곱하여 산출된다.

$$혜화전자의 주가 = \frac{5,000원}{0.1} = 50,000원$$

$$혜화전자의 주주지분가치 = 50,000원 \times 1,000주 = 5,000만 원$$

매년 배당금이 일정한 증가율로 성장하는 경우의 주가는 고든의 성장모형을 가정하여 계산한다.

$$혜화전자의 주가 = \frac{5,000원 \times (1+0.02)}{0.1-0.02} = 63,750원$$

$$혜화전자의 주주지분가치 = 63,750원 \times 1,000주 = 6,375만 원$$

(2) 배당할인모형의 장점과 주의점

배당할인모형은 재무학에서 오래 전에 정립된 소유주지분의 가치평가모형이며, 이론적 타당성이 높은 전통적인 가치평가모형이다. 이 모형은 다른 가치평가모형에 비해 의미를 이해하기 쉽고, 현금흐름을 배당으로 가정하므로 현금흐름을 산출할 때 복잡한 계산을 요구하지 않는다는 장점이 있다. 또한 배당은 영업활동에서 창출된 현금흐름을 주주에게 배분하는 것이므로 배당할인모형은 가치의 분배 측면에 초점을 두고 있다.

배당할인모형을 적용하여 가치를 평가하기 위해서는 주주에게 귀속될 현금흐름인 미래의 배당이 예측되어야 하지만, 현실적으로 장기간의 배당금을 예측하기란 쉽지 않다. 배당금의 규모를 추정하려면 우선적으로 기업의 예상 현금흐름이 파악되어야 하기 때문이다. 또한 배당금을 지속적으로 지급하지 않는 기업에 대해서는 적용하기가 어렵다는 단점이 있다.

4. 잉여현금흐름 할인모형

(1) 잉여현금흐름 할인모형의 개념과 가치평가

잉여현금흐름 할인모형은 기업의 영업활동으로부터 창출되는 잉여현금흐름(free cash flow)을 이용하여 기업 전체의 가치를 평가하는 모형이다. 일반적으로 현금흐름할인모형(discounted cash flow model ; DCFM)은 잉여현금흐름 할인모형을 지칭한다. 이 가치평가모형은 기업의 가치를 영업활동에 투입된 모든 자산으로부터 창출되는 미래 잉여현금흐름의 현재가치로 측정한다. 여기에서 잉여현금흐름이란 기업 본연의 활동인 영업활동에서 창출된 순현금흐름으로, 영업활동현금흐름(cash flow from operations)으로부터 영업활동 관련 투자액을 차감한 것이다. 영업활동현금흐름은 매출, 임대료 수입과 같은 영업현금유입액으로부터 상품 매입, 급여, 법인세 등의 영업현금유출액을 차감하여 산출된다. 영업활동 관련 투자액에는 유동자산이나 고정자산의 취득 및 처분 등 영업을 주된 목적으로 하는 자산을 취득하거나 처분하는 활동이 포함된다. 또한 잉여현금흐름은 세후순영업이익으로부터 당해 연도의 영업투하자본증가분을 차감하여 산출할 수도 있다. 영업활동현금흐름과 영업활동투자액은 현금흐름표로부터 산출해야 하지만, 세후순영업이익과 영업투하자본의 증가분은 대차대조표와 손익계산서를 이용하여 산출할 수 있다.

> 잉여현금흐름＝영업활동현금흐름－영업활동투자액
> ＝세후순영업이익－영업투하자본의 증가분

잉여현금흐름은 기업의 자본을 구성하는 자기자본의 소유주인 주주와 타인자본의 소유주인 채권자에게 귀속될 수 있는 현금흐름을 의미한다. 따라서 기업은 잉여현금흐름으로 채권자들에게 이자비용을 지급하거나 배당의 형태로 주주에게 배분하게 된다. 만일 산출된 잉여현금흐름이 음수라면 채권자들이나 주주로부터 자금을 조달한 것이 된다.

OCF를 영업활동현금흐름, OI를 영업활동투자액이라고 할 때 잉여현금흐름으로 측정한 기업가치 VFCF는 식 (10-6)과 같다. 현금흐름할인모형에서 잉여현금흐름은 채권자들이나 주주에게 배분되기 때문에 이를 반영하여 분모의 할인율은 기업 전체의 자본비용인 가중평균자본비용을 적용해야 한다.

$$V_{FCF} = \sum_{t=1}^{\infty} \frac{FCF_t}{(1+r_w)^t} = \sum_{t=1}^{\infty} \frac{OCE_t - OI_t}{(1+r_w)^t} \tag{10-6}$$

V_{FCF} : 잉여현금흐름 할인모형 기업가치

FCF_t : t년 잉여현금흐름

OCE_t : t년 영업활동현금흐름

OI_t : t년 영업활동투자액

r_w : 가중평균자본비용

예제 10.2 잉여현금흐름 할인모형을 이용한 기업가치평가

혜화기업은 2009년 초에 향후 5년간 영업활동현금흐름, 영업활동투자액, 세후순영업이익, 영업투하자본을 추정하였다. 혜화기업의 가중평균자본비용은 10%로 2009년 이후 계속 적용된다. 혜화기업의 2014년 이후 연도의 영업활동현금흐름과 영업활동투자액은 2013년도 수준과 동일하게 지속될 것이라고 가정한다. 2009년 초의 혜화전자의 기업가치를 산출하시오.

(단위 : 만 원)

	2008	2009	2010	2011	2012	2013
영업활동현금흐름		1,550	1,700	2,000	2,250	2,400
영업활동투자액		1,150	1,100	1,100	1,150	1,100
세후순영업이익		1,400	1,600	1,900	2,100	2,300
영업투하자본	11,000	12,000	13,000	14,000	15,000	16,000

[풀이]

A. 미래 잉여현금흐름의 계산

각 연도의 잉여현금흐름(③)은 영업활동현금흐름(①)으로부터 영업활동투자액(②)을 차감하여 산출하면 된다. 또한 세후순영업이익(④)으로부터 당해 연도 영업투하자본의 증가분(⑥)을 차감하여도 된다. 영업투하자본의 증가분은 당해 연도 영업투하자본으로부터 전년도 영업투하자본을 차감한다. 예를 들어, 2009년도 영업투하자본증가분은 2009년도 말 영업투하자본에서 2008년도 말 영업투하자본을 차감한 것이다.

B. 미래 잉여현금흐름의 현재가치

잉여현금흐름의 현재가치는 각 연도의 잉여현금흐름에 가중평균자본비용의 현재가치요소를 곱하면 된다. 가중평균자본비용은 예측기간 동안 10%로 지속되며, 잉여현금흐름의 현재가치(⑩)는 매년 발생하는 잉여현금흐름(③또는 ⑦)을 현재가치요소(⑨)에 곱하여 산출한다. 명시적 추정기간인 2009년부터 2013년까지의 현재가치 합계는 3,904만 원이다. 명시적 추정기간 이후 발생하는 잉여현금흐름의 현재가치를 구하기 위해서는 2013년의 잉여현금흐름이 영구적으로 발생할 것으로 가정하므로 1,300만 원을 가중평균자본비용인 10%로 나눈 값인 1억 3,000만 원이 된다. 이 값에 2013년의 현재가치 요소인 0.621을 곱하면 2009년 초에 평가한 잔여가치의 현재가치인 8,073만 원이 나온다. 따라서 명시적 추정기간 동안의 현금흐름의 현재가치와 잔여 추정기간의 현금흐름의 현재가치를 합하면 1억 1,167만 원이 된다.

(단위 : 만 원)

	2008	2009	2010	2011	2012	2013	......
영업활동현금흐름 ①		1,550	1,700	2,000	2,250	2,400	2,400
영업활동투자액 ②		1,150	1,100	1,100	1,150	1,100	1,100
잉여현금흐름 ③=①-②		400	600	900	1,100	1,300	1,300
세후순영업이익 ④		1,400	1,600	1,900	2,100	2,300	2,300
영업투하자본 ⑤	11,000	12,000	13,000	14,000	15,000	16,000	16,000
영업투하자본증가분 ⑥		1,000	1,000	1,000	1,000	1,000	1,000
잉여현금흐름 ⑦=④-⑥		400	600	900	1,100	1,300	1,300
r_w ⑧		0.100	0.100	0.100	0.100	0.100	0.100
$\dfrac{1}{(1+r_w)^t}$ ⑨		0.909	0.826	0.751	0.683	0.621	0.621
FCF 현재가치 ⑩=③(⑦)×⑨		364	496	676	751	807	8,073

$$V_{FCF} = \underbrace{364만 + 496만 + 676만 + 751만 + 807만}_{\text{명시적 추정기간가치 : 3,904만}} + \underbrace{8,073만}_{\text{잔여 추정기간가치}}$$

$$= 1억\ 1,167만\ 원$$

---

(2) 잉여현금흐름 할인모형의 장점과 주의점

잉여현금흐름 할인모형은 배당을 지급하지 않는 기업에도 적용 가능하다는 장점이 있다. 또한 주주뿐만 아니라 채권자들에게 배분 가능한 현금흐름을 대상으로 평가하므로 전체 기업가치를 평가하는 데 유용하다. 또한 잉여현금흐름은 영업활동과 투자로부터 창출되므로 배당평가모형에 비해 가치창출과정의 의미가 높다. 하지만 특정 연도의 잉여현금흐름은 그 해에 기업이 창출한 가치를 직접적으로 반영하지는 않는다는 데 주의해야 한다. 잉여현금흐름 계산 시 당해 연도에 투자된 영업자본은 오히려 미래의 가치창출과 관련될 가능성이 있으며, 영업활동투자액이 높을수록 당해 연도의 잉여현금흐름이 오히려 감소하는 결과도 초래할 수 있다.

5. 경제적 부가가치평가모형

(1) 경제적 부가가치(EVA)의 등장배경

경제적 부가가치(economic value added ; EVA)는 외형에 치중한 기존 경영지표의 한계성을 극복하고 가치 중심의 패러다임으로 전환하여 현금흐름을 바탕으로 기업가치를 창출하고자 개발된 경영성과지표이다. 즉, EVA는 경영환경의 변화에 대응하고 기존 평가지표가 가진 문제점을 해결하기 위해 도입된 경영평가지표로, 기업가치의 극대화가 기업의 목표가 되어야 한다는 가치창조경영(value based management ; VBM)을 전제로 개발된 지표이다. EVA는 경제학자 마셜(Mashall)이 제시한 경영성과지표인 경제적 이익(economic profit ; EP)과 개념적으로 동일하며, 1980년대 후반 컨설팅 회사인 Stern Stewart사가 제안하면서 널리 확산되었다. 국내에는 외환위기 이후 EVA에 대한 관심이 본격화되었으며, 대다수의 기업들이 EVA를 경영성과지표로 채택하고 있다.

EVA는 영업활동의 수익성과 기업가치창출 여부를 판단할 수 있기 때문에 기업 내부에서 경영전략수립과 효과적인 경영관리수행에 활용되고 있다. 우리나라 기업에서도 사업부문의 운영성과를 평가하거나 경영자의 성과평가 시 EVA를 이용한 경영관리기법을 도입하고 있다.

(2) EVA의 계산

EVA란 기업이 영업활동으로부터 창출한 이익에서 기업 전체 자본조달비용 금액만큼을 차감한 가치를 의미한다. 즉, EVA는 기업이 영업활동으로부터 획득한 세후순영업이익에서 영업활동에 투입된 영업자본의 사용대가를 차감한 부분이다. 따라서 EVA는 기업 전체적 관점에서 자본비용 이상으로 달성한 영업이익을 말하며, 기업 전체의 자본조달비용을 초과하여 기업이 창출해 낸 가치이다.

EVA는 세후순영업이익으로부터 기업 전체 자본비용 금액을 차감하여 계산한다. 세후순영업이익은 ROIC에 영업투하자본을 곱한 값이며, 자본비용 금액은 영업투하자본에 기업 전체의 자본비용인 가중평균자본비용(r_w)을 곱하여 산출한다.

$$EVA_t = NOPAT_t - COST_w$$
$$= \frac{NOPAT_t}{IC_{t-1}} \times IC_{t-1} - r_w \times IC_{t-1}$$
$$= (ROIC_t - r_w) \times IC_{t-1} \tag{10-7}$$

EVA_t : 경제적 부가가치
$NOPAT_t$: 세후순영업이익
$COST_w$: 자본비용 금액
IC_{t-1} : 기초 시점의 영업투하자본
$ROIC_t$: 영업투하자본이익률
r_w : 가중평균자본비용

1) 세후순영업이익(NOPAT)

세후순영업이익(net operating profit after tax)은 기업의 이익에서 재무활동으로 인한 손익이 제외된 이익으로, 기업의 자본구조와 관계없이 순수한 영업활동으로부터 발생한 이익을 말한다. 세후순영업이익은 영업활동으로부터 발생한 손익에서 이를 감안한 법인세를 차감하여 구한다. 즉, 세후순영업이익은 기업의 순이익에서 재무활동으로부터 발생한 손익을 제외한 순이익으로, 기업 본연의 순수한 영업활동으로부터 발생한 순이익이다.

$$세후순영업이익 = 영업이익 - 실효 법인세비용$$
$$= 영업이익 - 영업이익 \times 법인세율$$
$$= (영업활동수익 - 영업활동비용) \times (1 - 법인세율) \quad (10\text{-}8)$$

영업활동으로부터 발생한 이익은 영업활동으로부터 발생한 수익총액으로부터 영업활동으로부터 발생한 비용총액을 차감하여 산출되며, 일반적으로 손익계산서에서 영업이익항목에 해당한다. 즉, 손익계산서에서 매출액은 영업활동수익에 해당하며, 매출원가와 판매비 및 관리비는 영업활동비용에 해당한다. 영업이익으로부터 차감할 법인세는 손익계산서의 법인세비용이 아니다. 왜냐하면 손익계산서의 법인세비용은 영업활동과 관련 없이 발생한 손익인 영업외수익과 비용, 특별이익과 손실을 포함하여 계산되기 때문이다. 따라서 영업이익에 대한 법인세비용은 영업이익에 법인세율을 곱한 실효 법인세비용을 계산하여 영업이익으로부터 차감한다.

2) 영업투하자본(IC)

영업투하자본(invested capital)은 기업의 순수한 영업활동을 위해 투입된 자본이며, 전체 자산 중 영업목적으로 사용되는 자산의 합계에서 영업목적으로 조달된 부채의 합계를 차감하여 산출된다. 즉, 영업투하자본은 영업용 순자본(operating net capital)을 말하며, 기업의 사업 본연의 활동에 운용되어 영업이익에 기여하고 있는 자산을 의미한다.

$$영업투하자본 = 영업용 자산 - 영업용 부채 \quad (10\text{-}9)$$

영업투하자본을 산출하기 위해서는 [그림 10-1]에서 제시된 사례와 같이 일반적인 대차대조표의 자산과 부채의 항목들을 영업목적으로 사용되는 항목과 비영업목적으로 사용되는 항목으로 구분하여야 한다.

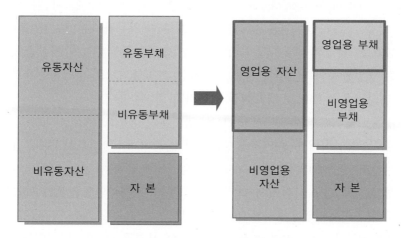

[그림 10-1] 영업투하자본의 산출

　대차대조표의 자산과 부채는 사용목적에 따라 영업목적으로 사용되는 자산과 영업목적으로 활용되지 않고 재무활동과 관련된 자산으로 분류된다. 예를 들어 유동자산은 대표적인 영업용 자산이며, 공장·기계·토지와 같은 유형자산도 영업용 자산이다. 또한 무형자산, 투자자산에서도 영업활동 본연의 목적으로 기업이 보유하고 활용되는 자산은 영업을 위한 자산으로 분류될 수 있다. 하지만 유동자산 중에서도 차입금 상환을 위해 보유하고 있는 현금은 재무활동과 관련된 자산이므로 비영업용 자산이다. 이러한 분류는 일반적인 대차대조표에서 명시적으로 분류된 것이 아니므로 자산의 성격을 보고 분류해야 한다.

　부채도 기업의 일상적인 영업목적으로 사용되는 부채와 그렇지 않은 부채로 구분될 수 있다. 영업용 부채는 사업 본연의 활동에 운용되는 부채로, 대표적인 영업용 부채는 유동부채이다. 일반적으로 이자비용이 발생하지 않는 부채는 영업용 부채로 분류된다. 또한 비유동부채에서 퇴직급여충당금과 같은 부채도 영업용 부채에 해당한다고 볼 수 있다. 반면, 사채나 장기차입금 등은 자금조달이 주된 목적이므로 재무활동과 관련된 부채이지 영업용 부채는 아니다.

3) 영업투하자본이익률(ROIC)

ROIC(return on invested capital)는 순수히 영업활동에 투하된 자본을 활용하여 이익을 창출하였는지를 나타내는 지표로 영업투하자본이익률이라고 한다. ROIC는 기업의 재무구조와 관계없이 영업활동에 투입된 자본총액에 대응되는 영업활동의 납세후이익을 비교하는 이익률이므로 영업활동으로 창출한 이익성과를 나타내는 대표적인 지표라고 할 수 있다.

ROIC는 세후순영업이익(NOPAT)을 영업투하자본(IC)으로 나누어 계산한다. 세후순영업이익은 손익계산서로부터 산출하며, 영업투하자본은 대차대조표로부터 산출한다. 영업투하자본은 일반적으로 사업연도 시점의 기초영업투하자본과 기말 시점에서 측정한 영업투하자본의 연평균영업투하자본을 사용하거나 기초영업투하자본으로 사용한다.

ROIC에서 가중평균자본비용(r_w)을 차감한 부분을 '초과영업이익률'이라고 하는데 이는 EVA를 결정하는 질적 요소이며, 영업투하자본의 규모는 EVA를 결정하는 양적 요소이다. 이미 학습한 초과이익과 같이 EVA도 금액단위로 표현된다. EVA 계산에서 영업투하자본은 일반적으로 영업기간의 기초 시점에서 측정한 영업투하자본을 사용한다. 영업기간 동안 적용될 가중평균자본비용은 일반적으로 기초 시점의 자본구조를 기준으로 적용되기 때문이다.

4) 가중평균자본비용

EVA의 질적 요소를 구성하는 ROIC의 비교지표인 가중평균자본비용(r_w)은 EVA 계산 시 ROIC를 평가할 수 있는 기준으로, 타인자본비용(r_D)과 자기자본비용(r_e)을 자본구성비율에 따라 평균한 것이다. 즉 가중평균자본비용(r_w)은 자금조달 원천별로 발생하는 자본비용을 전체 자본구조에서 차지하는 구성비로 가중평균한 비용이다. 가중평균자본비용(r_w)은 식 (10-10)과 같이 계산된다.

$$r_w = \left[\frac{E}{D+E}\right] \times r_e - \left[\frac{D}{D+E}\right] \times r_D(1-\text{법인세율}) \qquad (10\text{-}10)$$

자기자본(E)과 타인자본(D)은 장부가치가 아닌 시장가치로 추정해야 한다. 타인자본의 시장가치는 장부가치와 큰 차이가 없지만, 자기자본의 시장가치는 주가에 발행주식수를 곱한 값이다. $D/(D+E)$는 기업의 총시장가치에서 타인자본이 차지하는 비율을 나타내고, $E/(D+E)$는 자기자본이 차지하는 비율을 나타낸다. 또한 이자비용지급은 법인세의 절감효과를 가져오기 때문에 법인세 공제 후 실효 타인자본비용은 $r_D(1-법인세율)$이 된다.

(3) EVA의 평가

EVA의 창출 여부는 ROIC가 투하자본에 대한 비용을 상회하는지 여부에 의해 결정된다. EVA는 결과적으로 기업의 영업수익성과 영업활동에 사용된 자본에 의해 기업이 창출한 가치를 의미한다. 만일 ROIC가 가중평균자본비용(r_w)을 상회할 경우에는 양의 경제적 부가가치가 창출된다. 즉, ROIC가 r_w를 초과하면 기업 전체적으로 가치가 창출되었음을 의미하며, ROIC가 r_w에 미달하면 기업 전체적으로 가치가 감소하였음을 의미한다. ROIC와 가중평균자본비용 간의 관계에 따른 EVA의 창출 여부는 다음과 같다.

> 영업투하자본이익률(ROIC) > 가중평균자본비용(r_w)
>   → 양의 EVA로 기업 전체에서 가치창출
> 영업투하자본이익률(ROIC) < 가중평균자본비용(r_w)
>   → 음의 EVA로 기업 전체에서 가치 감소

예제 10.3   EVA

동숭기업의 2009년 초 영업용 투하자본은 30억 원이며, 2009년의 세후 순영업이익은 4억 5,000만 원이다. 2009년 초에 측정한 동숭기업의 총시장가치 중에서 자기자본이 차지하는 비율은 60%이며, 법인세율은 30%이다. 동숭기업의 2009년 초 자기자본비용이 12%, 타인자본비용이 10%일 때 동숭기업의 2009년도 경제적 부가가치를 계산하고 평가하시오.

「풀이」
동숭기업의 2009년도 ROIC는 다음과 같이 계산된다.

$$\text{ROIC} = \frac{4억\ 5{,}000만\ 원}{30억\ 원} \times 100 = 15\%$$

$$\text{EVA} = (15\% - 10\%) \times 30\text{억 원} = 1\text{억 } 5{,}000\text{만 원}$$

동숭기업의 자기자본과 타인자본의 비중은 각각 60%와 40%이므로 법인세 절감 효과를 감안한 기업 전체의 가중평균자본비용은 10%이다.

$$\text{가중평균자본비용} = 0.6 \times 12\% + (1 - 0.4) \times 10\% \times (1 - 0.3) = 10\%$$

따라서 ROIC가 가중평균자본비용보다 크므로 동숭기업은 양의 부가가치를 창출하였다. 동숭기업의 경제적 부가가치는 초과영업이익률에 투하자본을 곱한 값인 1억 5,000만 원이다.

$$\text{EVA} = (15\% - 10\%) \times 30\text{억 원} = 1\text{억 } 5{,}000\text{만 원}$$

또한 경제적 부가가치는 다음과 같이 세후순영업이익으로부터 영업투하자본 활용에 대한 요구액을 직접 차감하여 산출할 수도 있다.

$$\text{EVA} = 4\text{억 } 5{,}000\text{만 원} - 30\text{억 원} \times 10\% = 1\text{억 } 5{,}000\text{만 원}$$

(4) EVA의 특징

경제적 부가가치는 순이익이나 자기자본순이익률과 같은 이익지표에 비해 다음과 같은 특징이 있다.

첫째, 경영성과로서 경제적 부가가치는 기업 본연의 활동인 영업활동에 의해 창출된 가치를 나타낸다. 따라서 총자산 중에서 영업활동에 활용되지 않는 자산은 경제적 부가가치로부터 제외된다.

둘째, 기존의 회계적 성과지표는 자본을 활용하는 데 대한 기회비용을 간과하였으나, EVA는 타인자본비용뿐만 아니라 자기자본비용을 포함한 기업이 활용할 수 있는 전체 자본의 기회비용을 감안하여 성과를 측정한다.

셋째, 경제적 부가가치는 타인자본뿐만 아니라 자기자본조달의 대가를 명시적으로 고려하므로 주주의 위험부담에 대해 충분한 보상을 해야 할 책임이 있음을 경영자에게 인식시켜야 한다. 경영자는 가능한 한 자본비용을 초과할 수 있도록 높은 영업투하자본이익률을 달성해야 한다. 이는 영업투하자본의 규모가 높을수록 경제적 부가가치가 증대된다는 것을 의미한다.

(5) 경제적 부가가치평가모형의 개념과 가치평가

경제적 부가가치평가모형(economic value added model)은 미래로부터 발생하는 EVA를 할인모형으로 가치평가를 한 것이다.

EVA를 이용한 가치평가모형은 식 (10-11)에서처럼 가중평균자본비용으로 할인한 EVA의 현재가치의 합계에 평가 시점의 영업투하자본을 더하여 산출된다. 따라서 배당할인모형이나 잉여현금흐름 할인모형에서는 미래에 발생하는 현금흐름에 의해서만 가치가 결정되지만, EVA 평가모형에서는 평가 시점의 영업투하자본도 기업가치를 결정하는 요인이 된다.

$$V_{EVA} = IC_0 \sum_{t=1}^{\infty} \frac{EVA_t}{(1+r_w)^t} = IC_0 + \sum_{t=1}^{\infty} \frac{(ROIC_t - r_w) \times IC_{t-1}}{(1+r_w)^t} \qquad (10\text{-}11)$$

V_{EVA} : EVA 평가모형 기업가치

IC_0 : 평가 시점의 영업투하자본

IC_t : t년의 영업투하자본

EVA_t : t년의 경제적 부가가치

$ROIC_t$: t년의 영업투하자본이익률

r_w : 가중평균자본비용

이제 EVA 평가모형에서 기업가치의 결정요인을 분석해 보자. 만일 예상되는 미래 영업투하자본이익률이 가중평균자본비용을 상회하여 EVA가 양(+)인 경우에는 기업 전체적으로 가치가 창출되는 요건이므로 기업가치는 현재 시점의 영업투하자본보다 높다. 하지만 미래 영업투하자본이익률이 가중평균자본비용보다 낮은 경우에는 가치가 감소하는 조건이므로 오히려 기업가치는 현재 시점의 영업투하자본보다 낮다. 즉, EVA 평가모형에서 기업가치가 창출되기 위해서는 예상되는 영업투하자본이익률이 가중평균자본비용보다 높아야 한다는 것이다.

혜화기업은 2009년 초에 향후 5년간의 세후순영업이익과 영업투하자본을 추정하였다. 가중평균자본비용은 10%이며 향후 지속될 것으로 가정한다. 2014년 이후의 세후순영업이익과 영업투하자본은 2013년의 세후순영업이익과 영업투하자본이 유지될 것으로 가정하였다. 2009년 초에 추정한 혜화기업의 가치는 얼마인가?

〈혜화기업의 추정 세후순영업이익과 영업투하자본〉 (단위 : 만 원)

	2009	2010	2011	2012	2013
세후순영업이익	1,400	1,600	1,900	2,100	2,300
기초영업투하자본	11,000	12,000	13,000	14,000	15,000

[풀이]

2009년 초의 혜화전자의 EVA를 이용하여 기업가치를 산출하는 과정은 다음과 같다. 각 연도를 현재 기업가치를 평가하는 시점인 2009년 초로부터 추정기간으로 표현할 경우 세후순영업이익과 기초영업투하자본의 명시적 예측기간은 5년 후인 2013년까지이며, 그 이후에 발생하는 세후순영업이익과 기초영업투하자본은 2013년 시점에서 가치평가를 한 다음, 이를 다시 평가 시점인 2009년 초의 현재가치로 계산해야 한다.

A. 미래 EVA의 계산

각 연도의 EVA를 계산하기 위해서는 우선적으로 초과영업이익을 산출해야 한다.

ROIC(③)는 해당 연도의 세후순영업이익(①)을 해당 연도 초 시점의 영업투하자본(②)으로 나누어 계산한다. 혜화기업의 2009년 ROIC는 12.7%에서 2013년 15.3%까지 증가한다.

매년 EVA(⑤)는 ROIC(③)에서 WACC(④)를 차감한 초과영업이익에 기초영업투하자본(②)을 곱하여 산출된다. 다른 방법으로는 세후순영업이익(①)으로부터 직접적으로 영업투하자본비용 금액을 산출하여 차감할 수 있다. 이는 WACC(④)에 기초영업투하자본(②)을 곱한 값을 세후순영업이익으로부터 차감하면 된다.

명시적 예측기간 이후인 2014년부터 계속적으로 발생하는 EVA는 2013년 말 시점에서 평가할 경우 2013년의 EVA인 800만 원을 WACC로 나누어 8,000만 원이 된다.

B. 미래 EVA의 현재가치

미래 EVA는 각 연도의 EVA에 가중평균자본비용의 현재가치요소를 곱하면 된다. WACC는 예측기간 동안 10%로 지속하며 EVA의 현재가치(⑦)는 매년 발생하는 EVA(⑤)를 현재가치 요소(⑥)에 곱하여 산출한다. 명시적 예측기간 이후 발생하는 EVA의 현재가치는 2013년 말 이후에 발생하는 EVA의 가치인 8,000만 원에 2013년의 현재가치요소를 곱한 값이므로 4,967만 원이 된다.

〈혜화기업의 EVA 추정〉

(단위 : 만 원)

연도(y) 기간(t)	2009 (1)	2010 (2)	2011 (3)	2012 (4)	2013 (5)	......
세후순영업이익 ①	1,400	1,600	1,900	2,100	2,300	2,300
기초영업투하자본 ②	11,000	12,000	13,000	14,000	15,000	15,000
ROIC ③=①÷②	0.127	0.133	0.146	0.150	0.153	0.153
r_w ④	0.100	0.100	0.100	0.100	0.100	0.100
EVA ⑤=(③-④)×② =①-(④×②)	300	400	600	700	800	800
$\frac{1}{(1+r_w)^t}$ ⑥	0.909	0.826	0.751	0.683	0.621	0.621
EVA 현재가치 ⑦=⑤×⑥	273	331	451	478	497	4,967

따라서 EVA 평가모형으로 측정한 혜화기업의 가치는 2009년 초의 영업투하자본인 1억 1,000만 원과 2009년부터 2013년까지 EVA의 현재가치의 합계인 2,030만 원, 그리고 2014년 이후 잔여가치인 4,967만 원을 합산하여 계산된다.

V_{EVA}＝1억 1,000만＋273만＋331만＋451만＋478만＋497만＋4,967만

기초영업투하자본　　　명시적 추정기간가치 : 2,030만　　　잔여 추정기간가치

＝1억 7,997만 원

(6) EVA 평가모형의 장점

EVA 평가모형은 실제 영업에 투입된 자산으로부터 발생하는 가치를 측정하므로 부가가치를 창출한다는 의미에서 기업가치평가모형 관점에서 가장 타당하다고 볼 수 있다. 잉여현금흐름 할인모형과 달리 EVA에 의한 가치평가는 해당 연도에 직접적으로 기업이 창출한 가치를 나타내므로 개념적으로 보다 우월하다고 볼 수 있다. 이는 가치창조경영이 확산되고 있는 경영성과 평가의 관점에서 볼 때, 경영자의 동기부여 및 사업부의 평가에 있어 가장 부합하는 가치평가모형이라고 할 수 있다.

6. 할인모형을 이용한 가치평가법의 주의점

할인모형을 이용한 가치평가법은 미래에 발생하는 양(+)의 현금흐름을 비교적 신뢰성 있게 추정할 수 있으며, 할인율에 반영되는 위험의 측정 가능한 대용치가 존재할 경우에 해당하는 기업의 가치를 평가할 때 용이하다. 그러나 다음과 같은 기업에 대해서는 할인모형을 이용한 가치평가가 부적절하므로 주의해야 한다.

(1) 재무적 부실기업

재무적 곤경(financial distress)에 처해 있는 부실기업은 경영성과가 저조하며 현금흐름이 경색되는 특성을 나타낸다. 이러한 부실기업들은 향후 파산될 가능성이 매우 높으므로 미래의 현금흐름을 평가하는 것이 어렵다. 따라서 할인모형을 이용한 가치평가법은 이러한 파산의 위험이 있는 기업의 가치를 평가하는 데에는 부적절하다.

(2) 무형자산이나 사업기회를 가진 기업

기업은 현금흐름을 직접적으로 창출하지 않는 특허권과 같은 무형자산을 보유하고 있으며, 그러한 자산도 가치 있는 자산들이다. 또한 기업은 미래에 잠재적으로 현금흐름을 창출할 수 있는 사업기회가 생길 수도 있다.

이 경우 기대현금흐름만을 할인해서 얻어지는 가치는 무형자산이나 사업기회의 가치를 적절히 반영하지 못하므로 기업의 실제 내재가치보다 낮게 평가될 것이다. 이런 기업은 무형자산의 가치를 시장에서 평가하거나, 실물옵션을 이용한 가치평가모형으로 사업기회를 평가한 후 그 가치를 할인모형으로 구한 기업가치에 추가함으로써 내재가치보다 낮게 평가되는 것을 방지할 수 있다.

(3) 구조조정과정에 있는 기업

구조조정과정에 있는 기업은 보유자산 중 일부를 처분하기도 하고, 다른 자산을 취득하기도 하며, 자본구조나 배당정책을 변화시키기도 한다. 이같은 변화들은 기업의 미래 현금흐름을 추정하는 것을 더욱 어렵게 만들고 기업위험에도 영향을 미친다. 이러한 기업의 경우 그 변화들의 효과를 미래 현금흐름에 반영하고 또한 새로운 영업 및 재무위험을 할인율에 반영하여 가치를 평가해야 한다.

(4) 인수 또는 합병기업

인수나 합병을 하려는 기업의 가치를 평가할 때 할인모형을 이용한 가치평가법을 적용할 경우에는 다음과 같은 두 가지 사항을 고려해야 한다.

첫째, 합병으로 인한 시너지효과(synergy effect)가 발생하는가, 시너지효과가 발생한다면 그것을 정확히 추정할 수 있는가를 파악해야 한다.

둘째, 인수 또는 합병으로 인한 경영자의 교체가 현금흐름과 기업경영의 위험에 미치는 효과로, 이는 특히 적대적 합병의 경우 중요한 문제이다. 경영자 교체효과는 미래 현금흐름과 할인율을 추정할 때 가치평가에 반영되어야 한다.

(5) 비상장기업

할인모형을 이용한 가치평가법을 이용하여 비상장기업(non-listed firm)의 가치를 평가할 때 나타나는 가장 큰 문제점은 할인율을 결정하는 데 이용할 위험을 측정하기가 비교적 어렵다는 것이다. 왜냐하면 할인율을 측정하기 위한 대부분의 위험-수익률모형에서 위험은 주식의 과거 가격변동으로부터 추정되기 때문이다. 비상장기업의 주식은 증권시장에서 거래되지 않으므로 과거 가격을 이용해서 위험을 추정하는 것은 매우 어렵다. 이러한 경우 한 가지 해결방법은 주식시장에 상장된 기업들 중에서 분석대상기업과 동일한 산업에 속하고 유사한 자산 규모를 가진 기업의 위험을 대용치로 활용하는 것이다.

1. 기본개념

상대가치평가법은 시장에서 형성된 가치에 의존하는 간접적인 평가기법이다. 상대가치평가법은 평가대상기업과 영업 및 경제적 특성이 유사하다고 판단되는 다른 기업의 주가배수(price multiple)를 평가대상기업에 적용하여 간접적으로 기업가치를 평가하는 것이다. 상대가치평가법에서 기업가치는 주가로 표현되며 주가배수는 시장가치비율을 의미하기 때문에 시장가치법, 유사기업이용법 또는 주가배수평가기법이라고도 한다.

상대가치평가법이 적용되기 위해서는 동일 산업 내에 평가대상기업과 비교될 수 있는 다른 기업들이 존재하고, 시장은 이런 기업들의 가치를 평균적으로 올바르게 평가한다는 가정이 필요하다. 즉, 평가대상기업과 영업 특성이 유사한 기업의 가치가 시장에서 평가되고 있으며, 평가대상기업과 유사한 기업의 미래 수익성을 전망하고 가치평가를 한 결과가 주가에 효율적으로 반영되는 시장에서 상대가치평가법을 이용할 수 있다.

2. 평가방법

상대가치평가법을 적용하기 위해서는 우선적으로 평가대상이 되는 기업과 동일한 산업 내에서 영업 및 재무적 특성이 유사한 비교대상기업을 선정해야 한다. 유사기업이 선정되면 평가대상기업의 성과측정치를 선정한다. 여기에서 성과측정치는 시장가치비율인 주가배수의 분모로 활용되는 주당순이익, 주당장부가치 등을 의미한다. 그리고 평가대상기업의 성과측정치와 직접적으로 관련된 유사기업의 주가배수를 선정하여 평가대상기업의 성과측정치와 곱하면 평가대상기업의 주가가 산출된다.

상대가치평가법에서 주로 활용되는 주가배수에는 주가수익비율(PER), 주가순자산비율(PBR), 주가매출액비율(PSR) 등이 있으며, 이 외에 주가현금흐름비율(PCR), 주가배당금비율(PDR) 등도 사용할 수 있다.

(1) PER 평가모형

주가수익비율(price-earnings ratio)은 현 주가를 주당순이익(EPS)으로 나눈 것이다.

$$\text{주가수익비율(PER)} = \frac{\text{주가(P)}}{\text{주당이익(EPS)}} \qquad (10\text{-}12)$$

이 지표는 기업이 벌어들이고 있는 한 단위의 이익에 대해 증권시장의 투자자들이 얼마의 대가를 지불하고 있는가를 뜻한다. PER은 이익 1원당 주가수준을 나타내므로 이익의 크기가 다른 비슷한 기업들의 주가수준을 용이하게 비교할 수 있다. 또한 PER은 배당과 유보이익을 포함하는 이익을 기준으로 계산이 되므로 최근에 배당을 하지 않은 기업들의 경우에도 사용될 수 있으며, PER의 구성요소들에 대한 예측이 배당할인모형 등의 구성요소에 비해 상대적으로 용이하다는 점에서 유용성을 가진다.

식 (10-12)의 양변에 EPS를 곱함으로써 PER을 주식가치평가에 활용할 수 있게 된다.

$$P_0 : PER^* \times EPS \qquad (10\text{-}13)$$

PER을 이용하여 적정 주가를 추정함에 있어서는 식 (10-13)에서 보는 것처럼 정상 PER(normalized PER)이라고 불리는 PER^*를 추정하는 것이 분석의 핵심이 된다. 정상 PER을 구하는 방법으로는 유사한 위험수준을 갖고 있는 기업을 대용치로 사용할 수도 있고, 동종 산업의 평균 PER을 사용하기도 한다. 또한 해당 기업의 과거 평균 PER을 이용하기도 한다.

(2) PBR 평가모형

주가순자산비율(price-book ratio)은 주가를 주당순자산, 즉 자기자본의 주당 장부가치로 나눈 비율이다.

$$PBR = \frac{주가}{주당순자산} = \frac{주당시장가격}{주당장부가치} \qquad (10\text{-}14)$$

PER이 수익가치와 대비한 상대적 주가수준을 나타내는 지표인 데 비해, PBR은 자산가치와 대비한 상대적 주가수준을 측정한 지표라는 차이가 있을 뿐이며, 그 해석과 적정 PBR의 추정방법 등은 PER 평가모형과 동일하다.

(3) EV/EBITDA 평가모형

EV/EBITDA 비율은 기업 전체 가치(enterprise value)를 EBITDA(earnings before interest, tax, depreciation and amortization)로 나눈 것이다.

$$EV/EBITDA = \frac{기업가치}{이자, 세금, 감가상각비차감전이익} \qquad (10\text{-}15)$$

EV는 주식의 시가총액에 순차입금을 더한 것으로서 부채와 자본의 합으로 표현된 기업 전체 가치를 의미한다. EBITDA는 세전영업이익(EBIT)에 비현금성 비용항목인 감가상각비를 합한 것이므로 세전영업현금흐름을 측정한 것이다. 따라서 이 비율은 현금흐름의 크기를 감안할 때 기업가치가 상대적으로 얼마나 높은지를 측정하게 된다.

주식가치나 기업가치평가에서 현금흐름의 중요성이 높아지면서 실무적으로 많이 활용되고 있는 비율이자 기업가치평가모형이라고 할 수 있다.

적정 주가를 추정하는 방식에서 주가배수비율(P-Multiple)이 기업의 자기자본가치를 직접적으로 얻고자 하는 데 비해, 기업가치배수비율(EV-Multiple)은 기업의 전체 가치를 먼저 구하고 여기서 타인자본의 몫을 차감하여 자기자본가치를 구한다.

올해 증권시장의 상장을 계획한 혜화전자는 적정한 시장가치가 얼마인지를 상대가치평가법을 활용하여 사전적으로 평가받으려고 한다. 혜화전자의 작년 말 사업보고서에 기록된 당기순이익은 3억 원이며, 총발행주식수는 10만 주이다. 혜화전자와 자산 규모와 당기순이익에서 가장 유사한 상장기업인 동승전자의 현재 주가수익비율(PER)이 2.5일 때, 혜화전자의 주가를 계산하시오.

[풀이]

상대가치평가법의 기준이 주가수익비율이므로 혜화전자의 주당순이익을 산출한 다음, 유사기업인 동승전자의 PER에 곱하면 된다. 상대가치평가법에 의한 혜화전자의 공모주 가격은 75,000원으로 추정된다.

$$\text{혜화전자의 주당순이익} = \frac{3억 원}{10만 주} = 3만 원$$

$$\text{혜화전자의 주가} = \text{주당순이익} \times \text{동승전자의 PER}$$
$$= 3만 원 \times 2.5 = 75,000원$$

3. 유용성과 한계점

주가배수를 이용한 상대가치평가법은 산출과정이 간단하므로 자산 또는 기업의 가치를 신속하게 평가할 수 있다는 장점을 갖고 있다. 주식시장에 비교대상기업들이 많이 존재하고, 이들 기업의 가치가 시장에서 평균적으로 정확하게 평가되는 경우에 이 방법은 유용하다. 특히 상대가치평가법은 기업공개 시 신규 공모주식의 평가 등에 주로 활용되고 있다.

그러나 같은 이유로 이 방법은 잘못 이용되기 쉽고 조작이 가능하다는 단점을 갖는다. 예를 들어, 두 회사가 위험과 수익 측면에서 정확히 유사한 경우가 없다는 것을 감안하면 비교대상기업이라는 것은 주관적인 것에 불과하다. 또한 분석가들은 평가대상기업의 가치에 대한 자신의 생각을 합리화시키기 위해서 특정 기업들을 비교기업으로 선택할 수도 있는 것이다.

비교대상기업들의 주가배수를 이용하는 데 따르는 또 다른 문제점은 시장이 비효율적인 경우에 발생하는 평가오류들(과소평가 혹은 과대평가오류)에 근거하여 가치를 평가한다는 데 있다. 예를 들면, 시장에서 모든 컴퓨터 소프트웨어 회사들이 과대평가되고 있다면, 이러한 기업들의 주가수익비율을 이용하여 평가한 최초 공모주는 과대평가될 것이다. 반면에 할인모형을 이용한 가치평가는 특정 기업의 성장률과 현금흐름을 근거로 기업의 가치를 평가하는 방법이므로 시장의 비효율성에 기인하는 오류의 영향이 상대적으로 낮다.

10.4 실물옵션가치평가법

1. 기본개념

불확실한 미래 현금흐름의 원인이 되는 시장상황의 변화나 경영자의 전략적 의사결정은 현금흐름을 할인하여 기업의 가치를 계산하는 가치평가모형에 충분히 반영되지 못한다. 즉, 할인모형을 이용한 기업가치평가는 기업의 가치를 단순히 현금흐름의 할인을 통하여 계산하지만, 기업이 가진 전략적 혹은 가변적인 성향을 간과하므로 기업이 가진 투자안의 가치를 과대 혹은 과소평가할 위험을 내포하고 있다. 최근에 등장한 기업가치평가분야에서는 옵션과 같은 파생금융상품의 가치평가모형을 이용하여 할인모형이 간과하고 있는 기업의 성장기회, 사업기회, 경영자의 위험대처능력 등과 같은 옵션적 특성을 계량화하여 가치를 평가하는 실물옵션 접근을 이용하기 시작했다.

전통적인 할인모형을 이용한 가치평가에서는 향후 기업이 직면할 불확실성으로 인해 정확한 현금흐름 추정이 어려우므로 가치평가의 객관성이 낮아진다. 하지만 실물옵션가치평가법에서는 기업이 당면한 상황까지도 가치에 반영하고자 한다. 특히 실물옵션은 투자안 또는 영업 규모의 확장, 투자 시기의 연기, 투자안의 규모 축소를 고려하는 경우에 유용하다. 이러한 실물옵션은 천연자원을 개발하는 기업이나 인터넷 관련기업, 벤처산업에 속한 기업들의 가치평가에 유용하며, 무형자산과 같은 비업무용 자산을 보유한 기업이나 다양한 전략적 선택 가능성을 보유한 기업의 경우에도 적합하다.

2. 실물옵션의 유형과 평가

실물옵션가치평가법(real option valuation ; ROV)은 블랙(Black, F.)과 숄즈(Sholes, M.)가 1973년에 개발한 옵션가격결정모형(option pricing model ; OPM)을 기업가치평가모형에 응용하여 기업이 가진 실물옵션을 평가하는 방법이다. 옵션가격결정모형에서 콜옵션(call option)은 기초자산의 가치가 미리 약정한 행사가격보다 클 때 가치를 가지며, 풋옵션(put option)은 기초자산의 가치가 미리 약정된 행사가격보다 작을 때 가치를 갖는다. 옵션의 가치는 기초자산의 현재가치와 변동성, 행사가격과 옵션만기까지의 기간, 무위험이자율 등의 요인에 의해 결정된다.

〈표 10-1〉에 제시되어 있듯이 기업이 가질 수 있는 실물옵션의 유형은 투자 및 성장, 연기 및 학습, 철수 및 축소로 분류된다. 투자 및 성장옵션은 기업 규모의 확장, 제품의 변경, 다른 산업으로 진출하는 경우가 해당한다. 연기 및 학습옵션은 기업이 미래 불확실성이 감소할 때까지 투자를 연기할 수 있는 기회를 갖는 상황이다. 또한 기업이 불가피한 사정으로 인해 투자를 축소하거나 사업을 포기해야 하는 경우에도 실물옵션으로 평가하여 가치평가에 반영시킬 수 있다. 일반적으로 실물옵션을 가진 기업의 가치는 제2절에서 학습한 미래의 현금흐름을 할인모형으로 평가한 기업가치에 옵션가격결정모형으로 평가한 실물옵션의 가치를 더하여 산출한다.

〈표 10-1〉 실물옵션의 유형

범주 구분	유형	사 례
투자 및 성장	규모 확장	미래 가치창출을 위해 초기 투자를 확장하는 경우
	변경	제품, 제조공정에 대한 변경의 기회를 가지는 경우
	범위 확대	다른 산업에 진입 가능한 경우
연기 및 학습		정보 및 기술을 획득하거나 불확실성이 감소할 때까지 투자를 연기할 수 있는 경우
철수 및 축소	규모 축소	투자수익의 계획이 변경될 때 투자를 축소하는 경우
	교체	자산을 교체하는 경우
	범위 축소	사업이 제한됨에 따라 포기해야 하는 경우

3. 한계점

만일 시장에서 거래되지 않는 자산을 주로 보유한 기업의 경우나, 옵션의 특성을 가진 사업기회가 장기간인 경우에는 옵션가격결정모형을 이용하여 평가하는 것에는 한계가 있으므로 주의해야 한다. 실물옵션모형을 적용할 경우 계산하여야 하는 기초자산의 수익률의 변동성이나 배당수익률이 일정하다는 가정은 단기적 옵션에서는 그다지 문제가 되지 않지만, 장기적 옵션인 경우에는 옵션가격에 영향을 미치는 요인들을 추정하기가 어렵다. 아울러 옵션의 기초자산이 시장에서 거래되지 않을 경우 기초자산의 가치와 그 수익률의 변동성을 시장에서 관찰하여 적용할 수 없기 때문에 인위적으로 이를 추정해야 한다. 따라서 옵션가격결정모형을 이용하여 추정한 장기적 옵션의 가치는 단기적 옵션의 가치보다 오류가 발생할 가능성이 높다.

사례 : 후속 투자기회의 가치

2009년, 당신은 빠르게 발전하고 있는 PC 시장에서 이익을 올리고 싶어하는 한 컴퓨터 제조업체인 KNOU Computer의 CFO(chief financial officer)를 조언하는 사람이라고 가정하자. 당신은 CFO가 Mark I Micro 사업의 도입을 평가하는 데 도움을 주고 있다.

Mark I 에 투자했을 때의 현금흐름과 순현가는 〈표 1〉에 나타나 있다.

〈표 1. Mark I 투자안의 현금흐름과 재무분석 요약〉 (단위 : 100만 달러)

구 분	2009	2010	2011	2012	2013	2014
세후영업현금흐름	−200	+110	+159	+295	+185	0
자본투자	250	0	0	0	0	0
운전자본증가분	0	50	100	100	−125	−125
순현금흐름	−450	+60	+59	+195	+310	+125

NPV at 20% = −46.45(즉, 약 −4,600만 달러)

불행하게도 Mark I 투자안은 KNOU의 통상의 자본비용인 20%를 만족시키지 못하기 때문에 순현가가 −4,600만 달러로 음의 값을 갖는다. 이것은 Mark I에 투자해야 할 것이라는 CFO의 본능적인 판단과 어긋나게 된다. CFO는 이 투자안을 분석하기 위해 당신을 불렀다.

CFO : 경영자로서의 내 직관에 의하면 Mark I에 투자하는 것이 전략적으로 좋을 것 같습니다. 그러나 Mark I은 재무적인 면에서는 투자할 이유가 없습니다. 어떻게 해야 좋을지 생각해 보기 바랍니다.

You : 아닙니다. 이 투자안은 재무적인 면에서도 투자할 이유가 있습니다.

CFO : 어떤 재무상의 이점이 있습니까?

You : 현재 우리가 Mark I에 착수하지 않아 Apple, IBM 등 다른 기업들이 이미 시장을 선점한 후에 우리가 진입하게 되면 비용이 많이 듭니다. 우리가 Mark I에 투자한다면 우리는 후속 투자기회를 갖게 되어 많은 이익을 얻을 수도 있습니다. Mark I은 그 자체의 현금흐름뿐만 아니라 미래의 Mark II를 도입할 수 있는 옵션, 즉 콜옵션도 제공합니다. 그 콜옵션이 이 전략적 가치의 진정한 원천입니다.

CFO : 아, 그것이 전략적 가치의 또 다른 이름이군요. 하지만 Mark II에 대한 투자는 미래에 이루어질 텐데, 그것이 가치가 있는 투자인지의 여부는 알 수 없지 않습니까?

You : 바로 그 점 때문에 콜옵션의 가치가 있는 것입니다. 미래에 가서 판단해 보아 Mark II에 대한 투자안이 가치 있다고 판단되면 콜옵션을 행사하여 투자를 하면 되고, 그렇지 않을 경우에는 콜옵션을 포기하면 될 것입니다.

CFO : 도대체 Mark II 투자안의 가치는 어느 정도입니까?

You : 정확하게 말하기는 어렵지만, 대략 계산해 보면 Mark II에 대한 투자옵션의 가치는 Mark I의 순현가, 즉 −4,600만 달러를 상쇄하고도 남습니다(계산은 〈표 2〉에 있음). 투자옵션의 가치가 5,500만 달러면 Mark I의 투자가치는 그 자체의 순현가 −4,600만 달러에 옵션의 가치인 5,500만 달러를 더한 +900만 달러가 됩니다.

〈표 2. Mark II microcomputer에 투자하는 옵션의 가치평가〉

1. Mark II에 투자하는 의사결정은 3년 후(2012년)에 이루어져야 한다.
2. Mark II 투자 규모는 Mark I 투자 규모보나 2배가 크다(산업의 급속한 기대성장을 고려). 투자액은 9억 달러(행사가격)로 고정되어 있다.

가정	3. Mark Ⅱ 투자에서 예상되는 현금수입은 Mark Ⅰ의 2배이며, 2012년 시점에서의 현가는 약 8억 달러이다. 이를 2012년 시점의 현가로 환산하면 8억 달러/(1.2)^3=4억 6,300만 달러이다. 4. Mark Ⅱ 투자로부터 발생하는 현금흐름의 미래가치는 매우 불확실하다. 이 미래가치는 주식처럼 매년 35%의 표준편차를 가지며 움직인다. (보통 첨단산업주식의 대부분이 35%를 상회하는 표준편차를 지님.) 5. 연 이자율은 5%이다.
해석	Mark Ⅱ에의 투자기회는 행사가격이 9억 달러이고, 기초자산의 가격이 4억 6,300만 달러인 3년 만기의 콜옵션과 같다.
평가	K=900, T=3, r=10%, S$_0$=463, σ=35%(단위 : 100만 달러) 콜옵션의 가치는 Black-Scholes 공식에 의해 5,500만 달러로 계산된다.

CFO : Mark Ⅱ에 대해 과대평가를 하고 있군요. 3년과 같이 긴 기간 후의 투자에 대해서는 누구나 낙관적으로 보기가 쉽습니다.

You : 절대로 그렇지 않습니다. Mark Ⅱ가 Mark Ⅰ 이상의 이익을 가져다줄 것으로 기대되지는 않습니다. 내 예측으로는 Mark Ⅱ의 순현가는 1억 달러가 될 것입니다. 그러나 미래 상황의 변화에 따라 Mark Ⅱ가 매우 성공적일 가능성도 있습니다. 이처럼 미래 상황이 좋아질 때 큰 이익을 올릴 수 있는 시장에 뛰어들 기회를 제공하는 것이 바로 콜옵션입니다. 그 옵션의 가치가 5,500만 달러 정도 됩니다. 물론 이 금액은 대충 계산한 것입니다만, 미래가 매우 불확실하고 시장이 급속도로 성장할 때 후속 투자기회가 얼마나 가치가 있는지를 알 수 있습니다. 더구나 Mark Ⅱ는 Mark Ⅲ에 대한 콜옵션을 제공하고, Mark Ⅲ는 Mark Ⅳ에 대한 콜옵션을 제공합니다. 계속 이런 식이죠. 제 계산에는 Mark Ⅱ 이후에 계속되는 콜옵션의 가치는 고려하지 않았습니다.

CFO : (중얼거림) 이제서야 재무학에서 본 경영전략이 무엇인지 약간이나마 이해가 갈 것 같군.

연습문제 •

1_ 다음은 준수(주)의 2009년부터 2013년까지 미래 5년간의 영업활동현금흐름과 투자액예측치이다. 2014년 이후의 영업활동현금흐름과 투자액은 2013년 수준으로 지속된다고 가정한다. 가중평균자본비용이 10%라고 가정할 경우, 잉여현금흐름 할인모형으로 평가한 2008년 말 준수(주)의 가치를 구하시오.

(단위 : 원)

구 분	2009	2010	2011	2012	2013
영업활동현금흐름	2,340	2,070	3,000	3,500	4,500
영업활동투자액	1,201	1,102	2,348	2,514	2,887

2_ 다음은 태수(주)의 2009년부터 2013년까지 미래 5년간의 영업수익 및 영업비용예측치이다. 2014년 이후의 영업수익 및 영업비용, 영업투하자본은 2013년 수준으로 지속된다고 가정한다. 가중평균자본비용이 10%, 법인세비용이 30%라고 가정할 경우, 경제적 부가가치평가모형으로 평가한 2009년 초 태수(주)의 가치를 구하시오.

(단위 : 원)

구분	2008	2009	2010	2011	2012	2013
영업이익		750	800	850	930	1,100
영업비용		300	471	500	590	700
영업투하자본	1,000	1,200	1,400	1,500	1,600	1,650

3_ 비상장기업인 범수(주)는 내년에 주식시장에 상장하기 위해 공모가를 산출하려고 한다. 범수(주)와 같은 산업에 속하고 자산 규모가 유사한 민수(주)는 이미 주식시장에 상장되어 있다. 다음 자료에 의해서 주가배수평가기법으로 평가한 범수(주)의 공모가는 얼마인가?

 - A기업의 당기순이익 : 4,000원
 - A기업의 발행주식수 : 100주
 - 유사기업의 당기순이익 : 20,000원
 - 유사기업의 발행주식수 : 200주
 - 유사기업의 주가 : 300원

1_ 한국거래소에 상장된 기업 하나를 선택하여 가치를 평가한 분석보고서를 조사하고, 어떠한 가치평가방법을 적용하여 평가하였는지 설명하시오.

2_ 상대가치평가법과 실물옵션가치평가법을 이용하여 기업가치를 분석한 사례를 조사하고, 이러한 가치평가법을 적용한 기업의 특성을 분석하시오.

제11장

증권분석과 재무정보

개관

기업의 경영내용에 관한 정보를 필요로 하는 대표적인 이해관계자 중의 하나는 투자자들이다. 투자자들은 투자종목을 선정하거나 분산투자의 방법을 정하는 것과 같은 투자결정(investment decisions)을 위하여 투자대상증권의 투자가치를 평가할 수 있는 정보를 필요로 한다. 증권분석이란 증권투자결정을 위하여 투자대상인 유가증권의 투자가치를 분석하는 것을 말하며, 이러한 의미에서 투자분석(investment analysis)이라고도 한다. 유가증권의 적절한 투자가치를 평가할 때 재무정보는 다각적으로 이용되고 있다. 경영분석의 한 영역으로서 증권분석의 핵심은 이같은 증권분석에 있어서 재무정보의 역할에 관한 것이다. 이 장에서는 증권분석방법의 주요 내용을 소개하고, 증권시장의 효율성 정도를 고려할 때 어떤 방법이 타당한가의 문제를 다룬다.

11.1 증권분석의 방법과 재무정보

증권투자란 투자자가 현재의 확실한 소비를 포기하고 미래에 소득을 가져다줄 것으로 기대되는 유가증권에 투자하는 것을 말한다. 그런데 유가증권의 가격은 예측하기 어려운 여러 요인에 의해 영향을 받기 때문에 증권투자에서 예상할 수 있는 소득 또한 불확실하다. 그러므로 투자자들은 증권투자에 따르는 기대소득과 위험을 분석하여 투자가치를 평가할 필요를 느끼게 된다. 이러한 필요를 충족시킬 수 있는 분석활동이 증권분석(security analysis)이다.

증권투자자들은 투자결정을 내리는 데 있어서 몇 가지 검토하여야 할 과제를 안는다. 즉 초과수익의 여지가 큰 투자종목의 선정, 투자위험을 효율적으로 줄일 수 있는 분산투자방법의 결정, 적절한 투자 시점 포착의 과제가 그것이다.

이같은 투자결정의 과제를 해결하는 데 제일 중요한 것은 투자대상들의 투자가치를 분석하는 것이다. 투자가치가 평가되면 실제 시장가격과 비교하여 예상되는 투자수익의 정도를 추정할 수 있기 때문이다. 투자대상들의 투자가치를 분석하는 방법은 여러 가지로 분류될 수 있겠으나, 투자대상을 개별적으로 분석하는가, 아니면 둘 이상의 복수증권들의 결합관계에서 분석하는가에 따라 개별자산접근법과 포트폴리오접근법으로 구분된다.

개별자산접근법(asset by asset approach)은 투자대상들을 독립적 · 개별적으로 분석하여 선택하는 것을 말하는데, 기본적 분석과 기술적 분석이 이에 속한다. 반면에 포트폴리오접근법(portfolio approach)은 증권을 2개 이상 복수의 증권들 간의 결합관계에서 투자가치를 평가하여 투자결정에 이용하는 방법인데, 효율적 분산투자의 원리를 다루는 포트폴리오이론적 분석방법이 이에 속한다.

1. 기본적 분석의 의의

  기본적 분석(fundamental analysis)은 시장에서 객관적으로 형성되는 시장가격(market price)이 증권이 본래 지니는 내재적 가치(intrinsic value)에 접근해 가지만 단기적으로는 동일하지 않을 수 있다는 전제하에서 증권의 내재적 가치를 중점적으로 분석하는 방법이다. 즉, 내재적 가치가 추정되면 이를 시장가격과 비교함으로써 내재적 가치가 시장가격보다도 큰 과소평가된 증권 또는 내재적 가치가 시장가격보다도 작은 과대평가된 증권을 발견할 수 있으며, 이에 따라 매입 또는 매각의 투자결정을 하면 초과수익(abnormal return)을 얻을 수 있다는 것이다. 이는 투자결정에 있어서 가격이 잘못 형성된(mispriced) 종목 선택(asset selection)을 통하여 초과수익을 얻고자 하는 적극적 투자관리의 분석기법이다.

  그러므로 기본적 분석에서는 내재적 가치를 평가하는 작업이 주가 되는데, 내재적 가치를 결정짓는 요인 중 주당이익, 배당, 재무구조, 경영진의 능력, 산업의 경쟁적 구조와 같은 재무요인 혹은 경영요인들이 중시되고 있다.

  이들 내재적 가치를 결정짓는 요인들인 재무요인과 경영요인은 재무제표와 같이 공개적으로 이용 가능한 정보(public information)에 의해서 평가되는 경우가 대부분이다. 이러한 내재적 가치의 규명에 초점을 두는 기본적 분석방법은 재무제표분석과 가장 밀접한 관계를 가지고 있다고 볼 수 있다. 따라서 재무정보가 가장 많이 이용되고 있는 증권분석의 방법은 기본적 분석방법이다.

2. 기본적 분석의 체계

  기본적 분석을 수행하는 절차에는 크게 질적 분석과 기업 내재가치평가방법이 있다.

  질적 분석은 기업의 재무제표나 주가 등에 영향은 미치고 있지만 계량화하기 힘든 영향요인에 관한 분석이다. 질적 분석은 구체적인 수치로 표시할 수는 없지만 기본적 분석방법에서 매우 중요한 비중을 차지한다. 이에 대하여는 제7장에서 자세히 살펴본 바 있다. 그리고 내재가치평가방법은 재무제표에 나타난 정보나 주가자료, 배당자료 등을 기초로 구체적인 기업가치를 구하는 방법이다. 이 역시 제10장에서 상세한 내용을 다루었다.

기본적 분석의 접근방법에는 기업, 산업, 국내 경제, 세계경제의 순으로 분석시각을 점차 확대시키는 미시적(bottom-up) 접근방법과, 역으로 점차 분석대상을 축소시키는 거시적(top-down) 접근방법이 있다. 일반적으로 기본적 분석방법에서는 거시적 방법을 많이 이용하고 있는데, 이를 정리해 보면 다음과 같다.

국가경제요인으로는 GNP 성장률, 경기순환의 국면, 물가상승률, 이자율 등이 있으며, 대부분의 경제변수가 직·간접적으로 주가에 영향을 미치고 있다. 또한 외국과의 교역이 증대되고 세계가 하나의 시장으로 통합되어 가고 있는 오늘날에는 세계경제의 흐름도 영향요인으로 작용한다. 근래에는 뉴욕, 도쿄, 런던, 싱가포르 등 세계 각국의 증권시장이 서로 동조적인 움직임을 보이는 현상이 뚜렷해지고 있다.

산업요인으로는 시장 규모, 경쟁구조, 정부의 산업정책, 노사관계 등이 있으며, 그 산업이 성장산업인지 사양산업인지에 따라 인기주 또는 주도주의 자리를 차지하게 된다. 1970년대에는 우리나라 경제성장을 건설업이 주도하였으므로, 당시 증권시장에서 건설 관련주식은 연일 상종가를 기록하면서 최고의 투자대상으로 거론되었다. 1980년대 후반에는 건설, 무역, 금융의 세 업종이 트로이카라는 이름으로 장세를 주도하였으며, 1990년대에는 반도체, 자동차, 철강 등이 주도적인 산업으로 부상하였다. 2000년대 들어서는 정보통신 관련주들이 관심을 끌고 있다.

개별기업요인으로는 수익성, 생산성, 경쟁력, 자본 규모, 경영자의 능력 등이 있다. 이들 요인이 미래 이익의 성장성과 불확실성에 영향을 미치고 궁극적으로 주가를 형성한다. 주식의 내재적 가치를 계산하는 과정에서는 주로 개별기업의 재무적 자료만을 대상으로 한다. 그 이유는 이익이나 배당금 등의 재무변수가 주가에 미치는 영향을 모형화하기 쉽기 때문이다. 예를 들어, GNP가 5% 성장할 때 개별기업의 주가에 대한 영향도를 일일이 측정하기는 어렵지만, 기업의 당기순이익이 50% 증가할 때 주가에 미치는 영향은 비교적 용이하게 파악할 수 있다.

　기본적 분석이 국가경제, 소속 산업, 개별기업의 체계로 진행되는 것은 실제적인 투자결정의 단계에서 유용한 의미를 지난다. 예를 들면, 투자결정의 첫째 단계는 예금, 채권, 주식, 부동산, 귀금속 등의 여러 가지 자산 중에서 어느 곳에 얼마를 투자할지를 선택하는 것이다. 특히 주식과 부동산은 대체적인 관계를 지니며 경기순환의 국면이나 지가상승률 등의 거시경제변수가 주요한 분석자료로 활용된다. 둘째 단계는 주식 중에서 어느 산업에 속한 주식을 대상으로 할 것인지를 선택하는 것이다. 산업도 개별제품과 마찬가지로 도입·성장·성숙·쇠퇴의 변천과정을 겪으므로 과연 어떤 산업이 성장성이 있는지를 알아보기 위하여는 산업분석을 실시해야 한다. 그리고 마지막 단계는 구체적으로 어느 기업의 주식을 구매할지를 결정하는 것이다. 같은 산업에 속하더라도 업계에서의 경쟁력, 소비자의 인지도, 최고경영자의 경영능력 등이 서로 다르며, 이에 따라 투자가치도 달라진다.

11.3 ● 기술적 분석

1. 기술적 분석의 의의

　기술적 분석(technical analysis)은 과거의 증권가격 및 거래량의 추세와 변동 패턴에 관한 역사적 정보를 이용하여 미래 증권가격을 예측하는 방법이다. 이 분석방법은 과거의 증권가격 움직임의 양상이 미래에도 반복된다는 가정을 하고 있고, 증권의 가격이 이성적 요인뿐만 아니라 비이성적 요인, 심리적 요인에 의해서도 결정된다고 보는 입장이어서 증권가격의 패턴을 결정짓는 증권의 수요와 공급 그 자체에 대한 분석을 중요시한다.

　기술적 분석은 본래 다우이론(Dow theory)에서 발전되었는데, 증권시장의 시황이 약세시장(bear market)이나 강세시장(bull market)으로 전환하는 시점을 미리 포착하여 초과수익을 얻고자 하는 데 분석의 초점을 두고 있다.

　적절한 투자 시점(timing)은 주로 과거의 증권가격이나 거래량의 움직임을 도표(chart)로 표시하거나 이동평균, 투자심리선과 같은 기술적 투자지표를 이용하여 포착하고 있다.

따라서 이 분석방법에서 주로 이용하는 정보는 과거의 증권가격이나 거래량과 같은 역사적 정보이므로 재무정보는 이같은 분석방법과 직접적 관계가 없다고 할 수 있다.

2. 기술적 분석의 가정

주가는 경제적 변수뿐만 아니라 시장환경이나 투자자들의 심리상태 등이 모두 반영되어 나타나므로 주가가 항상 내재적 가치와 일치한다고 보기는 어렵다. 기술적 분석가들은 주가와 거래량을 주의 깊게 살펴보면 수급상황과 투자심리의 변화를 읽을 수 있으며, 이로부터 매매 시점을 포착할 수 있다고 믿는다. 또 기술적 분석가들은 주가는 술 취한 사람의 걸음과 같이 아무렇게나 움직이는 것처럼 보이지만 잘 살펴보면 일정한 추세와 패턴을 가지고 움직인다고 생각한다. 주가에 영향을 미치는 정보가 발생하였을 때 주가가 즉각적으로 완전하게 조정되는 것이 아니라 일정 기간에 걸쳐 서서히 정보를 반영한다면 주가변동에 특정한 추세나 패턴이 형성된다. 기술적 분석에서는 주로 도표를 이용해서 주가변동의 패턴이나 대세전환점을 찾고자 한다. 기술적 분석은 다음과 같은 가정을 토대로 하고 있다.

① 주가에는 시장이나 기업에 관한 모든 것이 반영되어 있다. 그리고 이 주가는 수요와 공급에 의해서만 결정된다.
② 주식에 대한 수요와 공급은 이성적 요인뿐만 아니라 비이성적이거나 심리적 요인들도 복합적으로 작용해서 결정된다.
③ 수요와 공급의 변화에 따라 주가변동은 서서히 진행되며 장기적으로는 특정한 추세를 형성한다.
④ 도표에서 주가변동의 모습을 분석하면 변화의 추세를 파악할 수 있으며, 이러한 추세는 반복하는 경향이 있다.

이러한 가정 중에서 핵심은 주가가 장기적으로 특정한 추세를 형성한다는 데 있다. 기술적 분석으로 이 추세를 찾아내면 앞으로 주가가 올라갈지 떨어질지를 미리 예측하는 것이 가능하며, 이로부터 초과수익을 올릴 수 있다고 본다.

3. 기본적 분석과의 비교

　기본적 분석가들이 주식의 내재적 가치를 수리적 모형을 이용하여 계산하는 데 대하여 기술적 분석가들은 비판적인 태도를 취한다. 주가는 경제적이거나 계량적인 요인뿐만 아니라 비경제적 또는 질적인 요인들에 의하여도 영향을 받으므로 수리적 모형으로 계산되는 내재적 가치는 믿을 만한 값이 못된다고 보는 것이다. 반면에 주가의 과거 기록은 주가에 영향을 미치는 모든 요소가 반영되어서 나타난 결과이므로 보다 종합적이고 믿을 수 있다고 주장한다. 하지만 과거의 기록에서 미래의 변화를 찾을 수 있다는 기술적 분석가들의 주장에 대한 비판도 거세기는 마찬가지이다. 주가는 미래에 발생하는 새로운 정보에 의하여 결정되는 것이지, 과거의 변화 패턴에 따라 반복적인 움직임을 보이는 것은 아니라는 지적이 그것이다.

　기본적 분석과 기술적 분석은 서로 대치되는 것이 아니라 보완적인 관계에 있다고 보아야 한다. 기본적 분석은 개별주식의 가치평가에 유용하고, 기술적 분석은 전반적인 시장동향의 파악에 도움이 된다. 이는 미래의 주가에 대한 예측이 완전할 수는 없으며 다양한 자료를 서로 다른 각도에서 보았을 때에 보다 유용한 정보를 얻을 수 있기 때문이다. 따라서 어느 한 가지 방법만을 맹신하고 기계적으로 적용해서는 판단을 그르치게 될 것이다.

4. 기술적 분석과 재무정보

　기본적인 분석과는 달리 적절한 매매 시점의 선택에 관심을 기울이고 있는 기술적 분석은 전반적인 시장의 변화방향 및 규모, 개별주식의 변화방향 및 규모를 예측하는 데 재무자료를 이용하지 않고 널리 알려진 시장통계를 이용한다. 기술적 분석의 입장에서 재무정보를 이용하지 않는 이유는 다음과 같다.

　첫째, 재무정보가 과거의 정보일 뿐만 아니라 재무정보가 산출되기까지의 회계처리기준이 기업마다 다르며, 또 회계적 이익은 경제적 이익과 다르기 때문에 신뢰하기 어렵다.

　둘째, 재무정보를 이용하여 과소평가된 주식을 발견하였다고 하더라도 증권시장이 내재가치를 인정하여 주가를 상승시켜 줄 때까지 기다려야 한다.

셋째, 재무정보는 개별기업에 관한 정보만을 제공해 줄 뿐 시장 전체의 심리적 요인 등은 반영하지 못한다.

5. 기술적 지표

기술적 분석에 사용되는 기법은 이루 헤아릴 수 없을 정도로 많이 있다. 여기서는 실무적으로 흔히 이용되고 있는 주가지표와 거래량지표 몇 가지를 설명한다.

(1) 주가지표

1) 이동평균

이동평균(moving average)이란 일정 기간 동안의 주가를 단순평균하여 계산한 것으로서 오래된 자료가 삭제되고 최근의 자료가 추가되면서 매일 계산된다. 이와 같이 계산된 이동평균값을 그린 것이 이동평균선이다. 이동평균의 계산대상으로는 개별주가 또는 종합주가지수가 이용되며, 계산기간으로는 5일, 25일, 75일, 150일 등이 이용된다. 식 (11-1)은 5일 이동평균을 구하는 방법이다.

$$5일 \ 이동평균 = \frac{P_{t-4}+P_{t-3}+P_{t-2}+P_{t-1}+P_t}{5} \qquad (11\text{-}1)$$

이동평균선을 보면 주가의 변동추세를 보다 쉽게 파악할 수 있다. 매일의 주가는 상승과 하락을 반복하면서 어지럽게 움직이는 데 비하여, 이동평균주가는 완만한 형태의 움직임을 보여 준다. 또한 이동평균의 계산기간이 길수록 추세선이 보다 완만하게 나타난다. 즉, 이동평균선에 의한 분석은 매일매일의 미세한 주가변동을 배제시키고 전반적인 대세의 움직임을 읽는 데 그 목적이 있다. 증권투자에 관심이 있는 사람이라면 골든크로스(golden cross) 또는 데드크로스(dead cross)라는 말을 들어 보았을 것이다. 이는 주가의 25일 이동평균선과 75일 이동평균선이 교차하는 모습에 대한 별명이다. 25일 이동평균선은 주가의 단기적인 추세를 나타내고, 75일 이동평균선은 주가의 중기적인 추세를 나타낸다. 골든크로스는 25일선이 75일선을 상향 돌파하는 형태를 말한다. 이는 매수세력이 응집되고 있어서 앞으로 주가가 계속 상승할 것이라는 신호이므로 주식 매입의 기회로 해석한다. 데드크로스는 25일선이 75일선을 하향 돌파하는 형태를 말한다. 이는 매수세력이 분산되고 매도세력이 우세하여서 앞으로 주가가 계속 하락할 것이라는 신호이므로 주식 매도의 시점으로 해석한다.

[그림 11-1]은 2008년 10월 15일부터 2009년 10월 9일까지 포스코의 일별 주가와 거래량의 이동평균선을 나타낸 것이다. 그림에서는 글로벌 금융위기를 겪어 폭락한 뒤 급속히 회복하고 있는 국면을 나타내고 있다. 2009년 2월에 급격한 주가하락을 맞으면서 데드크로스 상황을 겪었고, 3·4월에 걸쳐 주가가 다시 회복하면서 2009년 4월에 골든크로스 상황으로 반전되었다.

[그림 11-1] 포스코의 일별 주가와 거래량의 이동평균선

자료 : 대신증권 홈트레이딩시스템 화면

2) 이격도

이동평균은 과거의 자료를 이용해서 계산되기 때문에 이동평균선을 이용하여 매매 시점을 포착하고 투자하면 시간적으로 이미 늦게 된다는 결점이 있다. 이를 보완하기 위한 수단으로 개발된 것이 이격도(disparity)지표이다.

이격도는 식 (11-2)와 같이 당일의 주가를 이동평균값으로 나누어 계산하며, 25일 이동평균값이 많이 이용된다.

$$이격도 = \frac{당일의\ 주가}{25일\ 이동평균} \times 100 \qquad (11\text{-}2)$$

당일의 주가가 이동평균선보다 위에 있으면 이격도는 100% 이상이 되고, 당일의 주가가 이동평균선보다 아래에 있으면 이격도는 100% 이하가 된다. 흔히 25일 이동평균선의 이격도가 150% 이상이면 매도 시점으로 해석하고, 50% 이하이면 매입 시점으로 해석한다.

3) 투자심리지표

투자심리지표는 종합주가지수가 최근 10일 동안에 상승한 날이 며칠인지를 계산해서 백분율로 표시한다.

$$투자심리지표 = \frac{최근\ 10일\ 중\ 상승일\ 수}{10} \times 100 \qquad (11\text{-}3)$$

주가는 주로 경제적 요인에 의하여 움직이지만 정치상황이나 시장분위기와 같은 비경제적이고 심리적인 요인에 의해서도 상당한 영향을 받는다. 이러한 모든 요인이 결국은 종합주가지수에 반영되므로 투자심리지표를 보면 증시가 과열되었는지 침체되었는지를 파악할 수 있다. 일반적으로 투자심리지표가 25% 이하이면 주가가 상당 기간 하락하였으므로 주식을 매입할 적기라고 해석하고, 투자심리지표가 75% 이상이면 증시가 과열되는 징조로 보아 주식을 매도할 시점으로 해석한다.

(2) 거래량지표

1) 거래량회전율

거래량회전율은 주간 또는 월간의 거래량 누적값을 전체 상장주식수로 나누어서 측정한다. 이는 일정 기간 동안에 상장주식이 몇 회전되었는가를 나타내는 지표로서 회전율이 높을수록 강세시장으로 해석한다.

$$거래량회전율＝\frac{거래량\ 누적값}{상장주식수}\times 100 \tag{11-4}$$

2) 거래성립률

거래성립률은 주가의 상승이나 하락과는 관계없이 당일에 거래가 성립된 종목이 전체 상장종목 중에서 몇 %나 되는가를 측정한다. 일반적으로 거래성립률이 65% 이상이면 강세시장, 55% 이하이면 약세시장으로 해석한다.

$$거래성립률＝\frac{거래성립종목수}{상장종목수}\times 100 \tag{11-5}$$

3) 번한지표

번한지표는 거래량회전율과 거래성립률을 곱하여 측정한다. 거래량회전율이 거래의 양을 나타낸다면 거래성립률은 거래의 질을 나타낸다. 따라서 번한지표는 거래의 양과 질을 동시에 고려한다는 의미를 지닌다.

$$번한지표＝거래량회전율\times 거래성립률 \tag{11-6}$$

번한지표가 높다는 것은 곧 대부분의 종목에서 많은 양의 거래가 성립된다는 의미이므로 강세시장의 신호로 해석한다. 일반적으로 번한지표가 30% 이상이면 주가가 천정권을 형성하여 시장이 과열되는 신호로 간주하고, 5% 이하이면 매입의 시점으로 해석한다.

4) OBV 지표

OBV(on balance volume) 지표는 그랜빌(Granville)에 의하여 고안된 것으로, 거래량을 이용하는 기술적 지표 중에서 가장 널리 이용되고 있다. OBV 지표는 주가가 상승한 날의 거래량 누계에서 주가가 하락한 날의 거래량 누계를 차감하여 계산한다.

일반적으로 OBV 지표는 주가가 뚜렷한 등락을 보이지 않고 정체되어 있을 때 향후의 주가 움직임을 예측하는 데 많이 이용된다. 주가가 상승할 때 거래량이 증가하면 시장이 초과수요상태라는 의미로 해석하고 앞으로 주가가 추가상승할 것으로 예측한다. 반대로 주가가 하락할 때 거래량이 증가하면 시장이 초과공급상태에 있으므로 앞으로 주가의 추가하락이 있을 것으로 예측한다. 그리고 거래량이 감소하는 경우에는 주가 움직임이 반전되고 있는 신호로 해석한다.

6. 기술적 분석의 한계

『월스트리트저널』의 창시자 다우(Dow)는, 주가는 제멋대로 움직이는 것이 아니라 중·장기추세와 사이클을 나타낸다는 가설을 제시하였다. 또 엘리어트(Elliott)는 장기간의 주가흐름은 상승 5파와 하락 3파를 보이며 끝없이 순환한다는 파동이론을 주장하였다. 이 외에도 기술적 분석가들이 실전에서 활용하는 기법은 이루 헤아릴 수 없을 정도로 많다. 이들은 모두 주가 움직임과 관련된 투자자들의 심리와 행태를 세심하게 관찰해서 얻은 경험의 산물이다. 이러한 지표와 기법을 잘 활용하면 장세흐름의 파악과 매매 시점의 선택에 유용한 참고가 될 것이다. 그러나 기술적 분석이 지나치게 도식화되면 오히려 판단을 그르칠 수도 있다는 점에 유의해야 한다. 수많은 기술적 분석기법들이 개발되고 있다는 사실이 기술적 분석의 유용성을 의심하게 하는 역설적인 증거이기도 하다.

기술적 분석은 기본적 분석에서 고려하지 못하는 시장의 수급요인을 다루고, 도표를 통하여 간단하게 시장동향을 파악할 수 있다는 장점이 있다. 그러나 동일한 자료를 가지고 분석하더라도 분석가마다 서로 다른 해석이 나오며, 시장이 변동한 원인이나 변동추세를 설명할 수 있는 논리적 기반이 없다는 약점을 지니고 있다. 또 과연 기술적 분석을 통하여 초과수익을 얻을 수 있는가에 대하여 실증분석한 결과를 보면 대개 부정적으로 나오고 있다. 대부분의 나라에서 증권시장은 상당히 효율적이어서 과거의 자료를 분석하는 기술적 분석으로는 초과수익을 실현시킬 수 없는 것이다. 현대 자본시장이론은 기본적 분석을 토대로 하여 포트폴리오 투자를 행하는 쪽으로 정립되고 있으며, 기술적 분석은 참고자료 정도의 수준으로 활용되고 있다.

이상에서 설명한 기본적 분석과 기술적 분석은 개별적으로 투자가치를 분석·평가하는 개별자산접근법에 속한다는 점 외에도 증권시장의 비효율성을 전제로 초과수익을 얻고자 하는 분석방법이라는 점에서 적극적 투자관리에 활용되고 있다는 공통점을 지닌다. 이들 방법은 전통적 투자분석방법 (traditional approach)으로 불려지고 있다.

11.4 ● 포트폴리오이론적 분석

앞서 소개한 기본적 분석이나 기술적 분석은 근본적으로 개별주식의 선택만을 고려하는 투자분석방법이다. 또한 이 두 방법은 시장에 나온 새로운 정보가 즉각 주식가격에 반영되지 않는다는 가정하에서 출발하고 있다. 이에 반하여 포트폴리오이론적 분석(portfolio theory analysis)은 투자자들이 위험을 분산하기 위하여 다수의 종목으로 구성된 포트폴리오에 투자하며, 새로운 정보가 신속하게 주식가격에 반영된다는 관점에서 투자분석을 하고 있다.

포트폴리오이론적 분석은 기본적 분석이나 기술적 분석방법과는 달리, 증권을 다수 증권들과의 결합관계에서 투자가치를 평가하여 투자결정에 활용하는 방법이다.

투자대상을 개별적으로 평가하는 것과 포트폴리오의 관점에서 평가하는 것에는 큰 차이가 있다. 개별적으로 평가할 때 아무리 최우량증권으로 판명된 종목이라고 하더라도 포트폴리오, 즉 복수 증권과의 결합관계, 타증권들과의 상관관계 측면에서 평가하면 열등한 증권일 수 있다. 반대로 개별적으로는 열등한 증권이더라도 포트폴리오 구성의 관점에서 보면 우량증권이 될 수 있다.

따라서 포트폴리오분석은 2개 이상의 투자대상에 분산투자를 하였을 때 나타나는 포트폴리오의 기대수익과 위험에 대한 분석을 기초로 하여 일정한 기대수익에서 투자위험을 최소화할 수 있는 효율적 분산투자(efficient diversification)의 방법을 중점적으로 다루고 있다. 즉, 투자위험을 효율적으로 줄일 수 있는 증권들의 결합이 무엇인지를 찾는 것이 핵심이 된다.

한편, 이 분석방법은 증권시장이 효율적이라는 전제하에서 출발하는 소극적 투자관리에 많이 활용된다는 특징을 지니고 있다. 증권가격에 시장이나 기업에 관한 모든 정보가 충분히 반영되어 있어 초과수익의 여지가 없는 시장을 효율적 시장(efficient market)이라고 부르는데, 시장이 효율적이라면 포트폴리오분석에서 다루는 분산투자나 위험통제(risk control)의 방법을 주로 이용하여 투자성과의 개선을 기대할 수 있기 때문이다.

포트폴리오분석에서 또 하나의 중요한 부분은 시장이 균형상태에 있을 때의 가격결정모형에 관한 것이다. 투자결정에 많이 이용되는 자본자산가격결정모형(CAPM)이 이에 관한 것인데, 이 가격결정모형은 개별투자자들이 앞서 설명한 것처럼 투자위험을 최소화시키는 효율적 포트폴리오를 구성하여 최적 선택을 기할 경우 시장 전체(market aggregation)는 균형상태에 이르게 되는 한편, 투자대상은 자산의 기대수익률과 위험의 관계에서 평가할 수 있다는 것이다.

포트폴리오의 위험은 체계적 위험과 비체계적 위험으로 구분된다. 비체계적 위험은 포트폴리오를 구성하는 주식수를 늘려 가면 제거할 수 있는 위험이며, 체계적 위험은 아무리 보유주식수를 늘려도 제거할 수 없는 위험이다. 각 주식이 속한 업종까지 고려하여 투자한다면 대체로 10~15종목이면 비체계적 위험의 대부분을 제거할 수 있게 된다. 결국 포트폴리오의 기대수익률은 포트폴리오의 체계적 위험에 의하여 결정된다.

이 모형에 의하면 투자자산의 적정 수익률은 분산 불가능한 체계적 위험에 선형적으로 비례하게 되므로 투자결정의 중요한 기준이 체계적 위험을 나타내는 베타(β)계수가 된다.

여러 가지 재무정보는 포트폴리오분석에서도 중요한 투입정보로 활용될 수 있는 것으로 평가되고 있다. 이는 투자결정의 기준이 되는 베타계수의 추정에 재무정보들이 활용될 수 있기 때문이다.

이와 관련하여 증권시장에서의 증권가격에 여러 가지 정보가 얼마나 효율적으로 반영되고 있는가는 투자성과를 크게 좌우하게 되므로, 다음에서 살펴볼 재무정보와 시장효율성과의 관계는 매우 중요한 연구주제가 되고 있다.

11.5 효율적 시장과 증권분석

시장에서 거래되고 있는 증권에 관련된 모든 정보가 신속하고 정확하게 증권의 가격에 반영될 때 증권시장은 효율적이라고 한다. 따라서 효율적 증권시장에 있어서는 현재의 시장가격이 바로 증권의 진실한 경제적 가치, 즉 내재가치를 나타내게 된다. 증권시장이 모든 정보에 대하여 효율적일 경우에는 투자자가 어떤 정보를 이용하여 투자를 한다고 하더라도 정상수익을 넘는 초과수익을 지속적으로 올리지는 못한다.

앞서 소개한 세 가지 증권분석방법은 증권시장의 효율성에 대하여 서로 다른 입장을 보이고 있으므로, 어떠한 증권분석방법이 가장 적절한가 하는 것은 실제로 분석대상이 되는 증권시장이 어느 정도 효율적이냐에 따라 달라질 수 있다. 또한 투자자들의 투자전략도 시장의 효율성 정도에 따라 달라지게 된다.

1. 정보의 효율성과 주가

효율적 시장은 주식가치와 관련된 모든 정보가 즉각적으로 주가에 정확하게 반영되는 시장이다. 만일 정보가 주어졌는데도 주가가 변동하지 않는다면 자본의 효율적 배분은 달성되지 않는다. 현실의 자본시장이 완전한 수준의 정보효율성을 지니지는 않지만, 여타의 시장(실물시장이나 인력시장)에 비하면 상당히 높은 수준의 정보효율성을 지내고 있다. 그 이유는 자본시장에서 거래되는 상품(주식, 채권)이 어느 정도 표준화되어 있고, 자본시장에 참여하는 사람이 상당히 많아서 경쟁이 치열하기 때문이다.

정보효율성이 있는 시장에서는 정보를 이용하여 초과수익을 획득할 수 없다. 정보가 시장에 나타나면 많은 투자자들이 그 정보를 즉각 주가에 반영시키므로 어느 한 투자자가 그 정보를 추가로 분석하고 매매결정을 내리더라도 주가에는 영향을 미치지 않는다. 즉 정보분석의 한계효과는 제로이며, 이러한 상태를 페어 게임(fair game)이라고 한다.

정보효율성이 있는 시장에서 주가는 무작위하게 움직인다(random walk). 주가변동이 '무작위하다'는 것이 곧 주가가 아무렇게나 결정된다라는 의미는 아니다. 오히려 주가에 영향을 미치는 정보가 시장에 나오면 그 정보가 정확하게 반영된다는 의미이다. 이미 알려진 정보는 주가에 반영되었으므로 더 이상 가치가 없으며 새로운 정보는 무작위하게 발생하므로 주가변동이 무작위해지는 것이다.

미래에 나타날 정보라고 할지라도 현재 시점에서 예측 가능한 정보가 있다면 이들은 오늘의 주가에 반영된다. 그리고 현재 시점에서 예측 불가능한 정보가 미래에 나타나면 주가는 이 예측 불가능한 정보에 의하여 변동하는 것이다.

2. 효율적 시장가설

효율적 시장가설(efficient market hypothesis ; EMH)은 현대 재무학의 기본철학이다. 효율적인 시장에서의 시장참여자들은 주어진 정보의 가치를 편의(bias) 없이 평가하고, 이를 바탕으로 합리적인 투자의사결정을 한다. 어느 순간에서나 주어진 정보가 주가에 공정하게 반영되므로 증권가격은 해당 증권이 대표하고 있는 자산의 본질가치(fundamental value)에 대한 가장 적절한 척도가 된다. 그러므로 이미 시장에 알려진 정보를 이용하여 비정상적인 수익률을 얻을 수는 없다. 예를 들어, 이미 시장에 알려진 정보를 분석하여 어떤 주식이 저평가되어 있다는 것을 알았다고 하자. 경쟁적인 시장에서는 동일한 정보를 갖고 있는 다른 투자자들도 즉시 그 사실을 알게 될 것이다. 따라서 많은 투자자들이 그 주식을 매수하고자 할 것이다. 이에 따라 주가는 상승하게 되며, 주가가 공정한 수준에 이를 때 가격상승이 중단될 것이다.

효율적인 자본시장에서의 증권가격은 자원의 적절한 분배를 돕는 정확한 신호(signal)의 역할을 한다. 기업이 자본조달을 위하여 증권을 발행할 때 공정한 값을 받을 수 있으리라는 기대를 하게 하며, 투자자들이 증권을 살 때 역시 공정한 가격에 살 수 있다는 기대를 가능하게 한다. 이처럼 증권가격이 자원배분의 유용한 지표가 되기 때문에 효율적인 자본시장은 현대 자본주의 체제에 있어서 필수적인 요소이다.

그러나 위에 제시한 효율적 시장의 개념은 일반적인 정의로서 실증분석에 필요한 구체성이 결여되어 있다. 시장에 주어진 정보의 범위를 어디까지 한정해야 하는지, 정보가 시장에 도착하여 증권가격에 반영될 때까지 얼마만큼의 시간이 걸릴 때 즉시 반영한다고 말할 수 있는지, 정보가 주가에 완전히 반영된다는 것이 무엇을 의미하는지 분명하지가 않다. 그러므로 효율적 시장가설이 실증적 의미를 갖기 위해서는 좀더 구체적인 정의가 필요한데, 정보의 내용에 따라 효율적 시장을 다음과 같이 세 가지로 분류하는 것이 일반적이다.

(1) 약형 효율성

정보의 범위를 과거 증권거래자료에 내포되어 있는 정보에 한정하여 시장의 효율성을 정의한 것이다. 약형(weak form) 효율적 시장에서는 과거의 증권수익률이나 거래량 등을 분석하여 초과이익을 얻는 것은 불가능하다. 그 이유는 과거의 증권거래자료에 내포되어 있는 정보는 이미 현재의 증권가격에 반영되어 있기 때문이다.

(2) 준강형 효율성

정보의 범위를 이미 공개된 정보에 한정하여 시장의 효율성을 정의한 것이다. 기업이익, 배당, 인수·합병 등 중요한 정보가 공시된 후에는 그 정보를 이용하여 미래 수익률을 예측하는 것이 불가능하다. 준강형(semi-strong form) 효율적 시장에서는 모든 공시된 정보가 신속하게 주가에 반영되기 때문에 이미 알려진 정보를 이용하여 초과이익을 얻을 수 없다.

(3) 강형 효율성

시장참가자들의 일부만 갖고 있는 정보까지도 시장에 주어진 정보의 범주에 포함시켜 시장의 효율성을 정의한 것이다. 어떤 회사의 경영자가 알고 있는 사적 정보(private information)가 이러한 정보의 예이다. 강형(strong form) 효율적 시장에서는 회사 내부정보를 이용하여 이익을 얻고자 주문을 내면 이 주문에 내해 증권가격이 즉각 반응한다. 그러므로 비록 기업의 내부정보를 갖고 있더라도 초과이익을 얻을 수 없다.

3. 증권분석의 가치

사람들은 누구나 보다 안전하게 보다 많은 수익을 얻기를 원한다. 그러나 투자의 수익을 높이기 위해서는 그에 상응하는 위험을 부담해야 한다. 투자에서 위험의 정도에 따라 받게 되는 보상을 정상수익(normal return)이라 하고, 정상수익 이외에 추가로 얻게 되는 수익을 초과수익(excess return)이라고 한다. 이 초과수익을 얻고자 하는 욕망이 사람들로 하여금 기본적 분석이나 기술적 분석과 같은 증권분석활동을 열심히 하게 만드는 원동력이다. 하지만 초과수익을 올리고 싶다는 욕망과 초과수익을 실현할 가능성은 서로 다른 이야기이다. 독점시장이나 경쟁이 제한된 시장에서는 비교적 수월하게 초과수익을 실현시킬 수 있지만, 시장에 참여자가 많고 경쟁이 치열할수록 초과수익은 실현시키기 어려워진다.

기술적 분석은 주가 및 거래량의 과거 변동 모습을 관찰하여 주가의 변화 방향과 크기를 예측하려는 기법이다. 만일 약형 EMH가 성립한다면 과거의 정보가 이미 주가에 모두 반영되었으므로 기술적 분석으로는 초과수익을 얻을 수 없다. 기본적 분석은 수익성과 위험 등의 재무요인을 이용하여 주식의 본질적 가치를 계산하는 기법이다. 만일 준강형 EMH가 성립한다면 알려진 재무자료가 이미 주가에 모두 반영되었으므로 기본적 분석으로는 초과수익을 얻을 수 없다.

증시의 효율성에 대한 실증연구들을 보면 자본시장이 발달한 선진국일수록 그 효율성이 강하게 나타나고 있다. 미국의 경우에는 1960년대 후반부터 증시의 효율성에 대한 연구가 진행되어 왔는데, 증권시장이 최소한 과거의 주가자료와 공시된 정보에 대하여는 효율적이라는 결과가 많이 보이고 있다. 우리나라 증시에서도 마찬가지로 상당한 정도의 효율성이 확인되고 있다. 그러나 증시가 효율적이라고 단정하기에는 미흡한 각종의 이상현상 또한 대부분의 나라에서 나타나고 있어서 증시의 효율성 여부는 계속적인 연구대상이 되고 있다.

11.6 증권가격결정에서의 재무정보의 역할

증권분석의 주된 과제는 보다 많은 초과수익을 획득하는 방법을 강구하는 것이다. 초과수익을 가능케 하는 요인은 다음과 같은 각도에서 검토될 수 있다.

① 공개정보를 보다 일찍 입수한 경우
② 여러 가지 분석방법을 혼합(mosaic)하여 창의적 분석을 하는 능력
③ 예측모형의 투입정보를 보다 정확히 예측하는 능력
④ 더 우수한 가치평가모형의 개발
⑤ 거래를 신속하게 행할 경우

증권분석가나 회계학자의 주된 관심은 이와 같은 측면에서 재무제표 정보의 역할에 모아지고 있다. 과연 주당이익변화가 주가에 영향을 미치는가? 주가는 단순한 장부가액기준의 이익을 반영하는가, 아니면 실질적 이익을 반영·조정하는가? 회계처리방법을 변경하였을 경우나 기업 간에 상이한 회계처리방법을 사용하고 있을 경우 주가가 이를 적절히 반영하는가? 재무정보를 이용할 경우 증권가격 예측모형에 투입되는 정보를 보다 정확히 예측할 수 있는가? 재무정보를 이용한 증권평가모형의 투자성과가 과연 우수한가? 이러한 증권가격과 재무정보와의 관계에 관한 의문들은 증권분석에 있어서 매우 중요한 의미를 지닌다. 왜냐하면 증권분석가에게는 과대 혹은 과소평가된 증권을 식별하는 것이 주된 과업인데, 재무정보의 적절한 이용이 이를 가능케 할 수도 있기 때문이다. 주식평가모형의 대부분이 재무제표 정보가 증권가격의 주요 결정요인인 것으로 가정하고 있다.

회계학자들도 회계장부상의 수치와 주가와는 기계적인 관계가 있는 것으로 믿고, 과대 혹은 과소평가된 주식을 식별하기 위해서 비경상적 항목인 출자회사의 배당수입, 미실현자본이득 등의 항목을 조정한다. 그러나 만약 증권가격이 이러한 조정을 이미 반영하고 있다면 과소·과대평가된 증권을 식별하기 위한 이같은 조정작업은 의미가 없어지므로 다른 방법을 강구할 필요가 있다.

1_ 증권분석방법에는 어떤 것들이 있는지를 설명하고, 여러 가지 증권분석의
방법에서 재무정보의 역할에 대해 논하시오.

2_ 유가증권시장의 한 종목을 선택하여 기술적 분석의 기법들을 적용시켜 해
석해 보시오.